ハーバード・ビジネス・スクールから始まる
若きビジネス・リーダーたちの誓い

MBAの誓い

マックス・アンダーソン
ピーター・エッシャー
青木創 訳
岩瀬大輔 監訳

The MBA OATH
Setting a Higher Standard for Business Leaders

「経営者たる自分の目的は、人々と資源を集め、ひとりでは作り出せない価値を生み出すことによって、より大きな善のために尽くすことにある。それゆえわたしは、自分の事業が社会のために長期にわたって生み出せる価値を高められる道を探す。社の内外の、また現在と未来の人々の幸福に、自分の決断が広く影響を及ぼしうると理解する。さまざまな関係者の利益を調和させるとき、わたしは困難な選択に直面するだろう……」

「MBAの誓い」のはじまりであり、2009年はじめにマックス・アンダーソン、ピーター・エッシャーらハーバード・ビジネス・スクールの学生チームが作り出した。金融危機やバーナード・マドフの巨額詐欺事件等により、ＭＢＡが中傷されるのを彼らは目にした。ＭＢＡが多数を占めるビジネス・リーダーたちが、自分の利益しか顧みていないように思えたために、人々の怒りの矛先となった。多くの人々が、ビジネス・スクールやMBAの学位の価値に疑いの目を向けるようになった。この誓いはハーバードを超え瞬く間に広がり、最終損益だけでなく社会にも配慮する新世代のリーダーたちの世界的な運動になった。医学生が医師になる前にヒポクラテスの誓いを立てるのと同様に、いまや数千名のMBAの卒業生が、正直と誠実に行動すると誓っている。

本書はこの運動の宣言書である。
MBAの誓いが必要な理由を熱く主張するだけでなく、現実にどのように応用できるかも具体的に示している。ビジネスで最も困難な決断をくだすときに、本書は導き手となってくれるだろう。

二〇〇九年に卒業したＭＢＡたちに捧げる

The MBA oath—setting a higher standard for business leaders
by Max Anderson and Peter Escher

This edition published by arrangement with Portfolio, a member of Penguin Group (USA) Inc. through Tuttle-Mori Agency, Inc., Tokyo

目次

謝辞

『ＭＢＡの誓い』の表紙にはわれわれ二人の名前が載っているが、本書も誓いそのものも、多数の人々の粘り強い献身的な努力のたまものであり、謝意を表したい。世界中の数多くの経営学修士［ＭＢＡ］が誓いに署名し、誓いがビジネスの基準になると認めてくれたことは、励みになった。

経営者のためにプロフェッショナルとしての誓いを作るというこのプロジェクトで、考えを述べ、鼓舞し、リーダーシップを発揮してくれたニティン・ノーリアとラケシュ・クラーナにお礼を申しあげる。われわれがＭＢＡの誓いへの取り組みをはじめる何年も前から、ニティンとラケシュはビジネスのための誓いを文章にまとめ、経営をプロフェッショナルの仕事にしようと試みていた。二人ははじめから自分たちの書いたものを叩き台にするのがよいと言ってくれたが、ＭＢＡの誓いの生みの親としての評価はいっさい求めようとしなかった。より大きな善のために偏狭な野心を捨ててくれた。何もかもおふたかたのおかげだ。

ＭＢＡの誓いという運動を発足させるにあたって、先導役になってくれた同期生や友人にも感謝したい。彼らなくしてこのプロジェクトは成り立たなかったから、その功績は認めずにいられない。ティール・カーロックは誓いの起草のために進んで自分の時間を割いてくれた最初の人物である。ティールとマックスは協力し、二人で誓いを世に送り出した。ティール、きみのリーダーシップと献身と友情に感謝する。

ティールの他に四人の同期生がＭＢＡの誓いの中心メンバーとして協力してくれた。ジョン・スワン、ダン・ムーン、ケイト・バートン、ハンバート・モレイラたちだ。われわれは数えきれないほどの時間を共同作業に費やした。きみたちのリーダーシップに感謝する。卒業後も頻繁に連絡を取り合う理由ができてよかったと思っている。これからも親しく付き合えるのを期待している。

多数の友人もまた、卒業後も誓いのために骨を折ってくれた。夏から秋にかけ、ＭＢＡの誓いのために戦略を練りつつ、推敲を手伝うという重労働をこなしてくれたことに感謝する――サンディープ・アーチャーリヤ、ダイアン・エイヴァリット、ライ・バーコット、モヒート・バティージャ、ポール・ブーザー、アラ・ジェズミール、アンドリュー・クレイバー、ウマイマ・メンドーロ、ダリア・ラーマン、トーマス・ラージャン、モーラ・サリヴァン、エリック・タン。のべ三四名の同期生がプロジェクトの実現のために協力してくれた。草案の作成と卒業時のＭＢＡの誓いの発表を手伝ってくれた人たちに感謝したい。パトリック・アーンクティール、イラーナ・バーコウイッツ、ブライアン・エリオット、エリック・アーブ、アダム・ヘルツァー、ドリュー・ジャクソン、ケヴィン・マイヤーズ、アンディ・モース、スニール・ナーガラージ、ジェームズ・ラインハート、ベン・リノ＝ウェーバー、ギャレット・スミス、スコット・スペンサー、マーク・タッパー、ジミー・トラン、マイケル・ウィック。

以下の各位にも深謝する。

すでに聖火を受けとり、ＭＢＡの誓いを発展させ続けている数十名の二〇一〇年卒業予定生に。とりわけラリー・エストラーダ、アダム・ルドウィン、アルバート・ノーウェブ、ホイットニー・ピータースマイヤーに。

資金の面でも助言の面でも寛大にＭＢＡの誓いを支援してくれたビル・ジョージに。ビルはよき友人であり、かけがえのない師になってくれた。

われわれを支援、激励し、ビジネスの倫理をより深く理解させてくれたハーバード・ビジネス・スクールの教授陣と理事会に。

オース・プロジェクトの発足にかかわれたことにも感謝する。このプロジェクトはＭＢＡの誓い《オース》の成功を土台にした新しい試みであり、世界中の学生やビジネス・リーダーを動かすための他の試みも取りこんでいる。われわれはオース・プロジェクトでアスペン研究所のリッチ・ライムサイダー並びにジュディ・サミュエルソン、サンダーバード・スクールのエンジェル・カブレラ学長、ハーバード・ビジネス・スクールのロブ・カプランらと協力している。

ポートフォリオ社を紹介し、意欲を掻き立ててくれたエージェントのアイク・ウィリアムズと、ニーリム・アンド・ウィリアムズのチームに。作業の導き手となった編集者のエイドリアン・シユルツに。このプロジェクトに価値を見いだしてくれた出版者のエイドリアン・ザックハイムに。ポートフォリオのみなさんは、かぎられた短い時間で本書を完成させるために、休日返上で働いてくれた。

各著者からの謝辞

私が知ったことは、本を書くのは自分のすべてを必要とするということだ。それどころか、友人や家族にも多くを要求する。オールスターチームがそばにいてくれた私は幸せだ。ピーターはビジネス・スクールの一年次に行ったシアトル旅行で知り合って以来の友人である。すばらしく率直で、非常に思慮深く、進んで体を張ってくれる。一緒に作業ができたことに感謝している。これが実現したのはピーターの力だ。

ジェス、きみは一言一句を読んでくれた。何度も。そして私がもう歩けないと思ったときは、背負ってくれた。親友と結婚できるのはとても幸運なことだ。愛している。

キャロライナ、きみのおかげで私は世界でいちばん幸せな父親だと感じる。私の好きな本はきみに読んであげる本すべてだ。

父は私が知るなかで最高の作家であり、必要ならばどこまでも泳ぐ人だ。母は私に自分の力を信じさせてくれた。

アナは才能ある作家だ。耳を傾け、原稿を読み、友情を示してくれたことに感謝する。おばのリンダは草稿の段階から目を通し、意見を述べ、ずっと応援してくれた。マイクとジョスリンは忍耐強く、ジェスと私が推敲をしているときにベビーシッターを引き受けてくれた。ありがとう。他の家族の助けと祈りも貴重だった。最後に、祖父のリオナードとエルウッドに。二人はそれぞれのビジネスを経営しながら、人柄とプロフェッショナルとしての誠実さの意味を教えてくれた。

以下の各位にもお礼を申しあげる。ビジネス・スクールを大いに実りある場にしてくれたセクションJに。リーダーシップについての深い考察をうながしてくれた公的リーダーシップ・センターのデイヴィッド・ガーガンとスタッフに。チーズ・プレート・クラブに。ハイワシー・グループに。そして激励の手を差し伸べてくれたすべての人に。クラレンスは正しい。友人のいる者に敗者はいない。

――M・F・A

本をはじめて書く者はひどく不安を感じながら執筆にあたるものだ。感化し、アイデアを伝えてくれたたくさんの人々に深謝する。友人であり、疲れを知らない理想家であり、才能豊かな語り手であるマックスに感謝したい。MBAの誓いのような運動を導くのに必要な資質を書き並べたら、長いリストができあがるだろう。マックスはこうした資質をすべてふんだんに持ち合わせている。

本書はきわめて多くのMBAの情熱と信念を結集させた産物に他ならず、その鼓舞や提案に感謝する。セクションEはMBA生活で最も貴重な教訓を与えてくれた。

私がハワイで生まれたそのときから、両親は責任の意味と好奇心とアロハ精神を教えこんでくれた。四人の兄と姉は——ロビン、クリス、ニーナ、ジョンは——いつもの進取の道の先頭に立ち、何が可能かを示してくれた。弟のダニエルはエネルギーと寛容さを見せてくれる。こうした特質のすべてが——責任、可能性、エネルギーのすべてが——本書に示され、MBAの誓いに体現されていることを願っている。ダイアン、きみは私にとってドラフト一位指名の選手だ。この波に一緒に乗ってくれてありがとう。

——P・K・E

MBAの誓い

序言

経営者たる自分の目的は、人々と資源を集め、一人では作り出せない価値を生み出すことによって、より大きな善のために尽くすことにある。それゆえ私は、自分の事業が社会のために長期にわたって生み出せる価値を高められる道を探す。社の内外の、また現在と未来の人々の幸福に、自分の決断が広く影響を及ぼしうると理解する。さまざまな関係者の利益を調和させるとき、私は困難な選択に直面するだろう。

それゆえ、私は以下を誓約する。

私はなしうるかぎり誠実に行動し、倫理にかなった形で仕事を行う。自分自身の行動が誠実さの模範となるようにし、公に支持した価値観にふさわしいものにする。

私は株主、同僚、消費者、そして活動の場となる社会の利益を守る。自分の決断が人々の幸福を左右するのなら、たとえそれが有力な人々でなくても、彼らの利益を守ることに努める。

私は誠意を持って事業を経営し、自分の偏狭な野心を満足させても事業とそれが尽くす人々を害するような決定や行動は控える。私利の追求は資本主義経済にとって不可欠の原動力だが、際限のない強欲は大きな害をもたらしかねない。私は腐敗、差別、搾取に反対する。

私は自分の行動と事業の運営を左右する法律と契約を、その字義においても精神においても、理解して守る。不公平な法律や時代遅れの法律や無用の法律があっても、それを平然と破ったり無視したり否定したりしない。改善のために良識ある妥当な手段を探す。

私はみずからの行動に責任を持ち、事業の実績とリスクを正確かつ正直に伝える。自分の目的は真実をゆがめることでなく、真実を説明することであって、人々に影響が及ぶ決断をくだすときは、その経緯を人々が理解しやすくする。

私は経営者たちが成長を続け、社会の幸福に貢献し続けることができるように、自分自身と監督下にある経営者を啓発する。情報に基づく判断を助けてくれる同僚たちに意見を求め、その分野の最新の知識に通じておくための投資を怠らず、つねに新しい発想を受け入れる。次代のリーダーのよき師となり、その教育に配慮する。

私は世界規模で経済と社会と環境の持続可能な繁栄を生み出すよう努める。持続可能な繁栄は、事業に要するあらゆる投入の機会費用よりも長期的には大きな産出をその事業がもたらすときに生み出される。

この誓いにしたがって生きていくうえで、私は他のＭＢＡに対して説明責任を持ち、他のＭＢＡは私に対して説明責任を持つ。私はプロフェッショナルとしての自分の評判や名誉が、職業全体に与えられる敬意や信頼に基づくことを認識し、この敬意と信頼を高めるために、経営のプロフェッショナルとしての基準をみずから体現し、守り、発展させる責任を負う。

私はこれらをみずから進んで、名誉にかけて誓う。

まえがき

一般にマンハッタンは地震多発地帯ではないと見なされている。だが二〇〇八年、ウォール・ストリートはまさに金融の大地震に襲われた。余震は世界中に及んだ。地震のあと、われわれは確定拠出年金や貯蓄プランや夢の隠退生活の残骸の間をよろめき歩き、うつろな目で茫然とさまよった。残された財産に必死にしがみつき、隠れた地割れやクレーターに踏み込むのではないかとおびえ、隣人の憐れみの視線を避け、何が起きてどれほど多くを失ったのか、ありのままに話すことを恐れた。

二〇〇八年の経済危機で、世界は五〇兆ドルの金融資産を失った。これは各国の年間国内総生産の総計におおよそ匹敵する。歴史ある優良企業でさえ、この損失のために膝を屈した。震源地はウォール・ストリートだったが、大きく揺さぶられたのはメイン・ストリートであり、地球上のほぼすべての都市だった〔メイン・ストリートとはアメリカの中産階級や保守的、実利主義的なその考え方を指す〕。生涯働き続けてきた人々が、キャリアの終わりに来て職を失い、年金を失い、ビジネスへの信頼を失った。アメリカをはじめとする各国政府は災禍を食い止めるために何兆ドルもつぎ込んだが、この対応は国の債務を膨大な額にまでふくれあがらせ、それは当然ながら将来の世代に重くのしかかっている。データは空恐ろしく、数字は想像を超えているが、危機が人々に及ぼした被害は現実である。

著者たちの知人に、社会人になってからずっと建設業界で見積もりの仕事をしてきた人物がいる。勤め先は大企業で、それまでの業績は好調だった。金融危機の結果、知人は職を失い、失業状態が続いている。六二歳の知人は、隠退の準備ができていなかった。貯金はあったが、もう底を突きかけている。逆境に負けない人物であるとはいえ、人生の後半になってなんらかのセーフティネットも年金も仕事もない先行きの暗い状況に直面している。

大学からの付き合いで、ＭＢＡでもある友人は、数年前にビジネス・スクールを卒業すると、カリフォルニアに家を買った。不運なタイミングだった。価格がピークのときに買い、いまではローンに苦しめられるまでに家の価値が落ちている。家を買うために借りた金が、家の価値をうわまわっている状態だ。アメリカの住宅所有者の五人に一人が同じ目に遭っている。

多くの人は、ＭＢＡをめざせばキャリアの見通しが明るくなると考えている。しかし、著者たちの同期生の一〇パーセント近くは、ＭＢＡのピラミッドの頂点に立つと言われるハーバード・ビジネス・スクールを出ているにもかかわらず、卒業して六か月が過ぎても就職できなかった。二年の時間と、場合によっては一〇万ドルを超える授業料その他をつぎ込んだのに、こういうありさまになっている。ある同期生は「スケジュールを埋めるために喫茶店で添え状と履歴書を書いている」と語った。別の同期生はこう振り返っている。「ビジネス・スクールで学んだ最大の教訓？　ハーバードを出ても失業がありうるということさ」。世界中のビジネス・スクールの卒業生が同じ気分を味わっている――スタンフォードやウォートンの卒業生も、レンセラーやサンダーバードの卒業生も。現代は先が見えない時代になっている。

家を建てるためにしかるべき土台を探す賢い男のたとえ話が聖書にある。時間をかけて堅い大地の上に正しく建てれば、嵐が来ようとも家はぐらつかない。現実に嵐が来たとき、われわれの金融の家は砂地に建てられていたらしい。この家を建てなおすのなら、土台が岩なのか、それとも前と同じく亀裂を隠した不安定な砂地なのかをどうやって見分ければいいのだろうか。答は隠された亀裂を見つけ、その原因を理解し、また地盤が揺れても人への被害を防いだり減らしたりするためにとるべき行動を決めることにある。

本書はＭＢＡの誓いを扱っている。この誓いは、ビジネス・リーダーが危機に直面したとき、それに対応するために構想された。経済の巨大な地盤をきしませ続け、ビジネスにも私生活にも不安定や分裂や断絶をもたらすこうした亀裂のたぐいを吟味するよううながすことが目的だ。とはいえ、本書は今回の大不況をとりあげているのではなく、時代や状況にとらわれないビジネスのあり方を述べている。本書は新しいビジネスの倫理を提案する。著者たちは数千人のＭＢＡの声を代弁している。彼らは、自分たちの世代が誓いの指針にしたがってビジネスを行うことに賛成すれば、状況改善の機会が得られるはずだと信じている。読者のかたがたもこれに賛成できるかどうか考えてもらいたい。

本書はＭＢＡのために――いま学んでいる人、すでに卒業したベテラン、これから学ぼうとする人のために――書かれている。しかしながら、ここに述べられている指針は、受けた教育にかかわりなく、ビジネスにたずさわるすべての人にとって重要な意味を持つ。本書はリーダーたちに新しいやり方でビジネスを行うよう呼びかけているが、実のところ、正直、信頼、勤労といった昔ながらの価値観を肯定しているだけだ。著者たちは新しい倫理、新しい出発点、成功の新しい考え方を生み出したいと望んでいる。ビジネスは世界の進歩の敵ではなく味方だという評判をとり戻すときが来ている。

この本は、ビジネス・スクールで学んでしばらく前に卒業したＭＢＡとしての経験から書かれている。きわめて聡明で思慮に富む人々と協力してＭＢＡの誓いの運動を発足させ、導くことができたのは幸運だった。だが、この運動は個人の努力よりもはるかに巨大だ。発足には何百人もの学生が力を貸してくれ、さらに数千人がいま仲間に加わりつつある。本書の表紙には著者たち二人の名前が載っているが、誓いの成長と発展は、ビジネスを通じてもっと好ましい世界を作れると信じさせてくれた多くのリーダー、同期生、教授、卒業生の功績である。

著者たちの目的は説法や伝道ではない。ＭＢＡの誓いを最も適切に主張することだ。読者は、読んでいくうちに同意できる点や同意できない点が出てくるだろう。マーガレット・サッチャーの顧問は、ビジネスの世界が開かれた市場であるように、ビジネスの理想についての議論も開かれた市場であるべきだと言った。説教壇ではなく古代ギリシャの集会所《アゴラ》をシンボルとする議論の場にならなければならない。だから読み、論じてもらいたい。もっとすぐれた道を見つける手助けをしてもらいたい。

今回の金融の地震をもたらした問題はいまも存在している。亀裂は深い。それはきっとわれわれのなかに、われわれ一人ひとりの心のなかに走っている。だが希望はある。『MBAの誓い』が前提としているのは、システムによけいな危険をかけずに、価値を生み出し、自分自身や金融や会社を管理、経営することは間違いなく可能だという信念である。同僚や競争相手の信頼を損ねずに堅実な利益をあげるのは、間違いなく可能だ。自分は大きな信託財産の管理人であり、それを守らなければならないと理解したうえで働くことは、間違いなく可能だ。しかしながら、それらが可能だということと、実行するということはまったく別の問題である。本書に述べられている指針に進んでしたがい、人生やビジネスの管理、経営に用いるかどうかは大きな意味を持つ。それによって、足もとの揺れが成長の好ましい兆候なのか、それとも地盤の新たな激突の最初の兆候なのかが決まってくるだろう。新たな地震は、いまわれわれが切り抜けつつある地震よりも、はるかに激しいかもしれない。

はじめに

この八〇年で最悪の経済危機が起きてからというもの、ＭＢＡほど大きく信頼を失った人々はまずいない。ある作家はこう生々しく表現している。「われわれを呑み込んだ経済苦境の元凶は、ＭＢＡという、戯言をまき散らしては価値観を破壊する投資家やコンサルタントたちから成る高慢な人種に他ならない」[#1]。いまやＭＢＡは、パワーポイントを得意げに使いながらプレゼンテーションをする者というだけでなく、「貪欲で、資産を買い叩き、投機熱を煽る経営手法」[#2]をとる者と見なされている。ここ数年でＭＢＡという言葉は「二流のくせに傲慢な《ミーディオカー・バット・アロガント》」とか、「ビジネスに大惨事をもたらす達人《マスター・オブ・ザ・ビジネス・アポカリプス》」とかの略語になりさがってしまった。

二〇〇八年の金融破綻の責任を、すべて著者たちのようなＭＢＡ取得者に負わせるのは、あまりにも強引だ。その反面、なんの責任もないと考えるのはあまりにも安易である。二年の間朝から晩までプロフェッショナルとしての教育を受けておきながら、ＭＢＡが倫理や行動の高い規範を守れないのだとしたら、この学位は社会に役立つところなどあるのだろうか。二〇〇九年に行われた世論調査は、経済の運営で連邦議会を信用するアメリカ人が、ウォール・ストリートを信用する人の二倍に及ぶという事実を明らかにした。[#3] 多くの人々が、ＭＢＡの教育課程はよくても無用、悪くすれば危険だと思っている。著者たちも在学中にそうした白い目を感じた。同期生の一人は、ＭＢＡの学生が「まるで腐ったトマトを投げつけられるとでも思っているかのように、少し背をまるめて身構えながら、キャンパスを歩いている」[#4] と書いている。著者たちのようにＭＢＡという文字が学位にあっても、それは屈辱の緋文字になったと言う者もいる。

ビジネス・スクールの教授たちまでもが、非難の大合唱に加わっている。ハーバード・ビジネス・スクールで二五年以上も教鞭をとっているショシャーナ・ズボフは、《ビジネスウィーク》誌上で爆弾発言をした。「同僚や自分の教えたことの多くがたいへんな苦しみをもたらし、富の創出を妨げ、世界経済を動揺させ、アメリカが主役を務めていた二〇世紀型資本主義の終焉を早めたのだと、私は信じるようになった」。世界経済を動揺させた？　二〇世紀型資本主義の終焉を早めた？　これは由々しき主張であり、ビジネス・スクールという施設に深くかかわっている人物の発言だけに、なおさら重みがある。「私たちは愚か者ではなかったし、悪人でもなかった」とズボフは述べる。「にもかかわらず、私たちが送り出した経営者やビジネスのプロフェッショナルたちの世代は、アメリカ社会のみならず世界中の大多数の人々から深く疑われ、嫌われている」[#5]

資本主義者が資本主義を滅ぼすなど、ありうるのだろうか。経済に活力があり、住宅価格が高騰し、レバレッジド・バイアウトが盛んだった数年前なら、この過激な問いは愚問扱いされただろう。

見切りをつけられた企業

多くの人が、ビジネス・スクールだけでなく、企業にも見切りをつけているのはたしかだ。テレビで会計スキャンダルのニュースを観ても、最悪の事態は予想済みなので別に驚かない。企業に対する深い失望は、ずっと前から暗雲となって立ちこめている。金融危機は流れを速めたにすぎない。ある調査によれば、最高経営責任者（CEO）が情報を公開していると信用するアメリカ人の割合は過去最悪の一七パーセントで、これはエンロン破綻の翌年よりも低い。[#6] 金融信用度指数も、大企業を信用するアメリカ人が一〇パーセントしかいないことを示している。こうした統計データと比べてもらいたいのだが、四五年前には、アメリカの成人のおよそ八〇パーセントが大企業は国にとって「望ましい」と答え、企業が変わる必要は「ほとんどない、あるいはまったくない」と考えていた。後者のような調査結果は、今日では考えられないだろう。

世論調査をたしかめずとも、書店や映画館に足を運ぶだけでいい。ウォール・ストリートのビジネス文化を述べたものとして最も人気のあるのがどんな本かというと、それにつけられたタイトルそのものが物語っている――『野蛮な来訪者』『盗賊の巣窟』『ライアーズ・ポーカー』『愚者の黄金』といった具合に。〈ウォール街〉や〈アメリカン・サイコ〉などの映画が人気を博したことを考えれば、銀行家を肯定的に描いた映画というのは想像しにくいが、六〇年前のフランク・キャプラ監督の〈素晴らしき哉、人生〉はまさにそういう映画である。冷笑的な風潮のある昨今では、誠実で実直な田舎の金融業者ジョージ・ベイリーのクリスマス物語は、サンタクロースよりも作り物めいて感じられる。

人々は怒っているし、それも当然だ。金融市場にさしたる規制を課さない社会では、企業は「害を及ぼさない」というのが暗黙の想定になっている。いまや人々は裏切られたと思っている。企業がみずからを改革できないのなら、政府がその任にあたるだろう。多少の規制はもちろん必要だが、経営者たちがなおも抵抗し、あらゆる改革を拒んだら、企業活動のごく細かな部分までもが国の規制に左右されるという無用の危険を招いてしまう。政治評論家のデイヴィッド・ガーゲンもこう述べている。「企業のトップたちが怒れる民衆を早急になだめられないかぎり、政府がますます睨みを利かせるようになるだろう」[#7]

MBAの誓い

もし状況が違っていたらどうだろうか。経営者が自分の職業にもっと誇りを持っていたら？　企業の唯一の社会的責任は利益の最大化だと言い張るかわりに、みずからを信託財産の管理人と見なし、価値を生み出すのが責任だと考えていたら？　MBAは「全世界の支配者」などではなく、信頼に足る財産管理人としてふるまうことが求められているのであって、おのれの偏狭な野心よりも他人の利益のために尽くさなければならない——これを事実として正しく認識するプロフェッショナル精神が打ち立てられていたら？　ＭＢＡがみずからのあるべき姿や責任に対する見方を変えることはできるのだろうか。過去から最も適切な方針を導き、現在を最も適切に理解することによって、それに基づいた新しい規範をビジネス界に持ち込むことはできるのだろうか。

二〇〇九年春、著者たちの小さなグループは、ハーバード・ビジネス・スクールの卒業を間近に控えて、新しいエキサイティングなキャリアの入口に立っていたというより、巨大な深淵をのぞきこんでいた。たとえ善意や拠りどころとなるモラルがあろうとも、卒業証書をもらった瞬間、ビジネスの世界ではダース・ベイダーの役を割り振られるとわかっていたからだ。

新たなキャリアをはじめようというときに、そうした目で自分の職業を見られたいとは誰も思わなかった。学生の多くは、すでにビジネスの世界を経験済みだった。市場の実態も、人々が企業の経営者に抱く当然の期待も理解していた。われわれは「どうしてうまくいかないのだろう」と自問した。たどり着いた答は意外なものではない。われわれに言わせるなら、ウォール・ストリートの失敗は何よりもまず、理想の欠如、魂の不毛がもたらした結果だ。崩壊に至る亀裂は経営者たちの心と精神のなかに生じていたのであり、経営者たちは行く手を見失い、使命感や人生の目的は恐怖、強欲、偏狭な利己心のために麻痺していた。そしてその代価をいまも払わせられている。しかし、それまでに受けたビジネス教育から、もう一つの道があることをわれわれは知っていた。暗闇のなかにもひと筋の光明を見ていた。

ビジネス・スクールで行われたケース・スタディのうち、最も参考になったのは、ジョンソン・エンド・ジョンソンの会長を務めたジェームズ・バークのケースだ。同社の製造するタイレノールの瓶の包装が破られ、シアン化合物が混入されるという事件が発覚したとき、対応にあたったのがこのバークだった。一九八二年秋、通常量のタイレノールを服用したシカゴの住民七名が死亡した。バークは公衆衛生上の大きな危機に直面した――包装を破られた瓶は何本あり、どんな細工がされたのか。ビジネス上の危機にも直面した――タイレノールは鎮痛剤市場で三五パーセントのシェアを持ち、ジョンソン・エンド・ジョンソンの利益の一五パーセントを担っている。つまり会社の稼ぎ頭だ。もし回収すれば、このブランドが消滅する危険を冒すことになる。また、混入があったのはシカゴだけだと当局は断定した。FBIのトップは、人々の間に恐怖が広がらないよう、タイレノールの販売を続けるべきだと圧力をかけさえした。何も手を打たないのはたやすかった。それが賢明だと考える者もいた。

バークの考えは違った。一億ドルの費用をかけ、アメリカ全土の商品棚から三一〇〇万本のタイレノールの瓶を一つ残らず回収すると決意したのだ。これは思い切った対策であり、影響は即座に現れた。ジョンソン・エンド・ジョンソンの株価は一日で七ポイント下落した。鎮痛剤市場に占めるシェアも三五パーセントからわずか八パーセントへと瞬く間に落ち込んだ。バークの選択は、短期間で巨額の損失を会社にもたらした。そこまでする必要はあったのだろうか。株主の利益を最大化するという発想はどこへ行ってしまったのだろうか。

危機のさなか、ジョンソン・エンド・ジョンソンは対応を説明するコマーシャルを流し、人々の信頼をとり戻そうとした。数か月後にタイレノールは、混入防止のために新式の三重の包装をほどこしたうえで、商品棚に戻ってきた。六か月でこのブランドは以前のシェアを回復し、消費者第一の揺るぎない評判を勝ちえた。消費者のためなら消え去るのもいとわないブランドほど、信頼できるブランドがあるだろうか。タイレノールを回収させたバークの決断は、アメリカのビジネス史における勇気ある英断の一つとして、いまなお広く賞賛されている。なぜバークはこのような行動に出たのだろうか。何がこの決断の拠りどころとなったのだろうか。

タイレノール危機が起きたとき、ジェームズ・バークがまず目を向けたのはジョンソン・エンド・ジョンソンの社是《クレドー》だった。何十年にもわたって会社の指針となってきた社是は、最優先事項が四半期目標の達成などではなく、消費者の健康と安全の確保であることをはっきりと謳っていた。この社是はおざなりに作られたわけでも、本社の人目につかない棚で埃をかぶっていたわけでもない。バークのリーダーシップのもとで、会社が忠実にしたがってきた文書だった。ジョンソン・エンド・ジョンソンは定期的に「社是課題会議《クレドー・チャレンジ・ミーティング》」を開き、「社是調査《クレドー・サーベイ》」の結果を検討した。この調査は、従業員一人ひとりに一〇〇以上の質問を行い、会社が社是の基本精神にしたがっているかどうかを（無記名で）評価させるというものだった。つまり、ジョンソン・エンド・ジョンソンは社の基本精神を真剣に受け止めていた。[#8]

緊迫の時期にバークが決断をくだせたのは、価値観をあらかじめ持っていたからだ。価値観があったからこそ、危機のさなかに答をあわてて探しまわらずにすんだのであり、バークにとって答はすでにそこにあったのである。

ＭＢＡの誓いが誕生するまで

卒業の準備をするころになると、著者たちのグループは自分らが——個人として、クラスとして、スクールとして、ＭＢＡとして——どのような価値観を体現すべきなのかと考えはじめた。問題は価値観があるかどうかではない——どんな人でも価値体系を持っている。どんなグループや組織もそうだ。肝心なのは、価値観がモラルによる監視と評価という試練に耐えるかどうかである。この価値観は正しいのか、それとも間違っているのか。経営のカリスマたるピーター・ドラッカーは、「人の魂が試される」逆境のときこそ、価値観が必要だと述べた。そういうときに企業に正しい価値観が欠けていると、「もう少し踏ん張り、もう少し努力して、戦略を再考し、試行錯誤を重ね、立てなおすという重労働をするだけの意欲を人は持てない。人は金だけのためにそこまでしない。自分たちのビジネスが重要であり、また重要になりうるとの信念があるときのみ、これほどの重労働をする。そしてこの信念は、正しい価値観によって吹きこまれるのである」[#9]。われわれは個人として、企業のリーダーとして、これに匹敵する経営のＤＮＡを求めるべきだ。

金融危機がビジネス・スクールでの学生生活を変えたのは間違いない。華々しい業績をあげた好例と見なされていた企業はいきなり倒産した。すぐれた商才を賞賛されていた経営者はにわかに職を失った。最先端のリスク管理だと教わった金融モデルには大きな欠点のあることが急に明らかになった。金融危機の間にビジネス・スクールにかよった利点があるとすれば、先の読めないものが転がり寄せてきたために、われわれの多くがあらかじめ決められた道から放り出されたことだ。足もとの固い大地は不意に消え去り、キャリアプランは打ち砕かれるか中断された。キャンパスには不安感が漂っていたが、自分たちがいままさにビジネスの大転換の時期にいるという感覚もあった。

ビジネス・スクール卒業の数か月前に起きた金融危機のとき、ＭＢＡはいくたびも俎上に載せられた。そのほとんどが、ＭＢＡは私利をはかる下劣な寄生虫で、他人の金を掻き集めてカジノに行き、一か八かの賭けをして全額擦ってしまった者たちだと述べていた。そういう気の滅入る記事の一つを読んだとき、マックスはふと考えた――ビジネス倫理についての誓いを立てないかと、同期生に呼びかけてはどうだろうか。マックスの妻で、大学院で倫理学を専攻しているジェシカも、同期生に話してみるようながした。翌日の朝食の席で、マックスはこのアイデアを同期生のティール・カーロックに話した。ティールはすぐさま強い興味を持った。二人は協力し、計画を練りはじめた。ビジネス界の動揺する壁の下に、勤勉、正直、誠実といった昔ながらの価値観に基づくもっとすぐれた土台を据えるのが目的だった。

ビジネス倫理を教える教授からの忠告で、マックスはハーバード・ビジネス・スクールの二人の教授、ラケシュ・クラーナとニティン・ノーリアに注目した。一週間後、マックスはモーガン・ホールにあるラケシュのオフィスに歩み入った。本がうずたかく積まれ、いかにも教授らしく雑然としたそのオフィスで、学生が卒業時に立てる倫理の誓いを定めたいという望みを伝えた。ラケシュは目を輝かせ、大きな笑みを浮かべた。そして椅子から勢いよく立ちあがり、机に駆け寄ると、大声でこう言った。「いまこのコンピューターの画面に映っているものを見たまえ!」。それはラケシュとニティン・ノーリアが何年もかけて練りあげ、いまでは世界経済フォーラムと協力して作っているヒポクラテスの誓いの経営者版試案だった。ラケシュ、ニティン、それから故スマントラ・ゴシャール教授は長年そのアイデアに取り組んできたのだが、現実に牽引力を持たせるためには、学生を主役にしなければならないという結論に達したのだとラケシュは説明した。

いろいろな人たちの間で思考がシンクロするのは、重要な変化のための時間と環境が熟した場合であるときが多い。マックスの頭のなかでは、そのアイデアは生まれてまだ二四時間足らずだったが、いま目の前にいる人物はプロフェッショナルとしての生活を何年もそれのために費やしていた。ラケシュはマックスに、アスペン研究所や世界経済フォーラムのようなおもだった非政府組織(NGO)もこのアイデアについての考えや意見を交換していると教えた。世界中のビジネス団体が同じアイデアを検討していたわけだ。ラケシュは興奮して言った。「ニティンに会いに行こう」。二人は急いでラケシュのオフィスを出て、ノーリア教授を見つけた。とたんに三人がいっせいにしゃべりはじめることになった。

ニティンもラケシュも、誓いは教授ではなく学生から生まれなければならないと考えていた。これから現実の世界で経営者の地位に就こうとしている者たちのエネルギーと努力によって、誓いは定められ、採用され、発展させられるべきだった。果たして学生が発案した誓いにどれくらいの学生が署名するだろうかと、ニティンとラケシュは案じた。一〇〇人はいるというのがマックスの見積もりだった。二人の教授は茫然とした。卒業まで数週間というこの遅い時期に、ビジネス・キャリアの入口でこれほど重要な一歩を多くの学生が踏み出すとは思えなかったからだ。二人は喜び、助力は惜しまないと告げ、《ハーバード・ビジネス・レビュー》誌に載せた誓いを叩き台にすべきだとうながした。研究成果も快く教えてくれ、専門知識や支援の提供も申し出てくれた。両教授は助言と着想のかけがえのない源になった。取り入れ、分かち合うという二人の態度は、ＭＢＡの誓いの運動に、最初から協力の精神を吹きこんでくれた。

マックスは他の人たちにアイデアを広めだした。反応は劇的だった。口コミ、ツイッター、ボイスメール、Ｅメールなどを通じ、アイデアは卒業前のいつもの会話を変えはじめた。職はあるのか、どんな職に就くのかではなく、職に就いたらどうするのかという話題に変わっていった。重複学位プログラムを利用してハーバード・ビジネス・スクールで学んでいたケネディ・スクールの何人かの学生も、興味を抱いてかかわった。そのなかには、ジョージ奨学金の受給者もいた。この奨学金の生みの親であるビル・ジョージは医療機器大手のメドトロニックの前ＣＥＯであり、ゴールドマン・サックスの理事を務め、公的サービスと民間サービスの統合というコンセプトの先駆者でもある。

マックスたちは精力的に運動に取り組み、プロジェクトを推進すると同時に最終試験と卒業の準備をするという忙しい日々をはじめた。ある夜、地元の行きつけの店で夕食をとっているとき、マックスはピーターを会話に引きこみ、参加を呼びかけた。ハーバード・ビジネス・スクールの最終学期にクラーナ教授の講義を受け、感銘を受けていたピーターは、願ってもない話だと思った。ビジネスのあるべき姿について、確固たる立場を定めるというのは願ってもない話では？世界の諸問題を解決することにはならなくても、将来どのようにリーダーシップをとっていきたいかについての誓いを立てることはできる。ピーターはマックスをまっすぐ見つめ、「ぼくも入れてくれ」と言った。マックスはテーブルから飛びあがり、感謝をこめてピーターの手を握ると、ドアから走り出ながら振り返って叫んだ。「卒業まで四週間だ、ピーター。急いでとりかからないと」。食べかけのクラブケーキとともに取り残されたピーターは、呆気にとられた。時間が重要だった。

五月はじめ、著者たちは二〇〇九年に卒業する友人たちに、ＭＢＡの誓いの第一回設立会議への招待状を送った。あらゆる経歴、出身地、業種の友人たちがいた——アメリカ、メキシコ、パキスタン、エジプトなどの世界中の国々のコンサルタント、銀行員、マーケティング担当者、プライベート・エクイティの専門家たちがいた。われわれは学生センターのプロジェクト・ルーム二〇七号室で会った。一団には、重複学位プログラムでビジネスと医学を学んでいるダン・ムーンがいた。元コンサルタントで、ミネソタに移ってブランド・マネージメントの仕事に転身しようとしているケイト・バートンもいた。ジョン・スワンは、コロラドで銀行を共同設立した。元海兵隊員のライ・バーコットは、若者の暴力を防ぐため、ナイロビのスラム街に画期的な非営利団体を設立した。

室内の一〇脚の椅子はすぐに埋まり、その後もドアから人が流れこみ続けた。部屋にはエネルギーが満ちていた。みな物珍しさからではなく、世の中をよくするのにひと役買いたいと思って訪れていた。まもなくあまりにたくさんの人が来たために、場所が足りなくなった。このときの昂揚感はわかってもらえるだろう。最後に現れた人は、部屋がすし詰めの状態だったために、ドアの外でまるまる九〇分の間立ち続けた。会議の目的は、ヒポクラテスの誓いのビジネス版試案を示し、論じ合い、最終決定したうえで、同期生に署名してもらうことにあった。ひと月でよくここまでできたものだ。学生運動をはじめた経験のある者は誰もいなかった。いま自分たちのなそうとしていることが、やがてアメリカだけでなく五〇以上の国々で反響を呼ぶことになろうとは、思いもしなかった。当時のわれわれは、ハーバードの同期卒業生しか念頭になかった。

ノーリア教授とクラーナ教授が起草した誓いを叩き台にして、われわれは自分たちのバージョンを完成させようと試みた。医者が立てるヒポクラテスの誓いや、法律に関する誓い、さらには大統領の就任宣誓といった他の誓いと比較した。サンダーバード、コロンビア、ダートマスなどの先進的なビジネス・スクールの誓いも検討した。「グローバル・ビジネス基準集」や「責任ある経営者教育の指針」のような国際基準も調べた。現在のビジネス思想や倫理の最良の部分を取り入れ、われわれの誓いの根幹を成す価値観に組みこみたかったからだ。長時間にわたる議論、論争、そして露骨に言えば大声、うなり声、歓声、笑い声の末、大多数の納得できるものが仕上がった。それにはMBAの誓いの名が与えられた。

この会議ののち、事態は一気に加速した。われわれはたいした力を持っていなかったが、闘志は満々だった。妻子を連れて短い旅行をしたとき、マックスはシンプルなウェブサイトを作って、学生が誓いについて知り、オンラインで正式に署名できるようにした。ティール・カーロックはキャンパスで組織化の指揮をとった。同期生がオンラインで誓いに署名しはじめた。他のスクールにも噂が広まりだした。何か特別なことが起きるという興奮があった。卒業が迫ったころ、マックスは記者から連絡を受けた。《ニューヨーク・タイムズ》紙のレスリー・ウェインが誓いをもっと詳しく知りたがっていた。翌日、MBAの誓いについての記事が、同紙のビジネス面のトップページに載った。その結果、驚くほどのコメントがブログやインターネット上の交流の場に書きこまれた。記事は世界中で議論に火をつけた。まもなく、《ビジネスウィーク》誌、《フィナンシャル・タイムズ》紙、《エコノミスト》誌、ナショナル・パブリック・ラジオなどのマスメディアも、MBAの誓いをとりあげようとした。他のビジネス・スクールの学生が接触してきて、どうすれば運動に加われるのかと尋ねてきた。〈ザ・デイリー・ショー〉が運動をとりあげ、署名しなかった学生をからかうのを観たとき、われわれは自分たちが文化の鉱脈を掘りあてたのだと悟った。

　メディアが好意的な目を向けてくれている間、われわれのチームはもう一つの差し迫った問題に専心していた――卒業前日に行われる六月の卒業祝賀会で、誓いの署名式を催すことだ。そこでＭＢＡの誓いをはじめて正式に発表するつもりだった。また、これは連帯責任を目に見える形で負う第一歩にもなる。卒業前日の感動的な式で、数百名のハーバード・ビジネス・スクールの学生がバーデン講堂に集い、公に誓いを立てた。

　ハーバード・ビジネス・スクールの同期生のうち、三分の二近くが誓いに署名し、これは見こみの六倍に達した。正直なところ、ハーバードや世界中から寄せられた反応は予想以上で、圧倒された。大きな反応を得たのは、チームのすぐれた広報戦略によるのでも、誓いの内容そのものによるのでもないと思う。金融メルトダウンの結果、世界は変化を求めてうめいていたのだ。われわれはアイデアを得て一歩進んだ。われわれは新しい倫理、新しい責任、新しい使命を強く求めている。誓いはビジネスのやり方やビジネスの社会的役割の考え方にかかわる義務の呼びかけであり、変化の呼びかけであり、刷新の呼びかけである。

　二〇一〇年、アメリカのビジネス・スクールは一五万人以上にＭＢＡの学位を授与したが、これは法律と医学の学位を合わせた数の二倍以上に及ぶ。しかし、ＭＢＡの学位を持っていれば「プロフェッショナル」だというわけではない。それなら、どんな意味があるのだろうか。もし

ＭＢＡ取得者が、卒業直後から、自己規制の厳しい基準を守ると誓っていたら？　もしビジネス・スクールが行動規範を教えたり、発展させたりしていたら？　その一連の規範がヒポクラテスの誓いの経営者版となり、企業の経営者や所有者の倫理的な資質を問う尺度となっていたら？

われわれＭＢＡが宣言どおりに働き、世界のなかで特別なことをするだけでなく、世界のために特別なことをするリーダーとなったら？　われわれが見たいのはそういう未来だ。ＭＢＡの誓いが描き、信じるのはそういう未来だ。

I

プリンシプル

1 企業はなんのために存在するか

経営者たる私の使命は、人材や技術、資金などの経営資源を集結させ、一人の個人ではなしえない価値を創出することで、より大きな善のために尽くすことにある。したがって、私は自分が携わる事業が長期にわたって社会のために価値を高められるような道を選ぶ。

――ＭＢＡの誓い、序言

この誓いは次世代の倫理あるビジネスのプロフェッショナルにとって、拠りどころになるだろう。

――マリーサ・ブッツァンカ（ニューヨーク大学スターン・スクール・オブ・ビジネス二〇〇九年卒業生、署名番号一三八八）

あえて単純な質問をすることが、大いに役立つことがある。あまりにも単純なので愚か者扱いされかねないほどの質問なら、なおさら効果がある。勇気を持ってその種の質問をすれば、相手は自分がこうと決めこんでいるものをはっきり表現しなければならないし、そういう決めこみはいろいろなことを教えてくれる。だから、本章も単純な質問からはじめてみたい。

企業はなんのためにあるのか？

少し時間をとって次の空欄を埋めてもらいたい。「企業の目的は（　　）である」。これまでに著者たちは数々の聡明な人物にこの質問をしたが、その多くは同じ答を即座に返した。「企業の目的は利益の最大化である」と。単純な質問に対する単純な答だ。そこで著者たちは次の質問をする。企業はどうやって利益をあげるのか。「簡単だ」と友人たちは答える。「商品やサービスを作り出し、人々がそれらに対して生産コストをうわまわる額で買うだけの価値があると見なせば、利益をあげられる」。ここから三つめの質問に発展する。これはおそらく最も単純な質問だ。なぜ利益をあげたがるのか。なぜ利益をあげたがるのかだって？　わかりきったことでは？　「富を増やして商品やサービスを買うために利益をあげる」。さあ、おもしろくなってきた。堂々めぐりをしているからだ。価値ある商品やサービスを作り出す目的は利益を得るためだが、今度は利益を得る目的が価値ある商品やサービスを得るためになってしまっている。これは循環論法だ。よき製品を（商品やサービスの形で）得るためによき製品を作り出そうと努めるのなら、論理的帰結として、自分のところでその製品を作り出すのが目的そのものになるはずだ。こう考えていくと、最初の質問に対する答はもう一度よく検討してみなければならない。利益をあげるのは企業の唯一の目的だとしばしば称揚されている。だがこの答は、価値ある製品を消費する意義を考慮していないし、価値ある製品を作り出すときの深い充実感も考慮していない。

われわれ人間は創造のエネルギーを授けられている。創造するという行為そのものが、われわれに喜びや充実感を与える。今日も株主の利益のためにがんばろうと思って毎朝起きる従業員はあまりいない。同じように、株主の利益を最大化するという高尚な使命に専念してくれと従業員に発破をかけるＣＥＯもまずいない。著者たちがビジネス・スクールにかよった二年間で、そういうＣＥＯに出会ったことは一度もない。ほとんどのＣＥＯは、自信に満ちた様子で悠然と教室の前方を歩きながら、消費者のために価値を作り出し、従業員と一丸となって社会のためにすばらしいことをしていると語った。ビジネスに利益は必要だが、それだけが存在理由ではない。企業は価値を生み出さなければならないし、それは利益に劣らず重要だ。だからＭＢＡの誓いも、まだ議論の余地は残されているものの、良識ある前置きからはじまっている。「経営者たる自分の目的は、人々と資源を集め、一人では作り出せない価値を生み出すこと」だと。むろん、この価値には利益も含まれるが、目的は利益の最大化ではない。それは長期的に見たときの価値の最大化であるべきだ。例を使ってその意味を考えてみよう。

練り歯磨きとタイヤ修理

二つの会社が練り歯磨きを売っていたとする。ビッグ・プロフィット・ペーストは最大の利益をあげるために練り歯磨きを売っている〔「ビッグ・プロフィット」は「大きな利益」の意〕。ラスティング・スマイルズは消費者のために最高の練り歯磨きを製造して利益を得ている〔「ラスティング・スマイルズ」は「永遠の笑み」の意〕。わかりやすくするために、両極端の会社にしよう。ビッグ・プロフィットは最大の利益をあげることにのみ関心がある。ラスティング・スマイルズは可能なかぎり価値ある練り歯磨きを作ることのみが望みだ。その他の条件は同じとすれば、二社はたいてい同じ意志決定をするだろうが、例外的な状況においては経営哲学の違いが戦略の違いをもたらすはずだ。

さて、ここで二社に原料を変える機会がめぐってきた。新しい原料は安いので製造コストを抑えられるが、長期的に見ると、歯垢を除去する効果が落ちる。原料の変更には誰もすぐに気づきそうにない。味も見た目も感触ももとのままだ。こういう状況では、ビッグ・プロフィット・ペーストは新しい原料を使うだろう。コストを抑えて利益を増やせるし、これは会社の重要な価値観に一致するからだ。ラスティング・スマイルズは乗り換えまい。新しい原料は、消費者のために最高の練り歯磨きを作るという目的に反するからだ。

新しい練り歯磨きはさしあたっては見た目も効果も変わらないので、ビッグ・プロフィット・ペーストはラスティング・スマイルズと同じ価格を設定でき、市場もビッグ・プロフィット・ペーストがうまい汁を吸おうとしたとしてすぐさま罰を与えるようなことはしない。ビッグ・プロフィット・ペーストは短期的には得をする。利益が増え、宣伝や商品開発や流通に以前より多くの金を使えるようになり、ラスティング・スマイルズよりも優位に立つ。だから、株価もしばらくの間はラスティング・スマイルズをしのぐ。ラスティング・スマイルズは、消費者が目を覚まし、品質重視の製品を支持してくれるまで、ある程度の業績不振を強いられる。

しかしながら、ビッグ・プロフィット・ペーストの練り歯磨きはラスティング・スマイルズに比べて劣っているので、歯科医や消費者がいずれそれに気づく。市場の見えざる手が働き、ラスティング・スマイルズはビッグ・プロフィット・ペーストよりも高い価格を設定できるようになるか、そのシェアを奪うだろう。

適切な決断を下したのはどちらの会社だろうか。安定重視の組織を作っているという点で、ラスティング・スマイルズだと考えられる。ビッグ・プロフィット・ペーストは短い間劣悪な製品を売ったために、消費者離れや訴訟や批判報道のリスクを増やし、それはブランドに取り返しのつかないダメージを与えかねない。念のために言っておくと、ビッグ・プロフィット・ペーストが競争相手に打ち勝つために低コストを追求したのは間違っていない。こういう競争戦略は、持続可能な形であれば、賞賛されてしかるべきである。問題は、ビッグ・プロフィット・ペーストが長期的にはすべての利害関係者の――消費者、従業員、株主の――損になる形で安く抑えたことにある。逆にラスティング・スマイルズは、新しい原料の欠陥が公になれば市場のシェアを奪還できるだろうし、他にも有利な展開があるだろう。就職先として見ても、妥協せずに高い品質と事業の安定に注力しているラスティング・スマイルズのほうが好ましい。多くのＭＢＡもそう感じるだろうし、人材獲得競争でそれは大きな意味を持つ。

練り歯磨きの製造会社トムズ・オブ・メインを設立したトム・チャペルは、こういったことを簡潔に表現している。「ビジネスのポイントは、自社の製品を買うよう消費者をだますことではないし、消費者を操って競争相手でなく自分の味方につけることでもない。ビジネスの目標は、消費者を大切にするすぐれた製品を作り出すことでなければならない。販売の要は、会社がよいと思っているものが、消費者がよいと思っているものと一致するのを、消費者に納得させることにある」[#1]。何をよいと思うかが会社と消費者で一致すれば、世界はまさしくもっとすばらしい場所になる。価値が生み出されるのはこのときだし、ビジネスもこのとき目的を果たす。

何がよいかをたしかめるとき、消費者は医師が与えるような専門的で客観的なアドバイスをよくビジネスマンに求める。倫理学者のピーター・シンガーは眼科医と車のセールスマンを比較している。「私の家族の一人が近ごろ目を悪くし、かかりつけ医から眼科医のもとにまわされた。眼科医は目を検査したのち、手術は必要ないと言って、家族をかかりつけ医に送り返した。友人の医者に言わせれば、これは職業倫理を守る医師なら当然のことだそうだ。それに比べ、自動車販売店へ行ったのに、新車はまだ要りませんよとアドバイスされるなどというのは想像しにくい」[#2]。自動車販売店でそういうアドバイスをされるのはたしかに想像しにくいが、ビジネス全体ではときどきありうる。いちばん高いワインをひたすら勧めるのではなく、お得なワインを教えてくれるウェイターに感謝したことはあるはずだ。ある物件に興味を持っているときに、不動産販売業者があそこにはネズミが出ますと正直に教えてくれればやはり感謝する。しばらく前、著者の一人は、タイヤが空気漏れをしていたので車をタイヤのサービスセンターに持ち込んだ。ガレージにいた整備士は数分の間タイヤを眺め、著者は悪い知らせを覚悟した。だが整備士は新しい高価なタイヤを買うよう迫るかわりに、古いタイヤにパッチを貼っただけですませた。これはタイヤセンターにとって当座の利益を最大化する行為だろうか。いや、違う。けれども、この行為はずっとひいきにしたいという気持ちを勝ちとったのである。

さらなる深みへ――ビジネスの目的

ビジネス・スクールに通っていたとき、著者たちはビジネスの目的に対する見解の相違をしょっちゅう目にした。同期生もこのテーマをめぐっては意見が割れていた。教授たちもそうだった。世界で最も成功しているビジネス・リーダーや、最も著名な学者の間でも、見解は相違している。例として、ジョンソン・エンド・ジョンソンとミルトン・フリードマンのビジネス哲学の違いを見てみよう。

タイレノール危機のとき、ジェームズ・バークが社是を拠りどころにしてジョンソン・エンド・ジョンソンを導いたことは本書ですでに述べた。社是は数十年にわたってジョンソン・エンド・ジョンソンの文化の要であり続け、この企業の戦略と意志決定を大筋で導いてきた。以下に社是を抜粋しておこう。

われわれは医師、看護師、患者、母親、父親ら、わが社の製品やサービスを利用するあらゆる人々に対して、第一に責任があると考える。そのニーズに応えるために、すべての行動は質が高くなければならない。手ごろな価格を保つために、つねにコスト削減に取り組まなければならない……供給業者や販売業者には、適正な利益を得る機会を提供しなければならない。われわれは従業員、すなわち世界中でともに働いている男女に対して責任がある。誰もが一人の人間として見られなければならない。従業員の尊厳を重んじ、功績を認めなければならない……われわれは自分たちが生活し、働く共同体に対して責任があり、世界という共同体にも責任がある……最後に、株主に対して責任がある。ビジネスは安定した利益をあげなければならない……これらの指針にしたがって運営すれば、株主も適正な利益を得られるだろう。[#3]

ジョンソン・エンド・ジョンソンの社是は、何よりも優先すべきは消費者のニーズに——医師、患者、母親、父親らのニーズに——応えることだと宣言している。その過程で、従業員に配慮し、よき企業市民としてふるまい、「安定した」「適正な」利益を得ることをめざす。要するに、会社には果たすべき責任がいくつもあるという信念を強調している。あっぱれなことだと思う人もいるだろうし、首をかしげる人もいるだろう。

ミルトン・フリードマンはシカゴ大学で教鞭をとり、ノーベル経済学賞を受賞した。その研究は当時の経済学者たちに影響を与えたどころの話ではない。一九七〇年、フリードマンは「ビジネスの社会的責任は利益を増やすことにある」と題した非常に有名な論文を書いた。そこにはこう記されている。

企業の役員と労働組合の幹部には、株主や従業員の利益のために尽くすだけにとどまらない「社会的責任」があるとする見方が広く受け入れられつつある。この見方は、自由経済の特徴と本質に対する根本的な誤解を物語っている。自由経済のもとでは、ビジネスの社会的責任はただ一つしかない――ゲームのルールに背かないかぎりで、資源を活用し、利益を増やすための活動にたずさわることだ。つまり、欺瞞や不正を行わずに、開かれた自由な競争に参加することである……株主のためにできるかぎり金を稼ぐこと以外にも社会的責任があると企業の役員が信じ込む風潮ほど、自由社会を根幹から揺るがしかねないものはないと言っていい。[#4]

「ビジネスの本分はビジネスである」（そしてそれ以上ではない）というフリードマンの主張は、有無を言わせないほど単純だ。ビジネスの目的はただ一つ――利益の最大化にある。それ以外の試みは要らぬ干渉であり、非効率的であり、心得違いをしている。経営者が金を捨てたいのなら、所有してもいない企業の資産ではなく自分自身の資産をなげうつべきだ、ということになる。

ニューヨーク大学で商法を教えるウィリアム・T・アレン教授は、ジョンソン・エンド・ジョンソンとフリードマンのビジネス観を対比し、フリードマンの見方をビジネスの「財産説」と結びつけた。「財産説」という名前は、企業を株主の私有財産と見なすところから来ている。財産説の歴史は、一九一九年にミシガン州最高裁判所が出したドッジ対フォード・モーター社事件の判決に端を発する。[#5] フォード・モーター社の株主だったドッジ兄弟は、取締役会を掌握していたヘンリー・フォードが株主に対して無責任な行動をとったと訴えた。フォードが配当金の削減を決めたからだった。フォードは五八〇〇万ドルの利益をそのまま事業の拡張と価格の引きさげのために使いたいと考えていた。企業の目的はすぐれた製品を安く作り、高賃金の雇用を増やすことであって、金儲けはそれに付随するにすぎないというヘンリー・フォードの談が新聞に載った。[#6] ドッジ兄弟は、企業の所有者は株主であり、貯め込んだ利益を取締役会に吐き出させる権利があると主張した。ミシガン州最高裁判所はこれを認め、フォードに配当の支払いを命じた。

「財産説」は、もし株主が企業を「所有」しているのなら、利益を最大化しない活動に経営者がたずさわるのは適切でないと論じる。経営者が他人の金を使って一人よがりな（そしておそらくは突飛な）「公益」を追求するなど、あっていいものか？ それに、財産説にかなう行動は富の創出を最大化しやすいし、富の創出はそれ自体が社会に広く好影響を与えると、財産説の主張者は述べる。富が創出されれば全体の生活水準もあがる。この点では、社会全体の長期的利益となる事業を重んじるＭＢＡの誓いと財産説は重なる。さらにフリードマンも、人には社会の基本的なルールにしたがう責任があり、それは法律の形をとることもあれば、倫理的な習慣の形をとることもあると語っている。[#7] つまり、利益の最大化は文化的規範と倫理的基準によって制約される。

哲学者のマイケル・ノヴァックは、フリードマンが定義したビジネスの目的についてこう述べている。「開かれた自由な競争を維持し、法規による枠組みを作り、欺瞞や不正を避け、ゲームのルールにのっとったフェアプレーを示すといった、モラルにかかわるかなり広範な責任がそこには含まれる。これは些細な課題とは言えない」[#8]。とはいえ、誤解のないように言っておくが、ビジネスの財産説が経営者の重要な仕事と見なすのは利益の最大化だけである。

財産説に対して、ウィリアム・アレンはビジネスの社会的存在《ソーシャル・エンティティ》説を唱えており、これはジョンソン・エンド・ジョンソンの社是とおおむね一致する。この説では、投資を呼び込むために手ごろな率のリターンを投資家に保証しなければならないが、企業はそれ以上に高尚な目標を持つ。消費者を満足させ、従業員に意義ある仕事を用意し、共同体の公益に貢献するといったより多くの義務を経営者は負う。

ビジネスの社会的存在説は、企業とは国が認可した法人《リーガル・エンティティ》であるという事実に基づいている。企業は純粋な私有財産ではない。連邦最高裁判所判事を務めたベンジャミン・カードーゾの言葉を借りれば、「公共の目的を帯びている」。国が企業の設立を認可し、取締役の責任を定めるのは、企業によって全体の繁栄がうながされると考えるからだ。これは直観的に理解できる。企業が全体の繁栄やより大きな善をもたらさなかったら、政府が認可するはずがあるだろうか。

社会が認可するのは、新しい富を創出し、アダム・スミスが言う「普遍的富裕」を作り出す企業だと言える。「普遍的富裕」とは、「かつての貧者が王侯貴族ですら望めなかった暮らしを手に入れる」までに労働者の実質賃金が上昇した状態のことである。また、社会が企業を認可するのは、雇用を創出させたいからでもある。失業者が多数にのぼれば、嫉妬、憤懣、さらには暴力が生まれる。数年前、フランスで移民の若者が高い失業率に抗議した結果、パリ郊外はほとんど交戦地帯と化し、暴動や放火された車が至るところに見られた。重要なのは、人々はビジネスを必要としているが、それは単にビジネスが利益をあげるからではないということだ。ビジネスが職を生み、テクノロジーを広め、効率を改善し、価値を増やせば、世界はもっと住みよい場所になる。ビジネスは進歩と変化の原動力なのである。

　コンピューター分野の開拓者であり、ヒューレット・パッカードの共同設立者であるデイヴィッド・パッカードは、社会的存在説をこんなふうに要約している。「多くの人が、企業は金儲けのためだけに存在するという間違った思いこみを抱いている。それは企業の重要な産物ではあるが、もっと深く考え、真の存在理由を見つけなければならない。人々が協力し、企業を作るのは、単独ではなしえないことを集団でなしえるようにするためである——つまり社会に貢献することであり、これは陳腐に聞こえるがきわめて重要である」[#9]。パッカードの言葉は、ＭＢＡの誓いの序言と重なる——経営者の使命は、人々と資源を集め、一人では作り出せない価値を生み出すことにある。すぐれた経営者は仕事の結果として会社に大きな利益をもたらすが、大きな利益をもたらすこと自体が仕事なのではない。

　財産説と社会的存在説を比較したとき、どちらがビジネスの目的について適切な定義を示しているだろうか。ビジネスは株主の利益を最大化するためだけに存在すべきなのか、あるいはそれ以上に重要な目的が他にあるのか。著者たちは、財産説の論理と簡潔さには大いに敬意を払うものの、ビジネスの目的については社会的存在説のほうが説得力に富むと考えている。理由は、社会的存在説は三つの現実を受け入れているからだ。すなわち、株主の目的はそれぞれ異なること、すぐれたビジネスは価値の創出によって打ち立てられること、利益の最大化ばかりにこだわると会社にとっても社会にとってもリスクが増すことの三つである。

第一に、株主の目的が異なることについてだ。実際のところ、ほとんどの現代企業では、株主と従業員と消費者が渾然一体となっていると言っていい。食品会社のゼネラル・ミルズを例にあげてみよう。従業員は会社のシリアルやグラノーラバーの消費者でもあり、ストックオプション制度を通じた株主でもある。この現実を見たとき、株主の利益の最大化というルールを適用するだけでは、経営者の決断の拠りどころとはならない。ひたすら株主の利益を最大化しようとしてレイオフを実行しても、株主が従業員だったら逆にその利益を損なう。すべての株主の立場が同じとはかぎらないし、投資の目的も同じとはかぎらない。株主にはいろいろなタイプがいる。自分の仕事と給料が何より大事な従業員。株を数時間しか保有しないデイトレーダー。会社をわが子のように思っている設立者。経営陣を入れ替えたい強気なヘッジファンド。膨大な資産の安定した投資先にしている大規模な公的年金基金。社債保有者まで考えれば、実態はもっとややこしくなる。企業に対してなんらかの権利を持っている者は多種多様なので、株主の利益の最大化のみを考えて経営しようとしても、期待されるほど明確な道筋を経営者は得られない。

第二に、すぐれたビジネスはすぐれた理想を持っている。ビジネスの存在理由は論じたが、何がすぐれたビジネスを作るのだろうか。この疑問に対する答は、経営者なら誰しも知りたがる。これについては定石はないが、共通点ならある。どこでもいいのですぐれていると感じる企業を思い浮かべ、「何がこの企業をすぐれた企業にしているのだろうか」と考えてもらいたい。顧客サービスに秀でている、ビジネス戦略に揺るぎがない、競争相手よりも質の高い製品をデザインするのが巧みだ、などといった理由が考えられるだろう。だが、「この企業は大儲けをしているから」というような理由は考えにくい。すぐれた企業は単に利益をあげているからすぐれているのではない。プロクター・アンド・ギャンブルにせよ、ウォルマートにせよ、インテルにせよ、ゼネラル・エレクトリックにせよ、ESPNにせよ、これらの企業が財政的に成功しているのは、同じことをした結果である——競争相手よりも大きな価値を生み出したからだ。ウォルマートのCOO［最高執行責任者］を努めたドナルド・ソダーキストは、この小売業界の巨人は巨大になろうとして巨大になったのではないと述べている。それは別の目標を追った結果だった。「われわれの理想は、世界で最大の企業になることでも、最大の利益をあげることでもなかった。それまで誰も提供しなかったショッピング環境を提供することであり、誠実で献身的で理想を共有できる、家族のように思える従業員を引き寄せることだった」[#10]

利益が重要でないと言っているのではない。むしろ、利益はきわめて重要である。ビジネス・

リーダーは増益を最優先事項の一つにすべきである。しかしながら、チャールズ・ハンディはこう述べている。「株主の要求を目的にするのは、論理の混同という愚を犯すことであり、必要条件と十分条件をとり違えることである。人は生きるために食べる。食事は生きるための必要条件である。しかし、もっぱら食べるために生き、食事を人生の唯一の目的にして満足してしまえば、肥えるだけだ。つまりビジネスの目的も、けっして利益をあげることではない。もっとたくさんの何かを、もっとすぐれた何かを成し遂げるために、利益をあげるのである。その『何か』こそ、ビジネスの真の存在理由になる」[#11]。利益の最大化が唯一の目的になるとき、経営者の判断は顧客、社会、ひいてはその企業に意図とは逆の効果をもたらす。投資家のハワード・マークスは金融界の視点から三つの例をあげている。「運用する資産を増やし、それによって利益も増やしたい資産運用者は、集められるだけの金を集めようとするだろう。だが、資産価値が高騰してリスクも大きいのに見こみ利益が小さいとき、これは明らかに顧客のためによくない。金融商品を適切な相手ではなく買ってくれる相手なら誰かれかまわず売るのは、投資家によけいなリスクを課す。そして格付機関を言いくるめ、担保に問題のある債券に最高の評価をつけさせたら、経済全体が危機にさらされるし、それはわれわれがまのあたりにしたとおりだ」[#12]

結局のところ、経営者の役割は、ビジネスの社会的存在説と財産説を結び合わせることにある。「より大きな善のために尽くすというプロフェッショナルのイデオロギーは、株主の利益を生み出すという原則と矛盾しない」とサンダーバード・スクールのエンジェル・カブレラ学長は述べる。「このイデオロギーは株主の利益にモラルの土台を据え、さまざまな要素がからむ関係のなかに取り込む。そして社会の繁栄そのものの源であると同時に、他の価値の指標でもある株主の利益の重要性を改めてたしかめる。その一方で、このイデオロギーは、ビジネスがいろいろな形で価値を生み出すのを認めるとともに、利益の最大化にとどまらない責任を経営者に課す」[#13]。要するに、従業員や顧客に配慮したり価値を生み出したりせずに、大きな利益をあげることはまずできない。利益をあげずに、そういった配慮や価値の創出をすることもできない。どちらもこなす必要がある。こんなふうに言い換えたらどうだろう。すぐれた企業を作ろう。利益をあげよう。大いに稼ごう。でもそれは利益が唯一の目標だからではなく、利益があがるのは価値を生み出した印だからだ。

ビジネスの目的は、個人が一人では作り出せない社会的な価値を生み出すことにあると、ここで重ねて主張しておきたい。ビジネスはなんのためにあるのか。私益を結びつけて公益を実現するためだ。使い切れない価値を生み出すためだ。長期的な価値を打ち立てるのがその務めになる。

2 人は自分が思っているほど倫理的ではない

私はなしうるかぎり誠実に行動し、倫理にかなった形で仕事を行う。自分自身の行動が誠実さの模範となるようにし、公に支持した価値観に適合するものにする。

――MBAの誓い、第一条

聞いた話だが、人を雇うときは三つの特徴に注目するといい。誠実さと、知性と、エネルギーだ。そしてもし一つめが欠けていれば、残りの二つにひどい目に遭わされるだろう。

――ウォーレン・バフェット

MBAの誓いは公の宣言として、日々最高水準のビジネスを行う責任を署名者一人ひとりに課す。またこれは、最大限の誠実さを体現するよう署名者全員にうながす。

――ジョン・マザーン

（アリゾナ州立大学二〇〇八年卒業生、署名番号一七〇六）

著者たちが調べた最新のデータによれば、ソフトドリンクの売上の一二パーセントは自動販売機が担っている。これは大きなビジネスだ。アメリカだけで、年間一二億ケースものソフトドリンクが自動販売機で売られていることになる。大きなビジネスであるだけでなく、安定したビジネスでもある。手の込んだところはない。業者が自動販売機に飲み物をまとめて詰め込む。喉の渇いた人が小銭を入れて飲み物を買い、甘い飲み物で渇きを癒す。週に一度、業者が金を回収しに来る。それの繰り返しだ。

数年前、コカ・コーラ社は画期的なテクノロジーを用いて自動販売機ビジネスを活性化しようとした。ソーダのふつうの自動販売機に温度計をとりつけ、その日が暑いか寒いか感知して、天候に応じて価格を変えられるようにしたのである。気温があがればソーダの需要も高まるので、飲み物の価格もそれに合わせて高くするという発想だった。自由市場の支持者にとっては（ちなみにその多くはＭＢＡだ）、これはきわめて理にかなっていて公正に思えるかもしれない。何せ、ソーダ一本の適正、公正な価格など決まっていないのだから、消費者が払ってくれる額を設定すればいい。

しかしながら、一般のコカ・コーラ好きにとって、これは背信行為に他ならなかった。天候のいたずらとは無縁の商取引に、あてにならない勝手な押しつけを持ち込むものに思えたからだ。いちばん暑く、いちばん立場が弱いときに消費者はふんだくられる。囂々《ごうごう》たる非難の声があがった。《サンフランシスコ・クロニクル》紙はこれを「喉の渇いた得意客を搾取する意地の悪い策略」と評し、《マイアミ・ヘラルド》紙はコカ・コーラ社を「ソーダ屋」呼ばわりした。ソーダの価格についての一見すると単純な問題が、公正とは何かをめぐる倫理の問題にまでエスカレートしていった。

論争のさなか、コカ・コーラ社は新しい自動販売機を目立たぬようすみやかに回収し、元の価格に戻した。この飲料メーカーは、重要な教訓を学んだ。たかがシロップ入りの炭酸水といえども、人々はその公正な価格に対して驚くほど根深い感情を持っている。そしてまた、会社が公正だと考えるものと消費者が公正だと考えるものはかけ離れていることも知った。

ＭＢＡの誓いの第一条は「なしうるかぎり誠実に行動し、倫理にかなった形で仕事を行う」となっている。これはわかりきった宣言のようでありながら、八条から成るＭＢＡの誓いのなかで最も実行するのが困難なものかもしれない。第一に、ある状況で何が倫理にかなっているか、白黒をつけられることはめったにない――それはコカ・コーラの経営幹部に訊けばわかる。第二に、われわれは倫理にかなった価値観に背くよう誘惑される機会にいつも直面している。第三に、本人の思いこみとは裏腹に、われわれは自分で考えるほど倫理的ではない。本章で、この三つの困難をそれぞれ検討しよう。

たとえ困難があっても、倫理にかなった形で誠実に人々を導くのは、ビジネスにたずさわる男女が負う第一の責任だ。ビジネスでも、政治でも、スポーツでも、エンターテインメントでも、スーパースターが人柄の悪さゆえにつまずき、破滅する例はわれわれの文化に掃いて捨てるほどある。リーダーシップについての著作が二十冊以上あるウォーレン・ベニス教授もこう語っている。「ビジネス能力や専門的な技量や発想力が欠けていたためにトップの座から転落した人物を、私は一人も見たことがない。それは決まって判断を誤り、人柄に問題があった結果である」[#1]。こうした失敗は本人のみならず会社全体を破滅させるときがある。そしてその経緯は表に現れにくい。ハーバードのスコット・スヌーク教授の調査によれば、ＭＢＡの三分の一が、普遍的な揺るぎない指針ではなく、なんらかの「規範」に基づいて善悪を判断している。これにともなう問題は明らかだ。規範にしたがったら会社の損失や社内のセクシャル・ハラスメントを隠蔽しなければならないような状況になったらどうするのか。「規範」を守るだけでは足りないとき、他にどんな道があるのだろうか。倫理にかなっているとはどういうことを意味するのだろうか。

一九人を救うために一人の命を奪えるか

倫理にかなった決断のむずかしさを学生に教える題材として、大学でよく使われる話に「男と坑道」がある。あなたが二〇人のハイカーと一緒に人里離れた森を歩いていると想像してもらいたい。あなたたちは廃坑を見つけるが、判断を誤り、中へはいって探検しようと決める。懐中電灯をつけて五〇メートルほど進んだところで、なんの前触れもなく地響きが聞こえ、続いて岩と岩のぶつかる音がとどろく。振り向くと崩落が起きていて、あなたたちは坑道の入口が埋まっているのを見て絶望する。全員がパニックに陥る。どうしたらいいのかわからない。このような事態には備えていない。土埃がおさまると、ふさがれた入口から差し込む細い光が見える。奇跡的にも、這って通れるせまい穴が残っている。そのとき、仲間の一人の大男が穴に向かって走りだす。あなたは男を止めようとするが、何もできないうちに、男は穴に半ばまで体を入れ……そこで身動きがとれなくなってしまう。そればかりか、もがいたときに岩がずれ、男のうえに多数の岩が崩れ落ちる。こうなっては男は自力で出ることができないし、他の人が助けることもできない。

廃坑の空気にはかぎりがあり、数時間以内に脱出しなければ、みな窒息で死ぬ。突然、仲間の一人があなたの肩をつかむ。振り返ると、その仲間はダイナマイトを持っている。そして廃坑の壁際で見つけたこのダイナマイトを使えば、全員が間違いなく廃坑から脱出できると請け合う。しかし、もしそれを実行したら、穴にはまっている男も確実に死ぬ。あなたならどうするだろうか。一九人を救うためにみずからの手で一人の命を奪うべきなのか。間接的にもっと多数の人の死を招くにもかかわらず、進んで一人の命を奪うことは避けるべきなのか。講義で教授はこんな質問をして議論を煽る。「動けなくなった男が自分の父親だったら?」「殺人犯だったら?」。だが、基本的なジレンマは同じだ。

この状況には二つの典型的な対応がある。一つめは功利主義に基づくものだ。功利主義では、最大多数の最大幸福を得られるように行動するのが倫理にかなう。つまりダイナマイトに点火して伏せろ、ということになる。これに対して、第二の対応はカント主義に基づく。イマヌエル・カントは、倫理とは義務にかかわるものであり、倫理的であるためには義務を果たさなければならないと考えた。ここで疑問が生じる。義務とはなんなのか。それはカントが「定言命法」と呼ぶ命令から生じる。カントの思想では、定言命法はあらゆる義務の拠りどころとなる至上の法であり、すべての義務が生じる理性の究極の命令である。では、定言命法とはなんなのか。それはいくつかの形で定式化される。第一は「汝の意志の格率がつねに同時に普遍的立法の原理として妥当するように行為せよ」であり、第二は「汝の人格においても、あらゆる他者の人格においても、人間性を単なる手段としてではなく、つねに同時に目的として扱うように行為せよ」[#2]である。したがって、岩の破片に覆われた大男を殺すのは、大男を目的ではなく手段として扱うことになってしまうから、殺すことはできない。

それならどこへ行き着くのだろうか。目的は手段を正当化するのか。大男を殺せば仲間を救える。それとも、手段は目的を正当化するのか。仲間が死ねば、人の命を奪わずにすむ。どちらが正しいのだろうか。分別のある人間なら、意見は一致しない。では、どうなってしまうのだろう。何が正しいか同意できないのに、倫理的にふるまうと誓ったところでなんの意味があるのか。あらゆる倫理のシナリオを正しく解決したと言い張ることはできない。しかしながら、状況や条件を考え合わせることで、経営者の決断の指針になる基準はあると著者たちは考えている。

ＭＢＡの誓いは「倫理的に」ふるまうと約束しているが、これはどういう行動を指すのかとよく訊かれる。この問いにはひとまず単純な答を返している――人々がＭＢＡは倫理にもとると言うときの行動と、反対の行動のことだと。人々がＭＢＡを「倫理にもとる」と言うとき、それは何を指しているのだろうか。おそらく、ＭＢＡが不公正にふるまい、邪魔立てする者に対しては嘘をつき、不正を働くときだろう。だから、MBAにとって倫理的な行動とは、その反対になる――「嘘をつくな、不正を働くな」ということだ。これは不完全だが、現実的な定義である。コロンビア・ビジネス・スクールは学生が名誉にかけて立てる誓いにこの発想を取り入れており、「嘘をつかず、不正を働かず、盗まず、そうした行為を黙認しない」という誓いを立てさせている。だが、これほど単純な戒めでも守りにくい。消費者にとっての公正の概念と、市場原理にしたがって飲料価格を設定するという目標とのバランスをとるのが、コカ・コーラの経営幹部たちにとっていかにむずかしかったかを考えてみればいい。

MBAの常識は社会の非常識？

倫理や誠実さの意味を定めるにあたって、手がかりとなる基本概念は公正である。従業員は公正な賃金を求める。消費者は公正な価格を求める。投資家は公正なリターンを求める。人々は大企業が税制で不公正に優遇されるのを望まない。事業主は同業者に公正な競争を求める。国家は公正な貿易を求める。人々が公正さを支持していることに異論はないだろう。だが、実際に何をもって公正とするかは意見が分かれる。だから労使は賃金をめぐって押し問答を繰り返す。消費者は値段が高すぎると思えば文句を言う。市民団体は不公正な優遇を受けている企業のロビー活動を罵倒する。競争相手が公正なビジネスの原則に反する戦術をとっていると思えば、ビジネス・リーダーも不満を募らせ、ときには訴える。そして喉の渇いた消費者は、自動販売機の飲み物の価格が公正かどうかをめぐって頭に血をのぼらせる。

ビジネス・スクールでの一年次、公正さに対する人々の考え方の違いを学ぶために、著者たちのクラスは全員で六つの簡単な質問から成るテストを受けさせられた。各質問は、シナリオを説明をしたうえでそれが公正か不公正かを答えさせる形式になっていた。実は、このテストは非常によく知られている。著者たちが教わった教授は、プリンストンの行動経済学者ダニエル・カーネマンからこれを借用した。カーネマンはノーベル賞受賞者で、公正さの問題にかけては世界屈指の専門家であり、すでに一般の数千の人々に同じテストを行っていた。著者たちのクラスの教授は、ＭＢＡに質問したときのデータとカーネマンが集めたデータを比較したいと考えていた。#3 そして興味深い結果が得られた。

それを伝える前に、あなたもテストを受けてはどうだろうか。そうすれば、自分の結果とカーネマンのデータやハーバードのＭＢＡの結果を比較できる。テストはものの一、二分で終わる。自分の感情に最も近いものに印をつけてもらいたい。

◆公正さのテスト

一　金物店

金物店がシャベルを一五ドルで売っていた。猛吹雪の翌朝、二〇ドルに値上げした。この行動をどう思うか。

□完全に公正である　□許容できる　□不公正である　□きわめて不公正である

二　エルモ人形のオークション

ある店で、人気商品のくすぐりエルモがひと月にわたって品切れになっていた。クリスマスの一週間前、倉庫でその人形が一つだけ見つかった。これを買いたい人はたくさんいるはずだと店主は考えた。そこで人形をオークションにかけ、最高額をつけた人に売ると告知した。この行動をどう思うか。

□完全に公正である　□許容できる　□不公正である　□きわめて不公正である

三　エルモ人形とユニセフ

別の店主が同じ状況に置かれ、くすぐりエルモの品切れが続いていたのでオークションを行うことにした。だが今度の店主は売上を自分の懐に入れるかわりに、ユニセフに寄付するつもりでいる。この場合は?

□完全に公正である　□許容できる　□不公正である　□きわめて不公正である

四　レタス不足

配送の混乱のために、ある地域でレタスが不足し、卸値が上昇した。地元の食料品店はふだんより一個あたり三〇セント高い価格で通常量のレタスを仕入れた。そしてレタスの売値を一個あたり三〇セント値上げした。この行動をどう思うか。
❏完全に公正である ❏許容できる ❏不公正である ❏きわめて不公正である

五 食料品店チェーン
多くの地域に出店している食料品店チェーンがある。ほとんどの店舗は他の食料品店と競合している。競合店のない地域が一つある。コストや売上高は他と同じだが、この店舗は他の地域よりも価格を五パーセント高く設定した。この行動をどう思うか。
❏完全に公正である ❏許容できる ❏不公正である ❏きわめて不公正である

六 家主
家主が小さな家を貸していた。賃貸契約の更新時期が来たとき、家主は借り手が家のすぐそばで働いていて、引っ越す可能性が低いことを知った。そこで予定していたよりもひと月の家賃を四〇ドル高くした。この行動をどう思うか。
❏完全に公正である ❏許容できる ❏不公正である ❏きわめて不公正である

答え終わっただろうか。では、自分の答を覚えたうえで、上に転記した公式調査の結果を見て

	一般の人々	MBA
1　金物店	18%	75%
2　エルモ人形のオークション	26%	63%
3　エルモ人形とユニセフ	79%	89%
4　レタス不足	79%	97%
5　食料品店チェーン	24%	82%
6　家主	9%	40%

「完全に公正である」あるいは「許容できる」と答えた人の割合

もらいたい。これは一般の人々の回答とＭＢＡの回答を比較している。各質問について、「完全に公正である」あるいは「許容できる」と答えた人の割合を示している。あなたの答と比べてどうだろうか。

金物店が吹雪のあとにシャベルを値上げしたのは納得できるかと訊かれたとき、ＭＢＡの七五パーセントが「完全に公正である」あるいは「許容できる」と答えた。一般の人でそう答えたのは一八パーセントしかいない。エルモ人形のオークションを行うことについては、ＭＢＡの六三パーセントが「完全に公正である」あるいは「許容できる」と答えた。一般の人でそう答えたのは二六パーセントのみだ。エルモ人形のオークションの売上をユニセフに寄付する場合は、もっと多くのＭＢＡが支持したが（八九パーセント）、寄付を目的としたチャリティーは一般の人の答をはるかに大きく変えた。店の儲けとしないのであれば、七九パーセントもの人がオークションを認めた。レタスのシナリオでは、一般の人と

ＭＢＡはおおむね同じ考えになっている。コスト上昇の分だけ値上げをするのは食料品店が持つ権利だと、大部分の人が考えているようだ。食料品店チェーンの質問では、一般の人とＭＢＡの考えには大きな隔たりがある。ＭＢＡの八二パーセントは、競争相手がいないのなら価格を高く設定してもかまわないと考えている。だが、そう考えている一般の人は四分の一に満たない。ふつうの人にとっては、足もとを見ていると思えるのだろう。家主のシナリオは、六つのなかでＭＢＡの過半数が「不公正である」と考えた唯一のシナリオだ。家主の行動を不公正だと考えたのはＭＢＡで六〇パーセント、一般の人で九一パーセントに達する。それでも、この質問でさえ、ＭＢＡと他の人々との間には大きな差がある。

では、ＭＢＡと一般の人の違いから何が言えるのだろうか。注目すべき事実がいくつかある。第一に、六つのシナリオのどれにおいても、ＭＢＡは一般の人よりも値上げに寛容だ。第二に、家主のシナリオを除いたすべてのシナリオで、ＭＢＡの過半数が店主たちの行動を公正だと考えている。これに対し、六つのシナリオのうち四つのシナリオで、一般の人の過半数が店主たちの行動を不公正だと考えている。第三に、ＭＢＡと一般の人の考え方には、大きな違いが見られる。三つめと四つめのシナリオを除いたすべてのシナリオで、両者には三〇パーセント以上の開きがある。

この調査は、公正さに関しては「一般心理」と異なる「ＭＢＡ心理」があることを示している。ＭＢＡ心理は、他の人の大部分が強く抵抗するような場合でも、値上げを許容できると見なす。

この違いの原因はどこにあるのだろうか。一般の人は吹雪のあとにシャベルを値上げするのは不公正だと考えるのに、なぜＭＢＡはそうした行動を許容できると見なすのだろうか。

ＭＢＡは強欲で、一般の人は利他的だとするのは安易な結論だ。ＭＢＡは値上げをして金持ちになりたがるが、一般の人はもっと他人のことを考えるというわけだ。これはあまりに安直にすぎる。また、誰しも自分の利益の面から考えていて、一般の人もＭＢＡと同じように私利に動かされているだけだとする解釈もある。一般の人の多くが消費者の視点からテストに答えていて、ＭＢＡはビジネスの経営者の立場からテストに答えていると考えれば、たしかにいろいろと説明がつく。六つのシナリオのどれでも、消費者にとって最も金銭面で都合のいいのは値上げを拒否することであり、企業の経営者にとって最も利益につながりやすいのは値上げだ。みずからの立場から質問を考えるかぎり、両者は自分たちの短期的な利益に執着し、何が「正しい」行動なのかという問いに対して相反する結論に達する。意見は立場に左右されるのである。

経済合理性 vs. 社会の「公正」

哲学者のジョン・ロールズは論理の力を用い、ダニエル・カーネマンが公正さのテストから経験的に導いたのと同じ結論に至った。何かの問題についての意見は立場に左右される。たとえば、豊かな者は低い税金を望みがちだが、貧しい者は富の再分配のために豊かな者への累進課税を望む。こうした境遇に縛られる考え方を補うために、偏見を排除できる仮想シナリオを思い描くべきだとロールズは主張する。「無知のベール」に目の前を覆われ、「誰も社会のなかでの自分の境遇や階級上の地位や社会的身分を知らず、知力、体力といった生まれつきの能力や家産の点でどれほど自分が恵まれるのかも知らない」ときのみ、われわれは正義を見いだせる。自分の状況にかかわるこういった点を考えないようにしてはじめて、万人にとって公正な判断をくだすことができる。自分が社長なのか、従業員なのか、株主なのか、消費者なのかを知らなければ、公正な判断をくだしやすくなるということだ。

現実に応用しやすくするために、実際にあったシナリオを検討してみよう。数年前、著者の友人が結婚式を控えていた。友人は教会、花、DJを手配し、ホテルの披露宴会場を借り、親戚や親しい知人に招待状を送った。友人にとって、それは人生でいちばん幸せな日になるはずだった。ところが、結婚式のほんの数週間前に、肉親の一人が亡くなった。ショッキングな出来事であり、予想もしなかった深い喪失だった。友人は結婚式をキャンセルしなければならなくなった。

ここであなたがホテルの支配人で、収入の大部分が結婚式会場の利用率で決まると想像してもらいたい。あなたには売上の月間目標と四半期目標を達成する責任がある。この結婚式が行われれば問題なく黒字を達成できそうだ。そこへ新婦から電話がかかってきて、キャンセルしなければならなくなったと告げられる。あなたならどうする？　金を払い戻す？　おそらくあなたは葛藤を覚えるだろう。新婦が気の毒だから、全額を払い戻してあげたいのはやまやまだ。長期的な戦略としてホテルの高い評判を保てるからと考えて払い戻しを正当化することもできるし、単にそれが正しい行いだから、と考えて正当化することもできる。しかしながら、役員室にいる上司がそこまで同情的かどうかはわからない。もしかするとあなたは、ここのところ二期連続で四半期目標を達成できず、年に一度の査定が迫っているのを気にしているかもしれない。いまさらその週末に会場を借りてくれる客を捜すのは無理だ。おそらくキャリアにとってプラスになるだろうから、結婚式の費用を請求するのか。それとも新婦に同情し、払い戻しをするのか。

別の視点として、もしあなたがホテルの従業員で、その夜は残業をして飲み物やケーキの給仕をするつもりでいたとしたら？　あなたは臨時収入を子供の誕生日プレゼント代にあてようとしていたかもしれない。そういう立場だったらどうなるのを望む？　金を払い戻す理由なり払い戻さない理由なりを説明されたとき、あなたは支配人についてどう思う？　もしあなたが新婦だったら？　要するに、何が正しい行いかを決めるときには、こうしたそれぞれの人の状況を考え合わせなければならないとロールズは言っている。著者の友人の場合、ホテルの支配人は全額を払い戻してくれた。友人は感激し、結婚式の予定を組みなおす際は予約するホテルに迷わなかった。

これまで見てきたとおり、公正さは簡単に実現できる目標ではない。コカ・コーラにとってそれは手痛い教訓になった。しかし、（ジョン・ロールズが助言するように）「無知のベール」をかぶったり、あるいは単に（年寄りが助言するように）「人の身になって考える」ようにしたりすれば、公正さを実現できる見こみは大きくなる。これは白黒つけがたい厄介な倫理のシナリオに対する一つの戦略であり、すぐれた戦略であると著者たちは考える。

不正行為は誰しも手を染めうる

ウディ・アレンはかつてこう言った。「ぼくは形而上学の試験でカンニングをしたために大学からほうり出された。隣にすわっていた少年の魂をのぞきこんでしまったのだ」。近ごろ、ドナルド・マッケイブはカンニングをしていたのがウディだけでないことを発見した。マッケイブとその同僚は、アメリカとカナダの三二の大学院にかよう五三三一名の学生から調査の回答を得た。それによると、ビジネス分野の大学院生の五六パーセントにカンニング経験があり、ビジネス分野以外の大学院生ではその割合が四七パーセントだった。新聞各紙はＭＢＡが他の大学院生よりもカンニングをしているという見出しを打った。たしかにそのとおりだが、割合はそれほど大きく変わらない。分野にかかわらず大学院生のおよそ半数がカンニング行為を認めたというのは、ルールにしたがってゲームをすることに支えられている社会的価値にとって深刻な意味があるし、そもそもそういう価値の欠如を物語っているとも言える。

不正行為はいかなる場合も認められないのに、なぜＭＢＡはそれに手を染めるのだろうか。この研究論文の執筆者の一人は、文化的習慣が原因だとインタビューで述べている。ＭＢＡの学生の間には、「ビジネス・スクールの学生たちはライバルがいることでいっそうカンニングをするのであって、自分もカンニングをしなければ不利になるという認識がある」[#4]。この研究によれば、ほとんどのＭＢＡは——本音では——手段を問わずなるべく高い成績評定をとりたいと考えている。成績評定が最上位の学生は、製薬やハイテクや金融の企業で六桁の報酬つきの職に就きやすくなるからだ。

著者たちがビジネス・スクール時代にカンニングの文化を目にしなかったことはここで指摘しておくべきだろう。気づかなかっただけなのかもしれないが、ハーバードには学問における誠実さを真剣にとらえる文化があった。とはいえ、学生がみずからカンニングを報告しているのだから、マッケイブの発見全体を否定する理由はない。考えてみればわかるが、MBAの学生は少なくとも正直に告白している。タック・スクール・オブ・ビジネスのアイン・ドノヴァン教授もこう記している。「これに対して哲学の学生は、カンニングはプロフェッショナルとして忌みきらわれると知っており、プロフェッショナルの規範に背いたときの影響を理解している。だからといって、カンニングをしないわけではない——ごまかすのがうまいだけだとも言える。カンニングをしたと告白したがらないのである」[#5]。これはなおさら厄介な問題だ——MBAはよくカンニングをしているのか、それともカンニングの告白をいやがらないだけなのか。大部分のビジネス・スクールは学ぶべき核心に倫理を据えていないので、学生もカンニングを認めるのにあまり抵抗がないのかもしれない。そんなことは重要でないと考えるように教育されているのかもしれない。

MITの行動経済学者ダン・アリエリーも、不正行為について研究している。世の中には「不正を働く者」と「不正を働かない者」の二種類の人間がいると考えるのは誤りだと、アリエリーは語る。ほとんどの人は概して正直なのに、状況に誘惑されて基本的な価値観から足を踏み外してしまう。アリエリーと共同研究者は、ハーバード、MIT、プリンストン、カリフォルニア大学ロサンゼルス校［UCLA］、イェールの各大学で科学的に管理された実験を行い、数千人の「正直な」人々に対して不正行為をするよう誘惑した。被験者は五分間で二〇問の数学の問題を解くよう指示される。そして答が合っていれば一問につき五〇セントもらえると教えられる。対照群の被験者は、平均して二〇問中四問に正解した。だが実験群では、実験者が答案用紙を見ずに裁断する。つまり、被験者から見れば、実験者はこちらが正しい答を出したかどうか知らない。したがって、正答数を訊かれたとき、被験者は嘘をついて相応の額よりも多くの金を受けとることができる。「平均して」アリエリーは説明する。「被験者は自分の知っている正答数を二問水増しして（四問ではなく六問だと）伝えた。すなわち、チャンスを与えられたとき、大多数の人々が約五〇パーセントの水増しという不正行為をした[#6]」

アリエリーと共同研究者は、状況が不正行為にどれくらい影響するのかを突き止めようとした。十戒を読まされたり、名誉にかけての誓いに署名させられたりして、正直さにかかわる戒めを改めて考えさせられた人々は、不正行為をいっさいしなかった。また、報酬をポーカーのチップにし、あとですぐに換金できるようにしたときは、不正行為の平均割合が倍増した。アリエリーはこう結んでいる。「リスクにかかわらず、われわれのほとんどは誘惑されれば少しくらい不正直になるのをいとわない。われわれには不正直さを正当化する驚くべき能力があり、不正行為と現

金のつながりが薄くなればそれはずっと容易になる」[#7]

要するに、不正行為はありがちなことであり、われわれの大半はかなりたやすくそれを正当化する。トロント大学ロットマン・スクール・オブ・マネジメントのチェン－ボー・チョン準教授はその原因を探る実験を行った。皮肉にも、直感にしたがって行動するよりも、時間をかけて熟慮したうえで決断したほうが、人々は倫理に背くという結果が得られた。実験では、二人の被験者がゲームを行った。二人はゲームのなかでやりとりをするが、相手に嘘をつくか公正に接するかの機会を与えられる。不公正な行動をとれば、相手を犠牲にして自分が得をすることができる。チョンは被験者の各組に違うルールを与えた。一部の被験者には、状況を理詰めで考えて熟慮を重ね、可能なかぎり感情を排して決断するよう指示した。別の被験者には、「直感を信じる」べきであり、もっぱら感情に基づいて決断するよう伝えた。

結果は次のようになった。「熟慮派」は六九パーセントが相手をだますことにした。これに対して「直感派」でだますことを選んだのは、二七パーセントにすぎなかった。だますことにかけて、熟慮派は直感派に大きな差をつけた。チョンはこう述べている。「熟慮する過程は、金銭がかかわる現実の結果に注目させ、感情の影響を減らすことによって、モラル面に問題がある行動を許容させうる」[#8]。つまり、報酬が魅力的なら、われわれは悪いとわかっている行動でも自分を納得させてしまうのである。

ビジネスマンは直感よりも知性を信じるよう教えられる。キャッシュフローのモデルを作り、そのモデルを信じるよう教えられる。何が善で何が悪か、何が正しくて何が正しくないか、何が公正で何が不公正か、われわれは直感で知っている。しかしながら、正しくないことをすれば利益を得られるという状況に遭った人なら、正しいとわかっている行為から道を踏み外してしまう誘惑がいかに大きいかを知っている。そういうとき、人は正当化できる理由を念入りに組み立て、根拠を山ほど積みあげたうえで、（実際は穴だらけなのに）自分のモラル感覚はおかしくないとみずからに言い聞かせる。得になるならルールを曲げてもかまわないとどうにかして自分を納得させるのである。

率直に述べておこう。私利をひたすら追求するばかりでは、誠実さや真実を守り抜くことはできない。正直さが自分の利益につながらない例はいくらでもある。発覚するリスクが低いとき、不正行為による利点には心を惑わされるし、自分の利益につながるように思える。問題が生じるのは小さな不正を正当化したときで、一つの小さな不正は次の不正をもたらす。「きのうもやったのだから、今日もやったところで同じでは？」と正当化してしまう。作家のジェーン・ハミルトンは『マップ・オブ・ザ・ワールド』（紅葉誠一訳、講談社）でその過程を述べている。

人が転落するのはきっととてつもない失敗や不幸な事故の結果なのだろうと思っていた。私が知らなかったのは、それはとてもゆっくり進むので、衝撃で心が折れたり体が傷ついたりはしないということだ。落ちていると感じないときもある。少なければ二つ、だいたいは三つのことが起きれば人生の道筋は変わる。一度真実から目を背け、そしてもう一度、さらにもう一度真実から目を背ければ、それでおしまいだ。いつの間にか底辺に行き着いている自分に気づく[#9]。

ハミルトンが警告するように、この過程は知らぬ間に進む。ＭＢＡの誓いは励ましと意欲を与えるとともに、戒めや拠りどころの役割も果たす。

　あるビジネス・スクールの学務部長が、ホームセンターのホーム・デポへ鎖を買いに行った。探していた鎖はいちばん下の棚にあり、一フィートあたり一・九四ドルと記されていた。「私は若い店員に一〇フィートほしいと言った。店員は長さをはかって鎖を切った。そしてレジに持って行く伝票に三・九四ドルと書きつけた。店員が三・九四ドルと書いたとたん、私は『待ってくれ、一・九四ドルのはずだ』と言った。店員は手と膝を突いて値札を見ると、勘違いを詫び、正しい金額に書きなおした」

「私はレジへ行った」学部長は話を続けた。「レジ係は伝票を見て鎖を受けとると、コンピューターに入力した。『一フィートあたり九四セントです』。何か言おうとして、私は思わずためらった。倫理的な人間を自任していたから、ためらった自分に驚いた。高い値段をつけようとした店員に注意するときは迷わなかったのに、安い値段をつけてもらえそうになったときはためらったのだ」[#10]。あなたも身に覚えのある状況では？　われわれの誰もが似たような経験をしたことがあるという点で、この話は印象深い。そしてわれわれの多くは、レジ係に何も言わない。不注意なのは向こうのミスなのだから、と理屈をつける。悪いことだとわかっているのに、自分の行動の言いわけを作りあげる。みずからのふるまいを正当化するのである。

人は自分が思っているほど倫理的ではない

ホームセンターへ行った学務部長と違い、われわれはしばしば倫理面で妥協しておきながら、手遅れになるまでそれに気づかない。ここ五〇年の間に社会心理学の分野で導き出された重要な結論の一つは、人は自分が思っているほど倫理的ではないということだ。ささやかな「悪気のない」妥協をした人は、それがもたらす第二、第三の結果を見とおせず、もっと大きな倫理違反への扉を開く。神学者のラインホールド・ニーバーが言うように、「必要悪とともに生きれば、ますますそれは必要に思え、悪に思えなくなる」

社会科学の歴史で最も有名で、最も物議を醸した実験に、イェール大学のスタンリー・ミルグラムが一九六〇年代と七〇年代に行った実験がある。ミルグラムはナチスドイツの悪行を深く思い悩んでいた。理性ある人間の国家が、どうしてあれほどのすさまじい悪行を許したのか。これがミルグラムの研究課題であり、この課題を考察すべく、ミルグラムは服従の現象を研究した。実験では、協力者に「教師」役をさせたのだが、実はこの「教師」が被験者であり、本人たちにはそれを教えなかった。そのかわり、実験の目的は罰が記憶に与える効果を調べることだと伝えた。実際には、実験を指揮する科学者にただ指示されたというだけで、一般の人がどれほどの苦痛を他人に与えるか調べるのが目的だった。

「教師」は、隣室にいる「生徒」が間違えたら電気ショックを与え、徐々に電圧をあげるよう指示された。「生徒」の正体は俳優で、ほんとうは電気ショックを与えられていないのだが、「教師」が電圧をあげると苦しそうに反応する演技をした。「生徒」が最初に間違えたとき、「教師」はまず一五ボルトの電気ショックを与える。一問間違えるたびに電圧は一五ボルトずつあがっていき、しまいには四五〇ボルトになる。俳優はだんだんと大きな悲鳴をあげ、途中で動悸がすると訴え、さらには実験の中止を懇願して苦悶の叫び声をあげる。それから無反応になる。俳優は隣室にいるので姿は見えない。「教師」はどうなったのかと不安がる。失神したのか？ もう協力しないことにしたのか？ まさか死んだのか？ 電気ショックが危険な結果をもたらしたら誰が責任を負うのかと「教師」が訊いた場合、実験者は「教師」以外の人物が――実験者が――いっさいの責任を負うと答えた。それを根拠に、「教師」は自分の行動の責任を他人になすりつけ、結果に対して自分が感じる責任を減らすことによって、「生徒」に電気ショックを与え続けた。

恐怖を誘う実験条件だったにもかかわらず、「教師」の六〇パーセントが指示にしたがって最大電圧まで「生徒」に電気ショックを与えた。三〇〇ボルトまでに実験を中止した「教師」は一人もいなかった。ミルグラムは論文で自分の発見を要約している。

他人を傷つけてはならないという被験者の最も強いモラルの命令と厳然たる権威が対立した。被験者の耳には犠牲者の悲鳴が響いていたのに、権威がたびたび勝利を得た……自分の役目をこなしているだけで、とりたてて個人的な敵意を持たない一般の人でも、恐るべき破壊の過程の代行者になりうる。そのうえ、自分の役目がもたらす危険な結果が明らかで、モラルの根本基準に反する行動をとるよう指示されたときでも、権威に抵抗するだけの精神力を有する人はかなり少ない。[#11]

こうして、ナチスが死の収容所で行った残虐な行為も、「自分はただ役目をこなしていただけだ」とか「自分ははるかに大きな組織の小さな歯車にすぎない」とかの言葉によって正当化される。ミルグラムはこの実験を数千回も繰り返し、さまざまな国と文化のあらゆる地位の人を調べたが、得られた結果は同じか似たようなものだった。

ミルグラムの実験はまた、結果を左右する要素の一つに犠牲者への近さがあることも明らかにした。被験者は「生徒」が見えず、「生徒」からも被験者が見えないときに、同情を最も示さなかった。「生徒」が遠くにいるときは、ほぼすべての被験者が完全に服従した。「生徒」が同室にいるときは、服従率は四〇パーセントにまで落ちた。これは、大規模なレイオフを考えているCEOや年金基金を危険にさらそうとしているウォール・ストリートの企業幹部にとって大きな意味がある。自分がリーダーの地位にいて、害をもたらしかねない行動を検討しているときは、犠牲者になりうる人々とじかに接する場に身を置くべきだ。

講義でミルグラムの実験を教わったとき、教授は著者たち受講生に対して二つの質問に無記名で答えて提出するよう指示した。第一の質問は、もし自分が実験の「教師」だったなら、どれくらいの電圧で良心が目覚め、実験の継続を拒むと思うか、というものだった。第二は、受講生は平均してどれくらいの電圧で実験を中止するか、という質問だった。教授は回答を集めた。結果は気が滅入るものだった。受講生の全員が、自分は全体の平均よりも低い電圧で中止すると考えていたのである。言い換えれば、誰もが自分は受講生の平均よりも倫理的で良心的だと思っていた。全員が平均を下まわるのは平均の意味からしてありえない。つまり、われわれ受講生の少なくとも半分は思いあがっていたことになる。むしろ、みながみな自分の倫理的な正しさを過信していたと言うべきだろう。

われわれは複雑な倫理の問題を白か黒かの単純な問題にすり替え、世の中には「善人」と「悪人」がいると思いこみがちだ。エンロンのジェフ・スキリングや詐欺師のバーナード・マドフは倫理にもとる決断をたまたまくだしてしまったのではないと、われわれは主張したがる。あのような者たちは違う人間なのだと言いたがる。善人だってわれわれが思うほど善人ではないし、悪人だってそれほど悪人だとはかぎらないという不快な真実を認めようとせず、人々を分類し、ヒーローと悪役、天使と悪魔のような枠にはめたがる。ミルグラムの実験はアリエリーが不正行為の研究で発見した事実を裏づけている。どちらも真実はずっととらえがたいと教えている。現実では、誰しも善と悪の両面がある。アレクサンドル・ソルジェニーツィンはそれをこう述べている。「善と悪を分かつ線は、国と国の間にあるのでも、階級と階級の間にあるのでも、政党と政党の間にあるのでもない――一人ひとりの心のなかに、すべての人の心のなかにある。この線は動く。時とともにわれわれのなかで揺れ動く。そして心が悪に覆われても、善の小さな橋頭堡は残っている。最善の心のなかにも、悪の一隅が残っている」#12

倫理に反する行動をとる人のほとんどは、骨の髄まで倫理に反しているわけではない。彼らにも配偶者や子供や友人がいる。人生に高い希望と理想を持っている。誠実で善意ある生活を送りたいと望んでいるのに、途中でつまずいてしまっただけだ。言い換えれば、「彼ら」は「われわれ」でもある。上司にプレッシャーをかけられているアナリストがいたとする。上司がプレッシャーをかけるのは自分もさらに上の人物からプレッシャーをかけられているためで、この人物も株主からのプレッシャーを感じており、四半期目標の達成時期も迫っているので、みな何か手を打たなければと思っている。そこでアナリストは、スプレッドシートの数字を一つか二つ改竄してまるくおさめようとする。発覚しなかったので、アナリストはそれを何度も繰り返す。やはり誰も気づかなかったから、アナリストは仕事ぶりを評価され、昇進する。しかしこのためにアナリストは、会社と自分に対して非現実的な期待を抱かせてしまう。時間の制約があり、多額の金がかかっているような強いプレッシャーのある状況では、「ノルマ」を達成し、弱みを見せず、権力の座にある者らしくしなければと考える。こういう要素はどれも、モラルの基準に反する行動をもたらしうる。

　スタンフォード大学の社会心理学者フィリップ・ジンバルドーは、みずからの研究やミルグラムらの研究を考察し、人間の行動は個人の人柄よりも状況や背景の力によって決まる部分がはるかに大きいと結論した。集団の力学と固有の本能の対決では、集団の力学が圧勝する。「会社の倫理的な問題は」とジンバルドーは論じる。「『少数の腐ったリンゴ』から生じるのではなく、『樽の作り手』から生じる——成員に悪事をうながすようなシステムを故意かどうかにかかわらず作り、維持しているリーダーが原因だ[#13]」

　リーダーは状況や背景がきわめて重要であることを必ず理解しなければならない。われわれは信じたがらないが、実際には状況のほうがほとんどの人にとって人柄よりも大きな影響力を持つ。ビジネス・スクールの入学生は、これほど権力のある座に就いたのははじめてだと感じやすい。以前はコンサルタントや投資アナリストであったとしても、他人に命じるのではなく他人から命じられるほうが多かったはずだ。人はひとたび権力の座に就くと、まわりの人間が権力者に言われただけでその言葉どおりにしがちになるという事実を忘れやすい。周囲が自分に批判の目を向け、判断を吟味してくれると期待するかもしれないが、ミルグラムが発見したとおり、それはまず起こらない。

それならリーダーシップをどう発揮すべきなのか

ミルグラムの発見を知ると希望を失いたくなるし、われわれに意志の力はなく人柄も意味を持たないと決めつけたくなる。だが、背景や状況の影響が非常に強いからこそ、それに打ち勝った人の例を知ると勇気づけられる。ネルソン・マンデラは三〇年近くの獄中生活に耐えてなお、看守を許す強さを失わなかった。囚人仲間たちは、マンデラの強さのおかげで自分の置かれた恐ろしい状況の影響に打ち勝つことができ、とりわけ人間なら陥りがちな強い復讐心を克服することができたと、口をそろえる。人柄に強い力のある人物が一人いるだけで、困難な状況を乗り越え、自分に倣うよう他の者を勇気づけることができるのである。

そんなことはたやすいし、自分は他の者よりもそれができると考えるのは間違いだ。自分も他のみなと同じくらいモラルのジレンマをはっきりさせるのに苦労するだろうし、勇気と信念を持って行動するのはむずかしいだろうと考えるほうがはるかに適切である。ミルグラムやアリエリーらの研究者が正しければ、誰しも状況しだいでモラルに目をつむりやすい。だから自分の人柄に疑いを持ち、欠点を補うためのプランを進めたほうがいい。そのためにはどうすればいいのだろうか。いくつか提案しよう。

第一に、小さなところから正しいことをすると誓うことだ。人柄は庭と同じで、草が育つ時期にどれだけ草むしりをしたかが反映される。小さな悪事は大きな悪事への道を開くので、些細な悪事にも毅然と接しなければならない。倫理や誠実さにかかわる誓いを立てたのなら、守りとおさなければならない。雑草は根こそぎ抜きとるべきだ。

第二に、ただ「正しそうに思える」からではなく、厳格な枠組みを設けて決断をくだすといい。ただし、決断の金銭的な結果を考えるときは直感を無視するべきではない。倫理にかかわる決断を意図、目的、結果の要素に分けて考える。組織の内外で、また現在と未来で、誰に対して責任があるかを考える。ロールズのように哲学的な思考の枠組みを用いる。こうしたことを意識して行えば、より適切で思慮深い決断がきっとくだせるだろう。

第三に、もっと自分をよく知る。自分は正しいと過信しているだけかもしれないと認識する。自分も道に背きかねないと理解する。「ビジネスでけっして不正などしない。自分はそんな人間ではない」と言いたくなるかもしれない。そういう思いこみを疑う機会を作り、自分が間違っている可能性に対応する。自分の欠点に対応する方法の一つは、批判者をまわりに置くことだ。経営者なら情報が滞りなく届けられ、誰もが罰を恐れずに率直に意見が言える社風を作らなければならない。批判されても罰するのではなく、従業員にモラルある勇気を与えてくれたとして報いるべきだ。JPモルガン・チェースのCEO、ジェイミー・ダイモンが公開討論会に出席したとき、真実を伝えられる信頼できる人間を少なくとも一人はそばに置くべきだと討論参加者の一人が言った。ダイモンはこう答えた。「真実を伝えるのが一人しかいなかったら、たいへんなことになる！」

MBAの誓いは、何があろうと倫理にかなった形で誠実に人々を導くという誓約だ。同期生の一人で、MBAの誓いの副リーダーであるケイト・バートンはこう表現している。「自分たちの決断と、自分たちが影響を及ぼす人々やシステムに関して、もっと客観的に、もっと長期的に、もっと包括的に考えるのはビジネスのプロフェッショナルの義務だ。自分にとって誓いは、学生や卒業生に進んでみずからの決断に対する責任を負わせ、より高い倫理基準をめざすと約束させることによって、現在のビジネス教育制度に見られる不足を補うものだ」。経営がプロフェッショナルの仕事たるべきで、ＭＢＡがリーダーを自任したいのなら、倫理を守り、誠実であると誓うことからはじめなければならない。そこに妥協の余地はない。

3 株主と従業員、どちらが大切か

私は株主、従業員、消費者、そして社会の利益を守る。自分の決断が人々の幸福を左右するのなら、たとえそれが力をもたない人々であっても、その利益を守ることに努める。
——MBAの誓い、第二条

MBAの誓いを知ったとき、次世代のMBAならわれわれの世代よりもうまくやれるだろうし、先にMBAとなったわれわれも誠実、正直、社会への不変の献身といった真に価値あるものを改めて堂々と誓えるのだと思い、私は昂揚した。
——ビル・ヒューズ
(マサチューセッツ工科大学一九九四年卒業生、署名番号一六八六)

イギリスの詩人ジョン・ダンは、人間は互いに結びついていて、助け合わなければならないという思いを晩年に書き表した。

何人も孤島にあらず
何人もひとり十全にはなりえぬなり
人はみな陸《くが》のひとくれ
大地のひとひらなり
土くれの波に流され行けば
流されしだけ欧州の土は減り
そはさながらに岬の失せるなり
汝《な》が友垣や汝《なれ》みずからの荘園《その》の失せるなり
われもまた人類の一人なれば
何人の死もわれを殺《そ》ぐなり
ゆえに問うなかれ、誰《た》がために鐘は鳴るやと
そは汝がために鳴るなれば

ＭＢＡの誓いの第二条は、株主、従業員、消費者、そして活動の場となる社会の利益を守るという誓約だ。ビジネス・リーダーは、この四つのグループの繁栄を必ず気にかけなければならない。本章で論じるとおり、「何人も孤島にあらず」と言ったジョン・ダンは正しい。企業の利害関係者も誰一人として孤島ではない。利害関係者は一人残らず「大地のひとひら」であり、土く

れが波に流されれば、それだけ他の利害関係者も傷つく。最近の出来事は、一つの企業内で利害関係者が依存し合っているだけでなく、複数の企業間でも利害関係者が互いに依存していることを教えた。われわれは危険にも金融システムの相関構造を無視している。実際には、われわれは一心同体なのである。

利害関係者の利益を守るとは、何を意味するのだろうか。他のグループのために株主を犠牲にしろということなのか。経営者は株主に特別な義務をなんら負わないということなのか。もちろん違う。では、何を意味するのか。ビジネス・リーダーは株主に対して義務があり、その義務を精力的に果たさなければならないが、それと同時に、他の利害関係者の正当な要求にも応えなければならないということだ。これはむずかしいが、あらゆる経営者にとって必須の課題である。

第一幕――地元の英雄

アーロン・フォイアースタインは地元の英雄だった。一九〇八年、アーロンの祖父はマサチューセッツ州モルデンに織物工場を設立した。それ以来、モルデン・ミルズ社とその経営者はこの地の大黒柱だった。自力で成功した企業でありながら、地域を重視していた。モルデン・ミルズの主力製品である人工毛皮が一九八〇年代ににわかに流行遅れになると、会社は大きな財政危機に直面したが、アーロン・フォイアースタインはきわめて斬新で有望な新製品を作り出して会社の改革を進めた――ポーラテックとポーラフリースである。リサイクルした合成樹脂から開発されたこの高品質の素材は、広く人気を博した。フォイアースタインは従業員や地元の住民から先見の明がある人物として賞賛された。[#1]

一九八〇年代から九〇年代にかけ、他の衣料品メーカーはニューイングランドを離れ、綿花や外国の安価で豊富な労働力を利用しやすい南部へと拠点を移した。国外移転は一般的になりつつあり、国内部門の閉鎖をいとわない企業はそれによって大きくコストを削減できた。アメリカ人労働者は時給七ドル弱だったが、メキシコ人労働者はわずか時給一ドル、アジア人労働者は日給数ドル足らずですんだ。こうしたコスト面の利点にもかかわらず、フォイアースタインはモルデン・ミルズの本拠地を伝統あるニューイングランドに置き続けた。最大の工場はマサチューセッツ州ローレンスにあり、ここは全米で最も貧しい三〇の町に入っていた。フォイアースタインの会社はローレンスで最大の雇用主の一つだった。もしモルデン・ミルズがローレンスの本拠地を捨てれば、町全体が崩壊しかねない。フォイアースタインはローレンスに対して義務感を持ち、町に尽くしたいという思いを持っていた。状況が激変しないかぎり、ローレンスの労働者はモルデン・ミルズでの仕事を頼りにすることができた。

ところが、一九九五年、状況はたちまち激変した。ありえないような事故が起き、モルデンの主力工場で火災が発生したのだ。工場には高可燃性の素材がところせましと置かれていた。数時間で建物は全焼した。これは過去一〇〇年間のマサチューセッツ州で最大の火事だった。地元の記者が述べたように、「モルデン・ミルズは一夜で文字どおり煙と消えた」。火災とその影響はあまりにも大きかった。会社は何百万ドルもの金を失い、地元の住民は火災のもっと大きな意味合いを悟った。これでニューイングランドの衣料品生産は終わる。モルデン・ミルズが灰のなかから復活するにしても、それは世界のどこか別の場所になるはずだし、ローレンスの労働者は新しい仕事を探さなければならないと思われた。

しかし、アーロン・フォイアースタインは周囲を驚かせた。火災の翌日、復職するかどうかにかかわらず、モルデン・ミルズの全従業員三〇〇〇人に三か月の間給料と諸手当を全額払うという注目すべき発表を行ったのである。さらに、従業員の住居購入補助もこれまでどおり行うと約束した。そのうえ、これが最も驚くべきことなのだが、国外に生産移転はせずにローレンスに工場を再建すると宣言した。

人々は驚嘆した。コストを切り詰めるばかりで、レイオフの犠牲者に冷淡なCEOが当たり前だったからだ。だがこの男は、大胆にもその流れに逆らっている。地域を心から気にかけている。従業員を心から気にかけている。このような思いやりと理想を持ったCEOがいるなど、想像できただろうか。フォイアースタインは英雄になった。クリントン大統領も面会し、一般教書演説の際にゲストとして招待した。《ピープル》誌も特集を組んだ。一二の大学が名誉学位を授けた。労働省長官のロバート・ライヒは、「これこそアメリカのすべてのCEOが範とすべき行為だ」[#2]と公言した。この話はハリウッド映画のように終わるべきだったし、映画館にいる誰もがクレジット画面で涙を流すべきだった。

現実は違った。工場の再建はフォイアースタインの予想より数百万ドルも費用がかさんだ。そのうえ、五〇〇〇万ドルもの建設費用をつぎ込んだあとになって、部門の一つが再建困難になり、閉鎖せざるをえなくなった。ノーブランドのフリース製造会社がポーラテックのシェアに食いこみはじめ、モルデンの予想した売上に響いた。問題が次つぎに生じ、財政も逼迫した。ついに、借入金の利息を払えそうにないことが明らかになった。火災から五年後の二〇〇一年秋、モルデン・ミルズは破産を申請した。会社と町を救おうとしたフォイアースタインの戦略は失敗した。

アーロン・フォイアースタインの思いやりと勇気は多くの人の記憶に残っているが、その英雄的行為のために払った代償を覚えている人はほとんどいない。フォイアースタインのケースは、われわれの存在基盤が複雑であることを教えている。フォイアースタインは利害関係者の一グループ、つまり従業員のニーズに応えようとしながらも、他の利害関係者の——株主と債権者の——利益を守り、保とうとはしなかった。フォイアースタインは三億ドルの火災保険金を受けとったが、再建を試みるかわりにその金で満ち足りた生活を送るべきだったのではないかと記者に訊かれたときは、鼻を鳴らした。「それで、この金でどうしろと言うのかね？　もっと食べる？　スーツをもう一着買う？　隠退して死ぬ？」[#3]

従業員に対するフォイアースタインの献身と思いやりは賞賛に値する。並みよりも度量が広い人物であったのは間違いない。しかしながら、経営者は度量だけでは充分でないことをこのケースは証明している。MBAの誓いは、利害関係者の四つのグループの——株主、従業員、消費者、一般の人々の――利益を守ると誓約する。経営者が四つのグループのうち一つを重視しすぎると、いずれ失敗する。フォイアースタインは従業員を重視しすぎ、投資家を守ることを怠った。その決断ゆえに会社を失った。

われわれの誓いは、すべての利害関係者の利益を守ることによって、事業を巧みに経営するためのものだ。もっと簡単な解決策があると主張する者もいる。そういう人は、株主の利益さえ守れば、あとは気にかけなくてかまわないと言う。しかし、その戦略も突き詰めれば失敗する。所有者には価値を生み出すが消費者や従業員や社会には価値を生み出さない企業をほんとうに支持するのか？　そもそも、そんな企業がありえるのだろうか。

ハーバード・ビジネス・スクールのベン・エーデルマン教授は、そうした企業を見つけたと言えるかもしれない。エーデルマンはインターネットの専門家であり、スパイウェアに詳しい。それがどのようにインストールされ、どのように金を生み出し、どのようにしてそれと戦えばいいのかを知っている。自分のコンピューターへのスパイウェアの侵入に苛立っている人なら、ベン・エーデルマンが力になってくれる。スパイウェアはプライバシーやパフォーマンスに深刻な影響が出るので、ほとんどのインターネット・ユーザーが不満を抱くのも当然だ。ポップアップ広告は目障りなだけでなく、自分の行動が中央のサーバーに追跡、記憶され、人物像が現在進行形で作られ続けている証拠でもある。ベン・エーデルマンによれば、スパイウェアの業者のなかには、アフィリエイト広告を不正に利用しておきながら、なんら価値あるもので報いない方法を見つけた者もいるという。

アフィリエイト・プログラムは、ブログやウェブサイトへの訪問者を別の商業サイトへ誘導することによって金を稼ぐ仕組みだ。たとえばあなたも、Amazon.comのアフィリエイト・プログラムに参加し、自分のフェイスブックのページにこの本へのリンクを貼ることができる。もしあなたの友人がリンクをクリックしてこの本を買ったら、著者たちが喜ぶだけでなく、あなた自身もAmazon.comからささやかな仲介料を受けとることができる。

スパイウェアの一部は、このプラグラムの不正な利用法を発見した。たとえば、あなたが映画好きで、レンタルビデオチェーンのブロックバスターをオンラインで利用しようと決めたとする。そこでブラウザを開き、「ブロックバスター」と打ち込む。するとひそかにインストールされ、バックグラウンドで起動しているスパイウェアが、知らぬ間にあなたの検索内容を把握し、リクエストを乗っとって、ブロックバスターの公式サイトに似せたポップアップ画面をフルスクリーンで表示する。ブラウザによる表示と瓜二つなので、あなたは何が起きたかわからない。ポップアップ画面のリンクをクリックすると、本物のブロックバスターのサイトのサインアップ画面に飛ばされる。ブロックバスターのサーバーはあなたが第三者のリンク（ポップアップ画面のリンク）から訪れたと認識し、スパイウェアの業者（あらかじめアフィリエイトのアカウントを作成している）に、おそらく新規の顧客一人につき一五ドル程度の仲介料を支払う。ブロックバスターのサーバーは、本来の検索結果をスパイウェアが横どりし、再誘導してブロックバスターに金を支払わせていることに気づかない。このスパイウェアの会社の所有者は大金を稼いだが、誰にも何も報いなかった。「利用者」にもブロックバスターにも何も与えなかった――あなたはどのみちブロックバスターのサイトを訪れていたのだから。社会にも、不本意なユーザーにも何も与えなかった――バックグラウンドでプログラムを動かすことによって、あなたのコンピューターの動作を重くしただけだ。こういう輩は寄生虫である。利益をあげても、価値は生み出していない。

この例が示すように、所有者のみのために価値を生み出すのは企業を正当化する理由として充分ではない。MBAの誓いの署名者は、一つのグループを重視しすぎることなく、すべての利害関係者のために価値を生み出すよう求められる。どうすればそうできるのだろうか。モルデン・ミルズから五時間ほど南へ行ったところにある業者のケースは、その鍵を示している。

第二幕――安全重視の経営

一九八七年にポール・オニールがアルコアのCEOになったとき、同社はアメリカのアルミニウム生産最大手だった。しかし、アルコアは財務基盤が盤石とは言えなかった。この産業界の巨人を安定させるために、オニールは手はじめに何をするのかと産業アナリストや競合他社は注意深く見守った。最終損益に明確な重点を置く方針が予想された。売上を増やし、新しい市場を開拓し、精錬過程の費用対効果を高めるといったものだ。だから、オニールが最優先事項を発表したとき、周囲は少なからず驚いた。オニールが重視すると言ったのは……安全だった。

安全？　どう考えても腑に落ちなかった。第一に、オニールは人情味ある経営者として知られてはいなかった。以前、製紙会社のインターナショナルペーパーにいたときは、過酷なスケジュールを組んで結果を要求することで有名だった。第二に、安全はたしかに重要だが――アルミニウム生産は危険をともなうが――アルコアは安全にかけては業界最高の実績を誇っており、すでに過去一〇年で重傷事故の発生率を半減させていた。アルコアの従業員の怪我による労働損失率は全米平均の三分の一にすぎなかった。[#4] 言い換えれば、斜陽のメーカーを救うオニールの戦略は、その会社がもとから秀でていることを改善するというものであり、それでは財務実績に間接的にしか反映されなかった。

だがオニールは、安全を目標にすれば全従業員が会社の改善に直接の役割を果たせると考えていた。なんと言っても、安全は誰にとっても関心事だからだ。「人はみな陸《くが》のひとくれ／大地のひとひらなり」という言葉がここにあてはまる。オニールが経営者の座に就いたとき、アルコアの従業員は年間二〇〇〇件以上の重傷事故に遭っていた。これをゼロにするのがオニールの目標だった。アルコアの誰も仕事中に傷ついてはならないとオニールは宣言した。「安全の確保を損得の面から考える者は、誰であろうと首だ」[#5]。ポール・オニールにとって、安全は単なる優先事項ではなかった。きわめて重要なルールだった。

この戦略は功を奏した。オニールが経営権を引き継いだとき、従業員の怪我によるアルコアの労働損失率は全米平均の三分の一だった。社を去るときには、二〇分の一未満になっていた。業種を問わず、アルコアは世界で最も安全な会社の一つになり、財務面でも驚くほど成功した。一九八六年の時点で、ピッツバーグを拠点とするこの会社の売上は四六億ドル、純利益は二億六四〇〇万ドル、従業員数は三万五七〇〇人だった。一四年後にオニールが職を退いたときの売上は二二九億ドル、利益は一五億ドル、従業員数は一四万人に達していた。[#6]

安全重視は他の何よりもポール・オニールのリーダーシップの目印になった。これのおかげで労働組合が味方につき、従業員は品質水準を満たしてメートル法で管理する重要性を学び、安全を見定めることによって品質と効率を見定めることが可能になった。オニールの要求する水準はやがて財務結果にまで対象を広げられた。オニールは従業員に心を配り、従業員は会社に心を配った。オニールの例は、きわめて異例だからこそ興味深い。フォイアースタインと同じく、オニールも従業員を重視したが、フォイアースタインとは異なり、そればかりを重視しなかった。従業員の利益を守りはしたが、同時に株主の利益や最終損益を守るための配慮を怠らなかった。従業員の士気を高めれば、長期的には従業員の忠誠心を勝ちとり、生産の質と量も確保できると理解していたのである。

さまざまな利害関係者の利益のバランスをとるのは、オニールがやってみせたほどやさしくはない。《ニューヨーク・タイムズ》紙のある記者が投稿した次の例を考えてもらいたい。この記者はわれわれの誓いを知り、従業員の利益を守るということの意味を探っていた。

小さなビジネスを経営しているあなたは、自分のところの経理担当主任が仕事に向いていないと感じた。何週間かかけて候補者の面接を行ったが、必要な能力をすべて備えている人物は見つからなかった。やがて取引先の銀行がしびれを切らし、誰かを経理担当として採用しなければ貸付金を返済してもらうと警告した。そこであなたは、面接したなかでいちばんましな候補者を雇った――無能ではないが、こちらの探していたとおりの人物でもなかった。その男性は現在の職を辞め、二、三週間後に新しい仕事をはじめることになった。

翌週、取引先の銀行から連絡があり、申し分のない候補者がいると伝えてきた。あなたはもう別の人物を雇ったと説明した。銀行員の口調が安堵から懸念に変わった。会うだけ会ってみるよう銀行員は言った。あなたが会うと、銀行員の言うとおりだった――会った女性は、まさに求めていた候補者だった。この人物なら問題を解決でき、事業は大きく前進する。記者はジレンマをこう説明している。

あなたは泣きたくなる。母親に抱きつきたくなる。吐き気も催す。すでに雇った男性をどうすればいいのだろう……「適切な」推薦状は持っていたが、あのスーパーウーマンにならば山ほど与えられる賞賛には及びもつかない。男性はもう仕事を辞めてしまっている。よくあることだと銀行員は言う。女性のほうを雇えと。会計士も同意見だ。あなたは夫なり妻なりに相談する。親友に相談する。どちらもあなたが採用の撤回を考えていると聞いてあきれる。あなたの犬でさえ驚いた顔をしている。[#7]

あなたならどうするだろうか。これはむずかしい質問だ。「従業員の利益を守る」つもりなら、採用したばかりの新しい経理担当主任にこだわるというリスクある選択をすべきなのか。それとも、銀行や株主や会社の利益を考えて採用を取り消すべきなのか。著者たちの友人のダンは次のようなコメントを返した。

このケースは、ダンスパーティーにすてきな女の子と行ったのに、会場の外でとびきりの美女に会ったという状況に似ている。もっときれいな女の子と一緒だったらという「もしもの話」にぼくたちは誘惑される。けれども、もしデートをすっぽかして乗り換えたらどうなるだろうか。何も起こらず、パーティーを大いに楽しめるかもしれない。でも、世の中で人は繰り返し会うものだから、もともとのデートの相手は怒って友人に話すか（これからはデートがしにくくなる）、こちらの人生をつらいものにするかもしれない（無意味に仕事を辞めさせたと裁判沙汰にするかもしれない――まあ、これは飛躍しすぎだ）。もし、デートをすっぽかすところをそのとびきりの美女が見ていたら？　こちらとのデートをためらうのでは？　悪くすると、たとえデートにすんなり応じてくれても、五分後に億万長者のトライアスリートが角をまわって現れたら、今度はこちらが同じようにデートをすっぽかされるだろう。

何が言いたいか？　約束は大事であり、良好な人間関係の土台だということだ（プライベートでも、仕事でも）。このケースのような形で採用を撤回すれば、評判の面で深刻なリスクを負うし、同じような扱いや予断を招きかねない。それは長期的に見て、会社の損になる。はじめの候補者を採用したときの「しかるべき」結果は予想できるし、採用しなかったときのそれも予想できる。だが、重要なのはこの決定に至った過程だ。[#8]

経営者と従業員の間には権力の不均衡があり、経営者はこれに適切に対処しなければならない。経営者には職を与えたり従業員をテクノロジーで置き換える権力があるし、労働条件や人々の将来を決める権力がある。経営者は人件費のようなハード面の経済と、公正さや士気や互いへの責任といったソフト面の経済のバランスをとらなければならない。このバランスが重要なのは、オニールの例が実証しているとおり、従業員は自分が公正に扱われていると思い、会社が公正にビジネスを行っていると感じるとき、会社の利益となる行動に進んで取り組むものだからだ。スターバックスを設立したハワード・シュルツもこう言っている。「敬意と尊重の念を持って接するというわれわれの理念は言葉だけにとどまらず、日々の信条になっている。従業員の期待をうわまわる経営をしなければ、従業員が客の期待をうわまわることもない」

	強くそう思う／かなりそう思う	あまりそう思わない／まったくそう思わない
公正に扱われた	0.9%	20.6%
敬意と尊重の念を持って扱われた	0.4%	15%
説明を受けた	1.8%	19.5%

不当解雇だとして訴えた従業員の割合。
解雇時の扱いに対する本人の回答によって分類 #9

従業員の利益を守るということを端的に説明するのは容易ではない。「誰も首にしない」という意味ではないし、癌となっている者を切り捨てるのが従業員の大多数にとって最善の対応になる場合もある。もちろん、ＭＢＡの誓いの署名者もやむなく従業員を解雇するときがあるだろうが、重要なのはその過程だ——ＭＢＡ個人にとっても、従業員にとっても、会社にとっても。

アラン・リンド、ジェラルド・グリーンバーグ、キンバリー・S・スコット、トーマス・D・ウェルチャンズらは不当解雇をめぐる訴訟について調べ、従業員が自分の扱いをどう感じているかが、法的措置に踏み切るかどうかに大きくかかわってくることを発見した。解雇された数百人の従業員に聞きとり調査を行ったところ、公正に扱われたか、敬意と尊重の念を持って扱われたか、解雇にあたって説明を受けたかなどについての従業員の受け止め方が、以前の雇用主を訴えるという決断に大きな影響を及ぼしていた［上表参照］。

この結果は看過できない。解雇に際して公正に扱われたり、敬意の念を持って扱われたり、説明を受けたりしたと思っていない従業員の五人に一人が、雇用主に対して訴訟を起こしている。ひるがえって、説明を受けたり、公正に扱われたり、敬意の念を持って扱われたりした人はほとんど訴訟を起こしていない。従業員を解雇するむずかしい状況に追いこまれた経営者はこの統計データを思い出し、辞めてもらうときも従業員の利益を守るべきだ。

ポール・オニールがアルコアを辞めて財務長官を務めていた数年前に、著者たちはその話を聞く機会を得た。なぜよりによって安全を重視したのか、またどんな経営哲学を持っているのかと訊かれたオニールは、こう述べた。「官民でキャリアを積むうちに、私は人々が仕事に満足するためには三つのことが必要だと考えるようになった。どんな人も、つねに敬意と尊重の念を持って扱われることを必要としている。どんな人も、組織に意義ある貢献をするための手段を必要としている。そしてどんな人も、自分の貢献を認めてもらうことを必要としている」。オニールのアルコアでの成功は、これらの指針が従業員だけでなく企業にとっても有益であることを明確に実証している。何人も孤島ではない。ＣＥＯでさえも。

第三幕――迅速な対応

二〇〇四年、史上まれに見る大地震がスマトラ島沖で発生した。地震は津波を引き起こし、東南アジアを襲った。巨大な波によって二〇万人以上が命を落とし、何百万人もが家を失った。時期はクリスマスシーズンだった。テレビに映し出される悲劇を家族とともに見たのを、著者たちも覚えている。すぐに各国の支援が報道された。赤十字やワールド・ビジョンなどの団体は現場に赴き、救助、支援、再建に取り組んだ。世界中で民間の人々が教会や支援団体や地域を通じて義捐金を出したり物資を寄付したりして運動に加わった。こうした国境を越えた同胞意識と同じくらい感動したのが、災害後にスウェーデンの旅行代理店大手であるフリーティードスレーソルがとった行動だ。同社の対応は見事で、利害関係者の信じられないほど複雑な利益のバランスをとった好例となっている。[#10]

フリーティードスレーソルは北欧の人々向けに世界各地への休暇旅行を企画している。その最も人気のある旅行先の一つにタイがある。事実、津波に襲われたとき、タイに一万人から一万五〇〇〇人のスウェーデン人が滞在していることをフリーティードスレーソルは把握していた。そして数百人の従業員も被災地にいた。あなたがこの会社のCEOだったと想像してもらいたい。朝の四時に電話があり、はるか彼方の国で大災害が起きたと知らされる。あなたはどうするだろうか。誰の利益を守ろうとするだろうか。誰を優先するだろうか。タイにいる顧客か。従業員か。他の誰かか。何が株主の金の妥当な使い方だろうか。

フリーティードスレーソルに無駄使いをできる余裕はなかった。二〇〇三年には三二〇〇万ドルの損失を出していた。従業員や顧客の捜索のために金を使いたくても、財政の逼迫を考えればためらわれた。そのうえ、東南アジアへの旅行予約をキャンセルされれば、フリーティードスレーソルの事業はさらに打撃を受けると考えられた。パニックのさなか、多くの会社が身動きできなくなった。捜索と救助を当局にゆだねたところで、誰がフリーティードスレーソルを責められるだろうか。

経営者には、外部性、つまりビジネスの意図せざる結果に対応するための行動指針がいくつもある。[#11] こういう状況では、六つの選択肢を考えるといい。

レベル１　害をなすな
レベル２　害から利を得るな
レベル３　害を埋め合わせよ
レベル４　害を防げ
レベル５　害を除け
レベル６　善をなすか、それを助けよ

経営者は外部費用をできるかぎり内部化しなくてはならない。ＭＢＡの誓いの署名者なら、経営者はレベル１の対応を基準にし、レベル６の対応を目標にするべきだと考える。フリーティードスレーソルは、津波のあとにレベル６の対応を実行した稀有な企業の一つになった。

クリスマスの午前四時に惨事の一報を受けたＣＥＯは、危機対応チームを発足させた。人命がかかった決断のとき、何が正しい行動なのかに迷いはなかった。顧客の発見、救助と、被災者全員に対する救助活動の支援のどちらにも、全力であたることになった。

フリーティードスレーソルは津波のような大災害の可能性を想定ずみだったので、緊急時のシステムをあらかじめ用意していた。同社はこのシステムを信頼して活用し、人々と安全を第一に考えた。また、この地域での経験を積んでいたから、正確な情報を適時政府に伝えることができたし、自社の顧客でなくても行方不明者の捜索のために緊急通信システムの提供を申し出た。経営の最もむずかしい課題の一つは、利害関係者をどう定義し、どう優先順位をつけるかである。この例では、フリーティードスレーソルはすばらしい成功をおさめた。結果として、同社は人々から敬意と賞賛を勝ちとり、顧客からは少なくない支持を受けた。

本章では、利害関係者の利益のバランスにモルデン・ミルズやアルコアやフリーティードスレーソルがとった複雑な対応例を見てきた。ＭＢＡの誓いの署名者には、株主、従業員、消費者、そして活動の場となる社会の利益を守る義務がある。折り合いをつけるのはむずかしい。ミルトン・フリードマンが、企業は世界を救おうとする試みに手を出してはならないと述べたのも一理ある。モルデン・ミルズのアーロン・フォイアースタインのケースはそれを証明している。では、経営者は介入すべきときとそうでないときをどうやって見分けたらいいのだろうか。

著者たちはビジネス・スクールで、苦境に陥った第三者に対してどれほどこちらに責任があるかを見定めるときに役立つ賢明な問いを学んだ。これは関連性、脆弱性、深刻性、対応能力と権限に関する四つの問いから成る。ピーター・ドラッカーは、経営判断を誤る唯一最大の原因は正しい問いではなく正しい答ばかりを探そうとしてしまうことだと語った。その考え方に基づき、ここで判断の一助となる四つの問いを紹介しておきたい。[#12]

こちらがその被害や損害にどれくらい深く関連しているのか。どの程度、こちらの行動が損害の要因や原因になっているのか。損害からどれほどの利益を得ているのか。こちらがどれだけ損害を決定、左右しているのか。損害にかかわる独自の専門知識や特別な専門知識を有しているのか。

危険にさらされている人々はどれだけ脆弱なのか。影響を受けている人々は状況に対応できるのか。自由に行動できるのか。情報を入手できているのか。まともな頼るあてがあるのか。

被害や損害はどれほど深刻なのか。どういった性質の被害や損害なのか。基本的人権、健康、安全、生命にかかわるのか。被害や損害の範囲はどれほどか。

出資者や社会からその状況に対処する能力や権限を与えられているのか。

関連が深く、危険にさらされている人々が脆弱で、深刻な被害があり、企業が大きな対応能力や権限を持っているほど、その企業が対応する責任は大きくなる。アーロン・フォイアースタインにとって、三つめまでの問いに対する答は「大いにそう認められる」だった。関連は深い——火事は工場で起きた。危険にさらされている人々は脆弱である——他に職のあてはほとんどない。被害は深刻だ。しかしながら、フォイアースタインには、少なくとも本人が望む形では、被害を埋め合わせる能力がなかった。給与を何か月も払い続けたにせよ、工場は閉鎖された。給与を払いつつ、住宅購入費用を融資し、同じ町に会社を再建する余裕はなかった。これに対して、フリーティードスレーソルの状況は違った。同社には危機に対応する能力があり、対応に必要な準備を前もって整えていた。

「何人も孤島にあらず」という言葉はどんな企業にもあてはまる。株主、同僚、消費者、社会の利益を並立させようとする経営者はおそらく衝突に出くわし、困難な選択を迫られる。危険なのは大局を見とおさずに特定の利害関係者を重視し、他のグループを犠牲にするときだ。このとき、地震計から目をそらしていた経営者の不意を突く形で、さまざまな利害関係者の利益というプレートが衝突し、守り育てようとした組織を瓦解させることになるだろう。

4 賢明な利己心は強欲とは異なる

私は誠意を持って事業を経営し、自分の偏狭な野心を満足させるために事業とそれが尽くす人々を害するような決定や行動をとらないよう注意する。

——ＭＢＡの誓い、第三条

私が望み、めざしているのは、倫理にかなったＭＢＡの新しい運動を生み出すのに貢献することだ。このＭＢＡは、成功にばかりこだわるのではなく、社会全体に自分の決断が与える影響までも認識している。ＭＢＡは金儲けしか頭にない強欲な人間だという見方は捨てよう。

——ギャレン・グリゴーリャン
（ゴールデンゲート大学二〇〇九年卒業生、署名番号一七五九）

ビジネス・スクールで行ったケース・スタディのうち、最も記憶に残っているのは、ビジネスとまったく関係のない、ある男の困難に満ちたヒマラヤ旅行のケースだ。[#1] 男の名はボーエン・マッコイといい、モルガン・スタンレーの幹部だった。長期休暇のとき、マッコイと友人は二人でヒマラヤに数週間旅行し、地上で最も隔絶した最も美しい土地の小道を何百マイルもたどることにした。旅行のハイライトは、反対側の孤立した美しい村へ行くのに越えなければならない高さ一万八〇〇〇フィートの峠だった。この旅行は一生に一度の機会だったから、もし峠を越えられなければ村を目にすることはできないはずだった。

峠は旅行の最も危険なところでもあった。二人はすでに一度、道が凍結して腰までの雪が積もっていたために、峠越えに失敗していた。これが最後のチャンスだった。天候には恵まれたものの、標高だけでも体に大きな負担となっていた。六年前、マッコイはもっと標高の低い別の場所で急性高山病による肺水腫をわずらったことがあった。マッコイと友人は不安を感じていた。

峠越えに挑む日の朝、思いがけない事態が生じた。ろくに服も着ていないインドの修行者《サドゥ》が、よろめきながら峠をおりてきて、マッコイ一行の前で倒れたのだ。それは現実離れした邂逅であり、マッコイはいくつもの疑問を抱いた。この男は一人きりで何をしているんだ？　なぜ裸も同然なんだ？　自分の行動にはもっと責任を持つべきでは？　サドゥは明らかに病気にかかっていて、峠越えで精根尽き、悪天候で凍傷を負っていた。マッコイと同行者には、サドゥが助かるかどうかわからなかった。

一行はどうすべきか話し合った。峠越えをあきらめ、この見知らぬ男を助けるのか。男を置き去りにして峠越えを続けるのか。貴重な何分かがすぎた。峠は日没前に越えなければならない。すでに予定より遅れている。マッコイは即断した。予定どおり出発して峠を越え、村へ行くと宣言したのである。別のグループが後方のそう遠くないところにいる、とマッコイは主張した。男の介抱はそのグループに任せればいい。マッコイの友人はショックを受けた。それでは無責任だ。男は死にかけている。友人は別のグループが来るまでサドゥのそばにいて、適切な治療をすると告げた。冷ややかな視線がマッコイと友人の間で交わされた。マッコイは峠の向こうで会おうと言った。

数時間後、マッコイの友人は峠の向こうのテントにようやくたどり着いた。友人は傍目にも明らかなほど動揺していた。マッコイに追いつくために、サドゥの救助を待たずに立ち去らざるをえなかったからだ。一行はサドゥを山腹に残し、もっと時間に余裕のあるグループが介抱してくれるよう祈った。サドゥが助かったかどうかは、マッコイも友人もついに知ることはなかった。

なぜエヴェレストにのぼりたがるのかと訊かれたサー・エドマンド・ヒラリーは、「そこに山があるからだ」と答えた。山はのぼってみろと呼びかける。登山は骨が折れ、危険ですらあるが、登頂が報われることをわれわれは知っている。多くの人が登頂の瞬間を切望し、生命を危うくするのもいとわない。それは危険に満ちた企てだ。エヴェレストの登頂成功者一一人につき、落命した登山家が一人いる。この危険ゆえに、登山家たちの間ではしだいに山での掟が作られていった。そこでは、頂上にのぼることよりも山をおりることのほうが重要になる。熟練の登山家は山の危険を承知しており、苦労している者を助けるのは義務だと考える。しかし、誰もが掟にしたがうわけではない。頂上の妖女《セイレン》の歌声に抗しがたくなるときもある。ボーエン・マッコイもそうだった。一つの目標に——峠を越えたいという望みに——凝り固まり、何物もそれを止められなかった。天候も、標高も、足もとで死にかけていた男も。

ヒマラヤの標高は数階建ての工場とは比べるべくもないが、サドゥの件は寓話としてビジネスにも深い教訓を伝えている。登山の社会的、感情的ダイナミクスは出世の階段をのぼるときとそう変わらない。企業の経営者は何かを成し遂げるのが使命であり、それに傾倒するあまり、周囲への責任をおろそかにする。同僚とともに問題に出くわしても、自分本位に安易な解決策をとり、他の者に対応を任せてしまう。人は野心から山なり出世の階段なりをのぼるが、その同じ野心ゆえに、足手まといの者を踏みつけにしたり見捨てたりする誘惑に駆られる。野心は本人の栄達と他人への無関心という二つの産物をもたらす。

ＭＢＡの誓いの第三条は野心にまつわる問題の解決をはかっている。それは誠意を持って実直、慎重に事業を経営し、自分の偏狭な野心を満足させるために事業とそれが尽くす人々を害するような決定や行動は控えるよう呼びかける。誓いは私利の追求が資本主義の土台であり、正しいことであるのを認めはするものの、そこから無思慮に一歩進んで強欲を正当化するのは認めない。

本章では、野心を三つの角度から見てみよう。野心の利他性、野心の健忘症、野心の理想の三つだ。どういうときに野心は有用で、どういうときに堕落するのか、また組織やそれが尽くす人々の望みとみずからの野心を調和させ、誠意を持って行動するには何が必要かを考えていく。

野心の利他性

人が山に惹かれるというのなら、金にはもっと惹かれる。われわれは働き、努力し、自分を励ます。成功したいし、成功には金で報いてもらいたいと思う。われわれは金に突き動かされる。金のために独創力を発揮する。金のためにいやでも生産的になる。そして金を追い求めることで好ましいものが生まれる。起業家は企業を興す。企業は人を雇う。雇われた人は新機軸を打ち出し、消費者のために価値を生み出す。社会は発展する。誰かが金儲けの案を持ち、それを追求する野心を持っているおかげで、たくさんの好ましいことが起きる。

野心の利他性とは、利己的であることは利他的でもあるという逆説的な考え方によるものである。かつて経済学者のジョン・メイナード・ケインズは、資本主義とは「万人の最も大きな善のために最も悪しき者が最も悪しき行動をするという驚くべき信条」だと定義した。ケインズの定義は皮肉半分だが、それほど的をはずしていない。人々が野心を抱いて私利を追求した結果、共同体のために大きな善が行われていることは多い。資本主義はそういう仕組みになっている。アダム・スミスその人も、二五〇年前に鋭く洞察している。「われわれの食卓に並ぶのは、肉屋や醸造人やパン屋の慈悲の産物ではなく、私利への関心の産物である」[#2]。金儲けという私利を追求することによって、肉屋や醸造人やパン屋はもっと大きな善に貢献している——買い手に食べ物や飲み物を提供している。

欠乏を豊富へと変えるのに、人々が自分の経済的利益の追求によって報いられるシステムほど効果的なものはいまだかつてない。資本主義は労力に報いられたいという人間本来の欲求を利用する。他のどんなシステムにも見られない形で、機会を作り出す。個人の野心は意図せずして公益を生み出す。今日のわれわれはパソコンや特効薬やｉＰｈｏｎｅや低燃費車を持っている。資本主義の起業家が、市場に革新をもたらすことによって得られる利益を知らなかったら、このうちのどれが発明されただろうか。私利の追求や飽くなき野心がなかったら、われわれはどうなっていただろうか。

しかしながら、この考え方は代償を極端に軽視している。野心は機会を生み出すとか私利の追求も正当化されるとか言うのと、強欲は善だと言うのは別だ。〈ウォール街〉で投資家のゴードン・ゲッコーを演じたマイケル・ダグラスは一九八七年にアカデミー賞を受賞した。映画の売りとなった場面で、ゲッコーは買収しようとしている会社の株主総会で演説する。株主の一部は、ゲッコーが経営権を得たら何をしでかすかと不安になっている。ゲッコーが強欲で冷酷なリーダーで、一ドルでも儲かるのなら会社から何もかも奪い去るのではないかと懸念している。演説でゲッコーは株主らの懸念を正面からとりあげ、自分は強欲で冷酷だからこそ、この会社を買収すべき人間なのだと語る。この場面は大きなホールで展開する。聴衆は無言で耳を傾けている。ゲッコーはマイクを手にとる。「言葉は悪いかもしれませんが、強欲は善です。強欲は正しい。強欲は役立つ。強欲は物事を明確にし、道を開き、発展の精神の本質をとらえる。強欲にはいろいろあります。生命欲、金銭欲、愛情欲、知識欲。どれも人類進化の原動力です」[#3]。ゲッコーの世界では、強欲はあらゆる善の源である。それは禁じられない。ただ許容されるだけではない。あらゆる問題の万能薬である。ゴードン・ゲッコーにとって、強欲は善にとどまらない。神である。

ゲッコーは特異な人物だが、真実を代弁しているので説得力がある。ビジネスマンは自分のことさえ考えればよく、野心を実現しさえすればいいという考えに、われわれの文化はますます慣れつつある。「アリストテレスの時代から、いやもしかするともっと前から」と哲学者のマイケル・ノヴァックは語る。「ビジネスは文化人や教養人から見くだされてきた。ビジネスにたずさわる人々は動機が利己的で、私利にこだわり、計算ずくの行動をすると、ビジネスの批判者は主張し続けている。過去二〇年ほどの間に、非常に奇妙な現象が起きた。以前ならビジネスぎらいの人しか持ち出さなかったこの歓迎されざる特徴づけを、ビジネスマン自身が熱心に受け入れているのである」

野心の健忘症

ゴードン・ゲッコーという人物が鮮烈に表しているとおり、野心のもたらす問題はそれに取り憑かれてしまうことだ。経営者は野心の対象以外のすべてを忘れてしまうほど、無我夢中になりうる。ボーエン・マッコイは峠を越えるために登山家の一団と協力していた。登山家たちを置き捨てて行くことで、マッコイは自分の野心を追求したが、それによってあの見知らぬ男はもちろんのこと、同行者までも危険にさらした。

むろん、野心ゆえのこの健忘症にかかりやすいのは経営者だけではない。誰でも、大志ある聖職者でさえも、屈服しうる。一九七三年、ジョン・ダーリーとダニエル・バットソンは、プリンストンの神学校で行った興味深い実験の結果を発表した。[#4] 二人の心理学者は神学生たちに、原稿なしのスピーチでどれくらいしっかり話せるかを実験すると告げた。学生の半数は、よきサマリア人のたとえについて話すよう指示された。よきサマリア人のたとえとは、聖書にある逸話で、男が強盗に襲われて路上に倒れていたところへ、サマリア人が通りかかり、親身になってその見知らぬ男を助けたという話である。もう半数は、卒業後の就職先について話すよう指示された。同時に学生たちは三つのグループに分けられた。一つめのグループの学生は、スピーチの時間に遅れているので急ぐよう言われた。二つめのグループは時間にちょうど間に合うと言われ、三つめのグループは時間に余裕があると言われた。

そのうえでダーリーとバットソンは、スピーチをするために建物から建物へ歩くよう学生に指示した。二つの建物の間には俳優が配置された。俳優は学生の通り道に崩れこみ、助けが必要な男を装う。学生が通りかかるたび、俳優はうめいて咳きこみ、困っている様子をみせる。実験の目的は、どの学生が立ち止まって俳優を助けるか、観察することだった。

明らかになったのは、スピーチのテーマは学生が立ち止まるかどうかになんの影響もないことだった。よきサマリア人のたとえについて話す学生が、就職先について話す学生よりも、現実に困っている男を助けたということはなかった。しかしながら、親切さの度合いに差はたしかに見られた。時間が充分にあると言われた学生は、遅刻していると言われた学生よりも、男を助ける割合がずっと高かった。遅刻していると言われた学生は、スピーチのテーマにかかわらず、男をよけてもう一つの建物へ向かった。男をまたいだ学生さえいた。ヒマラヤでのマッコイと同じように、学生たちも助けが必要な見知らぬ人物に遭遇した。マッコイのように時間のプレッシャーにさらされていた学生は、「厄介な」男を無視して先へ進みがちだった。

原稿なしでスピーチをするという単純な実験においてさえ、野心はまわりを顧みない野心へとすみやかに変わる。われわれは目的に集中するあまり、他のすべてを見失いかねない。そしておそらく神学生たちのように、それを自覚さえしない。危険なのはこのときであり、自分の成功のために他人や会社までも害する妥協をはじめかねない。そして正当化できない行動も正当化しだす。別の言い方をすれば、野心は健忘症をもたらす。われわれは自分の成功を無我夢中で求め、組織に対する義務を忘れる。自分の信念や価値観を忘れる。自分のほんとうの姿を忘れる。忘れないのは身勝手な野心の目標だけだ。

のちのボーエン・マッコイは、峠での自分の決断に苦しめられた。サドゥが助かったのかどうか、峠越えを強行したあの日の決断を正当化できるのかどうかは、ついにわからなかった。あのときマッコイは「問題」を脇へ追いやって歩みを続けた。マッコイはサドゥとの遭遇をこう振り返っている。「結果を慎重に熟慮することもなく、私は典型的なモラルのジレンマに文字どおり突きあたった。自分の行動の言いわけはあげられる。アドレナリンの大量分泌、高い目標、一生に一度の機会――ビジネス、わけてもストレスの多い状況によくある要素だ」[#5]

ジレンマにぶつかったとき、素どおりできずに対応しなければならないのを迷惑に思い、憤るのはたやすい。「苦労や高い標高のもたらすストレスがなければ、われわれのサドゥへの扱いは変わっていたかもしれない」とマッコイも告白している。「しかし、個人や企業の価値が真に試されるのは、ストレスがかかっているときではないだろうか。プレッシャーにさらされたときに役員がとっさにくだす決断ほど、その人物や企業の本性をあらわにするものはない。いつ強いストレスやプレッシャーに直面するかは予想しがたい。いずれ直面するとしか予想できないし、そのとき自分の真の価値がわかる。それまでは、前もって努力しないかぎり、自分を真に動かすものは隠されたままになる」

われわれの自己正当化と自己欺瞞の能力は高い。金がかかっているとき、判断はなおさら曇りやすくなる。ある日の交渉の講義で、教授がマックスに一〇ドル紙幣を渡した。そしてその金を一緒に受講しているエイミーにいくらか分けるよう言った。もしエイミーが申し出を受ければ、エイミーはマックスが提示した額を、マックスは残額を受けとれる。しかし、もしエイミーが申し出を拒否したら、どちらも一ドルももらえない。

「分ける額を言いたまえ」と教授は言った。

全員が頭をめぐらした。マックスはしばらく考えていた。エイミーは教室の端から視線を送り、笑みを浮かべた。マックスはさらに考えた。それからMBAらしい額を申し出た。「一ドルです」

エイミーの顔から笑みが消えた。

エイミーの最善の対抗策は、たとえそれがどんな額でも、受けとらないことだ。だからこそ、経済的に考えれば、エイミーはどんな額でも受けとるだろうと予想された。わずか一ドルでも、受けとらないよりはましなのだから。申し出を受けるのが理にかなっているし、利益を最大化する選択だった。たしかにエイミーは失望したかもしれないが、マックスの一見的確なビジネス判断と経済のあらがいがたい力を尊重するはずだった。

エイミーは机の上に身を乗り出し、マックスをまっすぐ見つめながら言った。「おことわりよ」とたんに教室は拍手と爆笑に包まれ、ハイタッチが交わされた。マックスは自分の利益を最大化しようとしたが、もう一人の利害関係者がそれをどう思うかまでには頭がまわらなかった。最初はエイミーの行動は不合理に思えたが、実は理にかなっていた。エイミーにとって、機に乗じようとしたマックスに仕返しをする楽しみのほうが、一ドルよりも価値があったということだ。だから金を拒否した。受講生の拍手喝采が充分すぎる埋め合わせになった。

マックスの体験は、ミネソタ大学カールソン・スクール・オブ・マネジメントのキャスリーン・ヴォーズ教授の研究に合致する。二〇〇八年にヴォーズは論文を発表し、人間の交流に金がかかわってきたときの心理的結果を述べた。結論？　金は人間を卑しくする。ヴォーズたちはミネソタ大学、フロリダ州立大学、ブリティッシュ・コロンビア大学の学生たちを無作為に選び出し、グループ分けした。対照群は中立的な条件に置かれたが、「金銭志向」のグループはさまざまな形でそれとなく金を連想するよう仕向けられた。文字を並べ替えて金にかかわりのある語を作るパズルをやらされたり、いろいろな通貨を描いたポスターを見せられたり、積みあげたゲーム用の金やチップを動かすよう言われたり、金についての小論を読まされたりした。

条件を整えたあと、各グループは無意識の行動を調べるための作業を与えられたり、計算された状況に置かれたりした。被験者はいくつかのシナリオにしたがって、他人から助けを求められた。実験者や別の被験者が助けを求めることもあれば、通行人が誤って鉛筆のはいった箱を取り落としたり、学生基金への寄付をうながされたりすることもあった。明らかになったのは、「金銭志向」の被験者は対照群に比べ、記入したデータシートも、人助けをする時間も、拾った鉛筆の本数も、学生基金への寄付額も少ないことだった。[#6] 金について考えたために、被験者の心理は変わった。被験者は、金が頭になければ守ったはずの、人間としての良識の基準を忘れてしまったのである。

シカゴ・パブリック・ラジオの番組〈ディス・アメリカン・ライフ〉は、「金の巨大なプール」と題したエピソードを以前に放送した。このエピソードは世界規模の金融危機をとりあげ、強欲が浸透するさまを描いた。[#7] 登場人物のマイク・ガードナーは、ネヴァダ州最大の住宅ローンブローカーであるシルヴァー・ステート・モーゲージの融資ブローカーとして働いている。融資ビジネスは証券化に後押しされ、二〇〇〇年代はじめに急速に成長した。二〇〇三年には、融資を受けられる人のほとんどがすでに融資を一件受けていたので、仕事を続けたければ、マイクは新しい借り手を捜さなければならなかった。それはつまり、いままでなら融資が認められなかった人に貸すことを意味する。これを可能にするために、マイクは審査基準を下げざるをえなかった。業務を委託している営業陣は、基準の緩和が成功の鍵だと繰り返し指摘していた。別口から条件のゆるい融資を提案されて契約に失敗するたびに、営業陣はマイクに不満を言って審査基準を次つぎにさげさせた。

融資改革はこうしてはじまった。「営業陣の三人が朝から自宅を訪れ、こんなふうに言う。『先週はバンク・メリタスに一〇件契約をとられました。連中はこんな融資を行っています。審査基準を見てください。われわれもなんとかできないんですか』。私はウォール・ストリートの企業や住宅金融大手のカントリーワイド・フィナンシャルに電話をかけはじめ、『このローンを買いとってくれませんか』と言う。とうとう買ってくれる相手が見つかる」。あたりを引いたマイクは他の会社に電話をかけ、買い手が見つかったのだがそちらも買う気はあるかと訊く。「いったん一人が買えば、他もみなそれに倣う[#8]」

きっかけになったのは「収入自己申告、資産証明型ローン」と呼ばれる新商品で、借り手はこれまでと異なり、給料支払小切手の控えや源泉徴収票を提出しなくてもかまわない。銀行に預金があるのを証明できさえすれば、収入を申告するだけでいい。これは多くの新しいビジネスを生み、融資ブローカーは基準を次つぎにさげた。基準をさげるたび、融資ビジネスは成長した。金が次つぎに流れ込んだ。究極の新商品はＮＩＮＪＡローンだった——収入《ノー・インカム》なし、仕事《ノー・ジョブ》なし、資産《ノー・アセット》なしでもこれなら借りられる。融資を受けたい人は、どれだけの稼ぎがあってどんな資産を所有しているか、申告する必要はない。一定の信用点数《クレジット・スコア》さえあればいい。失業中で貯金がなくても、信用力があれば五〇万ドルの融資だって受けられる。

ばかげているし、危険だと感じるだろうか。そのとおりだが、マイク・ガードナーの会社にとっては違った。どれだけ危険な融資なのかには頓着しなかった。証券化される前の時代とは違い、三〇年も目を光らせ続け、返済を見届ける必要などないからだ。最初に貸付を行った者はひと月かふた月債権を保有しただけで、ウォール・ストリートに担保証券の形で売却する。今度はウォール・ストリートの銀行が熱いジャガイモを火傷しないように人に渡していくゲームよろしく、それを売買する。あとは歴史が示すとおりだ。マイクが気にしていたのは、顧客が——ウォール・ストリートの投資銀行が——こうしたローンをそもそも買いとってくれるかどうかだけだった。当時でさえ、マイク・ガードナーは自分たちが金融崩壊の種を蒔いていると知っていた。「上司は二五年もこの仕事をしていた。こういった融資をきらっていて、よく毒づいた。『自分たちのやっているこの手の融資には吐き気を催す』と。上司は審査基準をめぐってオーナーや営業陣と必死に戦った」[#9]。マイクの上司はいつも同じ答を返された——他の会社がこういう融資を提供しているなら、自分たちもやる。シェアを維持するにはそうするしかない。それに、住宅価格はうなぎのぼりだ。何も問題はない。だがもちろん、そのときが来るまでの話だった。オーナーたちは強欲に惑わされ、他の誰もがこの融資を提供しているのなら安全に違いないという甘い思いこみに惑わされていた。

なぜ誰もがそうしたのだろうか。とどのつまり、大金を稼げたからだ。《ファースト・カンパニー》誌のダン・ヒースとチップ・ヒースもこう述べている。「儲かっているとき、昔の習性をなだめるのはいともたやすい。正当化したければ、頭がそれをやってくれる」[#10]。私利の追求は強欲へと変わり、野心は見境をなくした。システムの至るところでそれは起きた。シルヴァー・ステート・モーゲージのような貸し手は私利を追求し、ずっとリスクの大きい融資を行って証券として売れるように基準を下げた。どの企業も経営者も自分の損得ばかりを考え、広範なリスクを顧みずに私利を追求した。まるでいっせいに何かの競争さながらに山にのぼって頂上をめざし、登頂のためなら互いに踏みつけるのもいとわないかのようだった。そして山が鳴動し、雪崩がはじまった。誰もが住宅価格の急落とローンの焦げつきと抵当流れという金融の地滑りに呑みこまれ、転げ落ちた。

ＭＢＡの誓いの第三条は、事業やそれが尽くす人々を犠牲にしてまでみずからの偏狭な野心を満足させようとはしないと約束する。企業を犠牲にして栄達しようとするのは腐敗以外の何物でもない。アクトン卿は「権力は腐敗するものであり、絶対権力は絶対的に腐敗する」という有名な言葉を述べた。シンクタンクのオックスフォード・アナリティカの会長であるデイヴィッド・

ヤングは、これを補足している。「重要なのは、腐敗という言葉が不正な取引以上のものを意味していると理解することだ。むしろアクトンが言いたかったのは、権力を行使する者は道に迷い、自分の位置を見失うということだと――正気ならけっして認めたり受け入れたりしない形でふるまうということだと――私は思う」[#11]。ヤングの見解は野心についてのわれわれの理解に一致する――野心は分別を奪う。われわれはその例をしょっちゅう目にしている。

電機大手のタイコのＣＥＯだったデニス・コズロウスキは、会社の資産を生活費や誕生パーティーの費用に流用した。ケーブルテレビ大手のアデルフィアでは、創業家のリガス一族が自分たちの借金や担保のために会社を私物化した。ニューヨーク証券取引所会長のリチャード・ガッソは、上場企業から一億五〇〇〇万ドルの退職金を受けとって、規制に手心を加えたと疑われた。投資銀行ソロモン・スミス・バーニーの株式アナリスト、ジャック・グラブマンは上司に頼まれてＡＴ＆Ｔの評価を変えた。ＡＴ＆Ｔはこの投資銀行の親会社であるシティグループの顧客候補でもあった。それと引き替えに、シティグループは、グラブマンが娘を入学させようとしていた幼稚園に一〇〇万ドルを寄付した。グラブマンはのちに二〇万ドルの罰金を科され、証券業界から追放された。

野心が人々や企業から分別を奪う例はいくらでもある。どの場合でも、その人物はヒマラヤのボーエン・マッコイやプリンストンの神学生のようになる。わが身のことのみを考えたときの二次的な結果に気づかない。自分の行動の影響を忘れる。これが野心につきまとう問題だ。野心は経済的な意味で人を急性健忘症にする。行動の原動力となる目標以外は忘れさせてしまう。では、野心をどう扱えばいいのだろうか。

野心の理想

誠意を持って事業を経営すると誓うことは、事業とそれが尽くす人々の双方のために、ビジネスを実直、慎重に行うことを意味する。野心を追求してもかまわないが、野心よりも重要な誓約がある。利己心と強欲の間には一線を引かなければならない。強欲は悪に対する欲望ではない。善に対するあまりにも強すぎる過剰な欲望も強欲である。際限のない強欲は他人を排撃し、犠牲にしてまで目標を追う。つまり、強欲の影響は本人だけにとどまらない――他人をも傷つける。

われわれは資本主義における利己心の役割についての二つの誤解を避けなければならない。この二つは相反するが、同じくらいありがちな誤解だ。すなわち、私利はけっして追求すべきではないという誤解と、強欲には善の面もあるという誤解である。著者たちは緊張関係にある二つの信念を持っている。第一に、私利の追求は資本主義経済のエンジンに不可欠だと考える。第二に、私利の追求は重要だが、際限のない利己心は際限のない害をもたらすと考える。この二つの真実は緊張関係にあるが、問題はそこではない。緊張関係を無視し、一方を認めずに他方を選ぶとき、問題が生じる。

強欲を完全に排除しようとしても徒労に終わる。ＭＢＡの誓いについての記事で、南アフリカの新聞はこんなふうに表現している。「強欲が善だというわけではない。強欲は強欲以外の何物でもない」[12]。アメリカの統治システムの最も大きな強みは、おそらく人間の本性を現実に即してとらえていることだろう。建国者たちは青臭い理想主義者ではなかった。人間の利己的な本性を知っていたからこそ、抑制と均衡のシステムを作った。その一方で、他の美徳が国のリーダーたちの武器となり、強欲の影響を相殺してくれると考えた。これはＭＢＡの誓いの第三条の原点になっている。強欲を排除することはできないが、それに歯止めをかけることはできるし、また歯止めをかけなければならない。

強欲や野心に歯止めをかける第一歩となるのは、現在の報酬システムに組みこまれているインセンティブを見なおすことだ。経営者と株主の利益を一致させるために、多くの現代企業は四半期の株価と経営者の報酬を――中間管理職の報酬までも――連動させている。しかしこれは、さっさと自分の実入りを増やしたいという目先にとらわれた考え方を助長しやすい。株主は、会社の長期的な安定を犠牲にして株価を急騰させようとする経営者に気をつけるべきだ。ストックオプションを経営者のインセンティブにするシステムはゆがめられ、無謀な賭けを生んでいる。コインを投げて表が出れば勝ち、裏が出れば負ける。経営者が強欲になりたいのなら、長期的に強欲になるべきであり、会社の将来を賭けて賽を投げさせるような誤った報酬システムを設けてはならない。

組織改革は長い時間を要するものだし、古くからの問題と同じくらいの新たな問題を生む場合がある。経営者はこれに取り組みつつ、試練のときに意志決定のよすがとなる指針を定めなければならない。ボーエン・マッコイは行動指針を欠き、安否不明のサドゥにいまも苦しめられている。「問題の一つは、われわれがグループとして、合意に至る手段を持っていなかったことだ」とマッコイは記している。「われわれには目的意識も、計画性もなかった。サドゥをどうするかという問題にはさまざまな困難があり、一人では対応できなかった。妥当な解決をもたらす行動基準を前もって決めておかなかったために、われわれは個人の本能のままに反応した」[#13]。ＭＢＡの誓いは、経営者としての義務を自覚させ、この本能を補うことが目的である。

経営者が他の利害関係者に過度の損失を与えてまで株主の利益を優先すべきでないことはすでに論じた。誓いの第三条を要約すれば、経営者は株主に損失を与えてまでおのれの野心を優先すべきではない。経営者には株主の利益を生む義務があり、賢明な利己心は経営者の野心と株主の野心を一致させることができるが、経営者は利己心を強欲に変えないと誓約しなければならない。

野心への対抗手段は誠意であり、業務を委託された受託者として、事業やそれが尽くす人々のために行動することだ。模範会社法にもこう記されている。「企業の役員は誠意を持って役員の義務を果たすべきであり、思慮深い一般の人々が同様の立場と条件で払うだけの注意を払うべきである。合理的に考えてその企業に最善となるよう配慮しなければならない」[#14]。誠意を持って行動するなら、「勝手な取引」を行ってはならない。たとえば、電器店がピーターに平均よりもかなり高い額でノートパソコンを一台売ったとしても、ピーターは契約を破棄したり損害賠償を求めたりすることはできない。もっと適正な価格を見つけるのはピーターの責任だからだ。しかし、企業の役員が六〇台のノートパソコンをそれほどの高額で会社に購入させたら、それは受託者としての一線を越えている。役員には公正である義務が課される。受託者の義務は、そのような勝手な取引を禁じている。著名なベンジャミン・カードーゾ判事がマインハード対ソロモン裁判で述べた法廷意見は、このような受託者の義務という考え方を要約している。「共同事業を行う者は互いに対して責任があり、事業が続く間、最大限の忠実義務を負う。日常業務の世界で手の届くところで働いている者になら許される行為の多くは、忠実義務を課されている者には許されない。受託者は市場のモラルよりも厳しいものに縛られる。それゆえ正直さだけでなく、最も繊細な者をも尊重する細やかさこそが、行動基準となる」[#15]。経営者には野心よりも高尚な義務があり、それはこの尊重である。

われわれは油断せず、自分たちの人生にサドゥが現れたときには気づかなければならない。サドゥは重病を患った従業員のときもあれば、家で孤独に待つ配偶者のときもあれば、期日が来ても請求額を払えない顧客のときもあれば、投資に見合うリターンを期待する株主のときもある。みずからの野心に取り憑かれて山をのぼったら、誰かを置き去りにして死なせるかもしれない。たとえ登頂できたとしても、「自分は成功のために何を代償にしたのか」という問いにずっと悩まされるだろう。プロフェッショナルとして、ＭＢＡは山の掟を忘れてはならない。一人が頂上にのぼるよりも、全員が無事に下山するほうが大事なのだ。

5 法律さえ守っていればいいのか

私は自分の行動と事業の運営を左右する法律と契約を、その字義においても精神においても、理解して守る。不公平な法律や時代遅れの法律、無用の法律があっても、それを平然と破ったり無視したり否定したりしない。改善のために良識ある妥当な手段を探す。

——ＭＢＡの誓い、第四条

ＭＢＡの誓いを通して、私は仲間とともに立ちあがり、自分の態度や行動に高い基準を定める約束に加わって、社会のより大きな善のために働くのを楽しみにしている。「多くを与えられた者はみな、多くを求められる」ということを肝に銘じなければならない。

——ティール・カーロック
（ハーバード・ビジネス・スクール二〇〇九年卒業生、署名番号八）

オハイオ州のあるガソリンスタンド店主は、閉店に追いやられるかもしれないと心配している。新しく成立した州法が、ガソリンスタンドはガソリンに一〇パーセント以上のエタノールを混ぜなくてはならないと定めているからだ。何十年も使っている貯蔵タンクをエタノール混合ガソリン用の二系統の新しいタンクに取り替えるためには二〇万ドルかかるが、そんな金のあてはない。法にしたがえば金銭的な負担で生計を立てられなくなるかもしれない。

著者たちの同期生で親しい友人の一人は、ブルームバーグやトムソンに似た業界情報を提供する独立系データ配信会社との契約交渉に、膨大な時間を費やしていた。それはビジネス・スクールを出てからはじめての仕事で、友人は手柄をあげたがっていた――自分が仕事ができるのを証明したかったのだ。契約額は高額で、友人は一〇人の部署を代表してこみ入った条件を交渉した。契約が成立したあと、別の部署出身の上級副社長が現れ、業界情報へのアクセスを求めた。問題は、この副社長にアクセス権を与えるのはデータ配信会社との合意に反していることだった。身内を敵にまわし、新しい職場での自分の評価を犠牲にしてまで契約条件を守るのかという難題を友人は突きつけられた。

ＭＢＡの誓いの第四条は、自分を拘束する法律や契約を、その字義においても精神においても、尊重して遵守するというものだ。これにはどんな意味があるのだろうか。かいつまんで言えば、成文化された法律を行動の指針となる最低限の義務として扱うということである。法律さえ守れば成文化されていない行動をしてもかまわないと考えるのではなく、法律を行動の最低限のハードルと見なさなくてはならない。本章はビジネスの障害としての法律とビジネスの促進剤としての法律を考え、法律の字義と精神を守るべき理由を論じる。

ビジネスの障害としての法律

法律や規制が効率的なビジネス活動の障害になると考える人は多い。こういう人は法律を抑圧と強制の道具ととらえ、それがひいては生産性を落とし、利益を減らすと思っている。先ほどあげたオハイオ州のガソリンスタンド店主を考えてみよう。アメリカの原油輸入依存度を減らすことを目的とした規制は意図せざる結果を生み、それが店主の嘆きの種になっている。要するに、売上を保ちたければ店主は大きな初期費用を負担しなければならない。

同じ嘆きは、金融、製薬、製造など、経済のほぼ全部門で耳にはいってくる。政府による法律や規制は必需品を市場に提供するのに必要なコストをわざわざ押しあげ、意志決定を滞らせ、資源の利用を制限している。こういう規制は、これが自分の存在理由だとばかりに過剰な規制をむやみに追求する肥大した官僚機構によって作り出されていると、多くの人が主張する。企業はよけいな書類仕事をかかえ、法令遵守の担当役員を雇い、規制の理解のために弁護士に金を払い、延々と続く行列に並び、数え切れないほど電話をかけ、さまざまな種類の許可を求め、法令遵守などの審査会に行く。これらはみなビジネスのコストを増大させる。

サーベンス・オクスリー法は度を超した規制の好例だと言えるかもしれない。この法律は、エンロンやワールドコムに破綻をもたらしたようなスキャンダルを防ぐために定められた。二〇〇八年に証券取引委員会が上場企業の役員に対して調査を行ったところ、法令遵守の直接費用だけで一社平均二三〇万ドルもかかっているのが明らかになった。多くの小企業にしてみればこれは仰天するほどの巨額であり、規制方針の効果を費用がうわまわった恐れのある例になっている。

イノベーションについてはどうだろうか。多くの起業家は、規制や法律はビジネスという機械に投げこまれたレンチだと思っている。規制は創造力やイノベーションを抑圧すると起業家は言う。新しいテクノロジーも妨害される。他の国でなら手にはいる治療薬も、アメリカでは食品医薬品局の規制のために入手できない。規制に反対するロビー団体は、行きすぎた規制は現実に生命を奪いかねないし、人々が生活の質を高めようとしてもそれを妨げると主張している。

規制反対の意見を表明することが誰よりも多いのは、個人の自由を社会の根本的なモラルの原則として重んじる人々である。この考えでは、政府の最も重要な義務は個人の自由や選択といった概念を極力守ると保証することになる。そこでは、生活や選択や財産の使い方について、政府は個人に干渉してはならない。特別な利益というものは多々あり、政府の規制機関がルールの適用範囲を広げて権限を強めれば、それは「共通善」のために規制機関が減らしているとされるいかなる脅威よりも危険になる。

ビジネスの促進剤としての法律

これとは逆に、法律はビジネスを妨害しているのではなく促進しているとする見方もある。法律はビジネスの需要を増やし、広く社会に繁栄と幸福をもたらす。そもそもビジネスが成立するのは法律のおかげである。企業などのビジネス主体は、立法府を通じて人々が合意することによって存立する。法律は商取引に確実性と安定性を与える。法律がなければ、契約は拘束力や強制力を持たない。法律は信頼を生み、信頼関係の構築をうながす。

ビジネスマンは、よくできたビジネス法がもたらす信頼性と確実性の恩恵に、目に見える形であずかっている。すでに論じたように、充実したビジネス法が施行されている社会では、取引のコストを抑えられる。仮に債務不履行があっても償還請求権は保証されていると借り手が安心できれば、資金調達のコストは激減する。ある国の法律や制度の力は、その国の経済力をはかるのに大いに役立つ。起業の許認可を得るのにかかる日数をアメリカと他国で比べてみよう。アメリカでは五日だが、パラグアイでは七四日、ラオスでは一九八日かかる。[#1] 起業はただでさえむずかしいのに、事業の開始に一年の三分の二も待たなければならなかったら、なおさらずっとむずかしくなる。そのうえ、財産権が認められず、守られていない社会はたくさんある。一部の国の政府は成功している企業の収益や資産を没収し、勤労や起業の意欲を大きく殺いでいる。

法律強制のメカニズムは、信頼関係や契約が損なわれたときの結果に備えている。法律は期待を守るのに役立ち、そこには利益や機会を得る期待も含まれる。商取引への法律の「干渉」に不満を言う人はいるが、法律がなければ商取引がほぼ不可能であるのは、まぎれもない事実である。

法律が商品やサービスの生産に基準を課し、最低限の条件を定めていれば、それはビジネスの利益になり、損失を減らすことができる。たとえば、ハイウェイなり鉄道なりを利用した運送貨物や運送方法に関する基準を国が定めていれば、どの州からどの州へ運ばれるのか、その地方独特の習慣や利益構造があるのかといったことを気にせずに、共通の基準にしたがって貨物が扱われるはずだと安心できる。

ある州を本拠とする会社が、別の州に進出したとする。そして商取引にともなう債務を免れようとして、わが社の本拠はここにないからこの州の裁判権は及ばないと言い張ったとしよう。こういうときも、法律のおかげで正義の実現を求めることができる。これはビジネスの可能性と利益を守り、長期的には多額の金を節減できる。わずらわしく思えるときもあるが、証券取引委員会の定める情報公開制度のおかげで、「これは儲かるぞ」という同僚の言葉を鵜呑みにするよりもずっとしっかり投資を理解できる。こうした取引規制は投資家を保護し、経済全体の健全さを促進する。

「政府の規制についての最も包括的な費用対効果研究」と評価されている資料で、ジョージ・W・ブッシュ政権時代の行政管理予算局［OMB］は、規制のほとんどは環境や公衆衛生に大きな好影響を与えていると結論づけた。[#2]「環境庁による娯楽用途やノンロード用途での排気ガス規制を守るために年間一億九二〇〇万ドルの費用がかかったが、運転コストがさがったために運転者はその倍以上を——年間四億一〇〇〇万ドルを——節減できた。それに加え、健康や環境保護ではずっと大きな額を節減でき、本年の大気環境への効果は九億ドルから七八億八〇〇〇万ドルに達すると試算されている。そしてこれには、きれいな空気による乳幼児死亡率の低下といった

ＯＭＢが認識していながら定量化できない効果は含まれていない」[#3]

このテーマについて執筆している評論家のジョン・マーティは、さらにこう述べる。「大気汚染防止のために新たな厳しい規制を設けたことによる過去一〇年間の健康や社会への経済効果は、規制にしたがったために生じた費用の五倍から七倍に達する。大気環境の改善によって入院、救急救命室への搬送、早世、労働損失が減少したことの価値は、一九九二年一〇月から二〇〇二年九月にかけ、一二〇〇億ドルから一九三〇億ドルに及ぶと試算された。これに対し、産業界、州政府、地方自治体が新しい大気汚染防止基準を守るために行った工場や施設などの改修費用は、二三〇億ドルから二六〇億ドルだと見積もられた」[#4]。問題は、こうした規制の効果は万人が享受できるのに、費用は特定の会社が負うことだ。そのため、個々の企業にとっては、よき法律にしたがう費用がなおも効果をしのぐ場合がある。

法律の精神

どちらの考え方が正しいのだろうか。法律はビジネスの障害なのか、促進剤なのか。著者たちは中庸をとる――法律はビジネスの障害にも促進剤にもなりうる。一方で法律は財産を守り、契約を履行させ、信頼の文化を生む。他方で法律は不信と訴訟の文化を生み、規制はモラルハザードをもたらしかねない。ＭＢＡの誓いは正当な法律と契約を守り、不当な法律と契約は改善に努めつつ、いかなる場合もそれらを尊重すると約束する。誓いは、ビジネス・リーダーが共同体全体への責任を考える機会となり、共通善に配慮し、そうした目的をかなえるために法律の命じるところを必要に応じて押し進め、守ることを意図している。

近ごろロー・スクールを出たばかりのある人物は、ＭＢＡの誓いに法律を守るという約束があることに困惑した。法律によって罰せられる恐怖だけで充分であり、法律を守る誓いは無意味だというのがその言い分だった。罰だけが法律を守る理由として示されるとき、法制度はシステムを欺いて利益を得るのが目的の、よくあるゲームの一つになりさがる。こういうシステムのもとでは、法律を守る利点は罰を受けずにすむことだけになる。だから、捕まらずに法律を破る方法や「少し曲げる」方法を誰かが見つけたら、ゲーム理論の信奉者は悪くすればモラル上の問題はないと考えるし、よくても「勝利」だと考えるだろう。法律はそれ自体で価値があるのではなく、他のビジネス上の障害と同じように乗り越えるべき邪魔者としてしか見なされない。

企業の不正行為に「法律至上主義」の一点張りで対応しようとするときの問題はもう一つあり、それはビジネス上の決断で倫理にかなった行動をするためには法律さえ守ればいいと見なされてしまうことだ。国務長官を務めたジェームズ・ベイカーはかつてこう語った。「複雑な規制は、法律を尊重して守るだけで充分だと暗に示してしまうために、倫理の手抜きを助長するときがある。これは過度な規制が生むモラルハザードだと言えるかもしれない」[#5]。このようにして規制は、許容される行動の「これだけは守らなければならない」基準を決めるものであるのに、市場関係者からは「これさえ守ればいい」基準と見なされる。

倫理にかなったビジネス行動をするために「これさえ守ればいい」ものとして、法律を考えるべきではない。むしろ、法律による規制の多くは「これだけは守らなければならない」基準として想定されている。たとえば、国による自動車の安全基準では、自動車や部品の「必要最低限の安全性」という言葉を使って規制が明記されている。消費者および患者の放射線に関する安全衛生法は、医科や歯科の分野で放射線を取り扱う人の州による許認可や免許制度について、保健社会福祉省長官が「最低限の」基準を作るよう定めている。

基準を作るのは公衆衛生上重要だが、国や州による規制の多くは「これだけは守らなければならない」基準しか示していない。それなのにビジネスマンは、プロフェッショナルとしての義務を果たすために「これさえ守ればいい」基準としてそれらを考えがちだ。法律は、製品を作ったり宣伝したりしている個人や企業に、注意の「合理的な基準」が課されるのは妥当だとしている。この「合理的な基準」は最終的には陪審員が決めるのだが、陪審員が判断する注意の「合理的な」基準は州や国の当局が定めた「最低限の」基準とどの事業でも一致するとはかぎらないので、企業は甘い思いこみに用心しなければならない。いっそう厳しい基準のほうが合理的であり、守るべき基準だと陪審員が考え、厳格な基準を課してもおかしくない。

世界規模の金融危機が引き起こした被害を受け、多くの人々が「法律があってしかるべきだ」とか「どうしてあれが違法行為でなかったのか」とかの怒りの声をあげた。槍玉にあがった行為が違法な例はあったが、合法の例もあった——たとえば、借り手が知識に欠けていても融資することだ。しかし、人々の抗議は、議会や規制当局が今後のこうした行為を防ぐための法律や規制を検討すべきだとうながしている。地質学の用語を借りれば、ウォール・ストリートのプレートとメイン・ストリートのプレートが衝突している。新たな規制を――信用度の低い借り手への融資や最低限の預金がなければ融資の審査を通さないという制限を――設けるべきなのだろうか。これだけの危機が起きた以上、この問いへの答はすでにあらかた決まっている。新たな法律が作られる可能性は高い。重要なのは、うやむやにできる以上の義務をビジネスマンが考慮に入れなかったために――つまり法律の精神を考えなかったために――新たな規制に苦しめられ、サーベンス・オクスリー法並みの負担を強いられかねないということだ。

薬とハイブリッド車

世界最高のエイズ治療薬を世界で最も貧しい人々に市価の六分の一以下で届ける機会がめぐってきたら、あなたはどうするだろうか。ノーベル平和賞をもらうチャンスだと思うかもしれない。しかし、薬を売ったら他の製薬企業の特許権を侵害することになり、母国が世界貿易機関［WTO］から追放されかねない場合はどうするだろうか。このケースでは、どうすれば法律の字義と精神を守れるのだろうか。

二〇〇三年、シプラはインドで三番手の製薬会社だった。他社が特許を取得した高価な医薬品に対してリバース・エンジニアリングを行い、低価格で販売することによって、大きな利益を得ていた（一人あたりの年間収入が三五〇ドルしかない国には必須の戦略だ）〔リバース・エンジニアリングとは、他社の製品を分解、解析して、そこで使われている技術などを吸収することを指す〕。当時のインドの特許法は、製法は保護しても製品そのものは保護していなかった。そのため、シプラのリバース・エンジニアリング戦略は社会の法的許容範囲に充分おさまるものであった。マハトマ・ガンディーでさえ、この企業を支持していた。

しかし、ＷＴＯは、世界各国で開発された医薬品などの製品に対して、二五年間の特許権を認めて侵害しないようインドに求めた。シプラのビジネス・モデルは国の法的基準や社会の規範にはかなっていたが、国際協定には反していた。シプラのビジネス・モデルは苦境に立たされた。

シプラのＣＥＯであるユスフ・ハミード博士は、会社を熱心に擁護した。ハミードはジレンマをこんなふうに表現した。「多国籍企業が原価二〇〇ドルのエイズ治療薬に一万二〇〇〇ドルから一万五〇〇〇ドルの売値をつけるのは大きな誤りだと思う。今日、アフリカ全土で治療を受けている人は三万人にすぎない。手ごろな価格で薬が手にはいらないために日々九〇〇〇人が命を落としている……腹に一物があると私は非難されている。もちろん、腹に一物はある。死ぬ前に何かよいことをしておきたいと思っているだけだ[#6]」

他の製薬企業はシプラの行動をそれほど利他的だとは思わなかった。巨大製薬企業であるグラクソ・スミスクラインのＣＥＯ、Ｊ・Ｐ・ガルニエは、シプラについてこう言った。「連中は海賊だ。それが本質だ……生涯で一日たりとも研究を行っていない[#7]」。ガルニエの批判に根拠がないわけではない。ガルニエや他の製薬企業関係者は、ハミードやシプラのほうがモラルの面ですぐれているとは認めなかった。新薬を開発しているのは世界でもひと握りの国だけだが、それは厳格な特許法によって開発を保護、奨励しているのがひと握りの国だけだからである。製薬ビジネスが世界で最も利益の大きい事業に数えられる理由は、特許で新薬が保護されているからだ。そのため特許は、新しい医薬品や医療を開発する強力な金銭的動機になる。研究と開発には数十億ドル単位の金がかかる。製薬企業にそれほどのリスクを引き受けさせるには、見返りを保証しなければならない。見返りは、特許の法的基準に基づいてしばらくの間市場を独占させることにより、金が流れ込むのを保護するという形をとる。

シプラのケースは、法律の精神が――人々の命を救うことが――ビジネスの利益を保護する一般的な特許法の字義よりも重要だという例になっているのだろうか。著者たちはそうほのめかしているわけではないし、軽々しくそうした発言をするのは無責任だろう。だがこのケースは、法律が経営の明確な基準にはならないときもあるという考え方をよく物語っている。ここで役立つのがＭＢＡの誓いであり、それは法律の重要性や法律の精神、あるいは持続可能な繁栄といったその他の要素を勘案する。人道的な観点から企業がみずからの行動を擁護しても、長期的に見ればそれは代償をともなう。新たな疾病に用いる新薬の開発意欲をその分だけ弱めるし、治療法の開発に時間と労力を費やした国は、そうした人道的な努力にかかわっていない国のために負担を強いられる。

別のケースを考えてみよう。もし、前提となっている問題がエイズ治療薬のリバース・エンジニアリングではなく、バイアグラのリバース・エンジニアリングだったらどうだろうか。このケースは「人間的な」関心なら呼ぶかもしれないが、「人道的な」関心に基づく反応を引き起こしはしない。クリーンエネルギーやハイブリッド車ならどうだろう。二〇一〇年はじめのプリウスのリコールまで、トヨタのハイブリッド車は社会と環境と経済にバランスよく配慮した自動車業界の金字塔だった。二〇〇九年、《ウォール・ストリート・ジャーナル》紙は、トヨタが競争を妨げて市場の支配力を保つために、ハイブリッド技術のまわりに特許の壁をめぐらせていると報道した。トヨタのケースは、経済的、社会的、環境的価値を生み出すときにわれわれが直面する代償の実例になっている。トヨタに特許権を認めるのは、路上にハイブリッド車を増やすという社会的価値を損なうかもしれないが、創意工夫にトヨタが金銭的な報酬を求めるのも筋が通っている。世界が重んじる社会的規範と法律のバランスをどこでとればいいのだろうか。法律の目的は長期的な視点に立って技術革新や発見をうながし、後押しすることにあるのか。それとも眼前にある健康や環境への深まる懸念に取り組むことにあるのか。ある経済学者はこの問題を次のように表現している。一方で「知的財産の保護は市場の支配力を維持させ、それゆえ社会的価値を破壊する」。他方で「技術革新は社会的価値を生み出すが、発明者にその価値の一部を得させないかぎり、価値を創出する意欲はほとんど湧かない」[#8]。

著者たちは、「社会的価値」をめぐる決断はたやすいとか、すべて解決できたとか言うつもりはない。著者たちの目的は、経営者がしたがうべきルールを定めることではなく、経営者にもっと熟慮したうえで決断させることにある。経済的価値と社会的価値の衝突はすでに起きている。経営者がこの衝突を慎重に考慮し、適切に計画を立てようとするときに、ＭＢＡの誓いが拠りどころになるよう願っている。経営者は必ずしも他方を犠牲にしてまで一方に肩入れしなくてもいいが、自分の行動が株主や同僚のみならず広く利害関係者たちに影響を与えるのだと必ず肝に銘じたうえで、決断をくださなければならない。

論旨を正確に伝えるために述べておくと、モラルや倫理やビジネスの大きな善がかかわっているときは、決まって統合や優先の過程が生じる。経営者は、次の四半期目標のような小さな善と、ビジネスの使命を果たしたり社会に貢献したりといった大きな善とのバランスをとらなければならない。

経営者に薦めたいのは、「優先順位」の見地から考え、大局観を持って決断に取り組むことだ。ハーバード・ケネディ・スクールでリーダーシップを教えるロナルド・ハイフェッツ教授は、リーダーは正しい全体像を得るために「バルコニーに立つ」必要があると述べている。まだ駆けだしか中堅の経営者で、砂が顔に吹きつける闘技場に立っているときは、これはむずかしい。それでもハイフェッツは「バルコニーに立て」と言う。それは長期の展望を得るためだ。一〇年後、今日の決断を振り返っているとき、自分はどこにいるだろうか。「優先順位」を間違えたら、結局ははるかにコストのかかる妥協をすることになるのでは？　マルチ商法と同じで、法律や内なるモラルの指針をゆがめた代償をいずれ払わされるかもしれない。バルコニーに立つとは、次の四半期目標などにとらわれず、株主や従業員だけでなく将来の世代に与える遺産まで考えることだ。

遺産は法律を尊重するときに確保される。それはつまり法律の枠内で働くということだが、正義や慈悲、規範となるモラルの義務の観点から、法律を正道に導くために勇気ある不断の努力を求められるようなときは、法律に異議を唱え、改善を求めなければならない。

6 透明性を高め、正直に伝える

私はみずからの行動に責任を持ち、事業の実績とリスクを正確かつ正直に伝える。
——MBAの誓い、第五条

企業の損益計算書は水着のビキニにたとえられるかもしれない——それがあらわにしているものは興味深いが、隠しているものこそが真に重要なのだ。
——バートン・マルキール

われわれは堅固な倫理に基づいてビジネスを行うことにより、社会のために価値を生み出せる。これが期待ではなく当たり前になるのが私の望みだ。そしてまさにそのとき、われわれの誓いは風変わりなものでなくありふれたものに感じられるだろう。
——ジミー・トラン
（ハーバード・ビジネス・スクール二〇〇九年卒業生、署名番号七）

その事件が起きたとき、ピーター・アンダーセンはビーチナットのCEOに就任してからまだ一年しか経っていなかった。ネスレ傘下の同社はベビーフードを製造していて、あのようなたくらみとは最も縁遠いはずだった。アンダーセンの最初の一年は上首尾だった。会社を建てなおすのが任務だったが、どこから見ても出だしは順調だった。アンダーセンには秘密兵器があった――アップルジュースである。製品、特にジュースの栄養価を強調するマーケティングが大きな後押しになった。一九八〇年代はじめ、消費者が栄養に詳しくなり、自然製品を好むようになってくると、ベビーフードでも栄養が大きく注目されはじめた。アンダーセンの指示のもと、乳児向けのジュースのボトルには「果汁一〇〇パーセント」や「砂糖無添加」のラベルが貼られた。この変更により、ジュースの売上は前年から七〇パーセントも伸び、業績を好転させた。事件の時点で、ビーチナットの総売上の三〇パーセントをアップルジュースが単独で担っていた。若きCEOは、会社の救世主になると考えられたこの製品がやがてみずからの破滅をもたらすとは、思いもしなかった。[#1]

一九八二年六月二八日、ピーター・アンダーセンがオフィスに歩み入ると、財務担当の副社長が厄介な知らせを伝えた。今朝がた私立探偵がビーチナットの工場の一つを訪れたという。その私立探偵は、加工リンゴ協会に雇われていると主張し、ビーチナットに原料を納入している業者がリンゴの濃縮果汁のかわりに砂糖水を使っていると工場の支配人に教えた。そして納入業者に対する集団訴訟に加わるよう求めた。

ユニヴァーサル・ジュース・カンパニーは、ビーチナットに果汁を納入している唯一最大の業者であり、それは五年前から続いていた。ユニヴァーサルは、イスラエルからリンゴを輸入し、ニューヨーク州クイーンズの工場で濃縮果汁にしていると伝えていた。原料を外国から仕入れているにもかかわらず、ユニヴァーサルの提示する価格は他のどんな業者よりも二〇パーセントから二五パーセントも安いままだった。ユニヴァーサルの果汁はビーチナットに大きく貢献した。前年の《ニューヨーク・タイムズ》紙のランキングでは、（ユニヴァーサルの濃縮果汁から作られた）ビーチナットのジュースが一位を勝ちとり、しかも一三のジュースのうち分析によって「果汁一〇〇パーセント」だと確認された唯一のジュースだった。

それでも、私立探偵の劇的な早朝訪問はアンダーセンの不安を誘った。数年前、ビーチナットはユニヴァーサルの濃縮果汁の品質に疑問を持ち、精製過程を視察させるために二人の従業員を派遣したことがあった。奇妙にも、精製用のタンクやポンプがあると思いきや、空の倉庫があっただけだった。そのためビーチナットは、果汁に混ぜ物がしてあったらユニヴァーサルが責任を負うという取り決めにサインをするようユニヴァーサルに迫った。一年後、ユニヴァーサルの濃縮果汁はただの砂糖水だという分析結果が出たが、ビーチナットはこの情報に基づいた行動を起こさなかった。再分析ではそのような問題が見つからなかったからだ。ビーチナットはユニヴァーサルとの取引を続け、調達コストの二〇パーセント減も維持された。

もしやむなく納入業者を変えたら、稼ぎ頭の利ざやが大きく減る。そうなれば会社は赤字に陥り、ネスレはこの部門を閉鎖するか売却するかの必要に迫られるかもしれない。アンダーセンの首がかかっていた。何が添加されているのか正確に突き止めなければ、果汁の純度をたしかめる決定的な方法はないと生産部長は言ったが、例の私立探偵はまだ食品医薬品局も採用していない決定的な方法で独自に分析したと告げた。ビーチナットは分析を行うべきなのか。ネスレにリスクを伝えるべきなのか。アンダーセンはどうしていいかわからず、私立探偵の訪問がキャリアで最も致命的な決断をもたらすとは知る由もなかった。

正直であることの大切さ

ＭＢＡの誓いの第五条は、おのれの行動に責任を持ち、事業の実績やリスクを正直に伝えるというものだ。責任とは、事態が悪化したときに他人を責めず、結果をみずから引き受けることを指す。だから、書類の数字が芳しくなくてもごまかさず、ありのままに説明する。

ＭＢＡの誓いが示す他の指針と同じように、第五条も当たり前すぎるように感じられ、ないがしろにされるかもしれない。だがこの簡潔な指針はきわめて重要であり、他の指針から独立した誓いにしてもいいくらいだ。もしつねに自分の行動に責任を持ち、約束を重んじ、正確かつ正直に話したら、人生や仕事ぶりがどうなるかを考えるだけでいい。ひびや裂け目や破片だらけの人生を送るかわりに、固い大地や岩盤を踏みしめて歩ける。流砂の上でなく、岩の上に人生を築ける。

経済学者のマイケル・ジェンセンは、約束を守るのはビジネスの成功の「根本的な」必要条件だとまで主張している。約束を重んじたときの利点は、軽んじたときのコストよりもはるかに大きい。「誠実さ」を意味する英語のintegrityは、「倫理にかなった行動」を意味するだけでなく、「完全、無傷、無欠の状態や特性」も意味する。行動に責任を持つのは誠実な行動の核心である。ジェンセンはこのintegrityに欠けた状態の物体を引き合いに出して説明している——車である。「車が完全、無傷、無欠でないとき（つまり部品が欠けていたり正しく働かなかったりするとき）、それは信頼も予測もできない乗り物になり、われわれの生活までそういう状態にする。運転中に故障し、交通渋滞を引き起こし、乗り手は約束の時間に遅れ、仕事ができず、パートナーやアソシエイトや会社を失望させる。要するに、integrityのない車は——万全でない車は——integrityのない人生を——誠実さに欠ける人生を——生み出す[#2]」。リチャード三世の死を描いた古い詩にもこうある。

釘を欠いたために蹄鉄を失い
蹄鉄を欠いたために軍馬を失い
軍馬を欠いたために騎士を失い
騎士を欠いたために勝利を失い
勝利を欠いたために王国を失った
すべては蹄鉄の釘一本を欠いたためであった

何かが一つ壊れるだけで、人生における他のすべても損なわれる。車にあてはまることは人々や組織にもあてはまるとジェンセンは主張する。約束や義務を重んじず、信頼できない人間は組織全体に混乱を引き起こす。組織の誠実さは人々にかかっており、人々の誠実さはおのおのが行動に責任を持つかどうかにかかっている。一人が約束を守れないだけで、ビジネス関係にひびがはいり、それは成功を呼ぶ円滑なビジネス運営を大きく妨げうる。

透明性と信頼は、個人だけでなく組織や社会全体にとってもきわめて重要である。投資家が数字を信用できなければ、企業の成長に必要な資金は提供されない。企業が約束を守れなかったり、守ろうとしなかったりすれば、経済の基盤であるビジネスのネットワークが壊れ、経済は悪化する。信頼は健全な経済に不可欠である。金融危機ののち、銀行は融資を求める個人や企業に警戒と不信の目を向けている。期日までに借金を返済する約束を企業が果たせなかったせいで、関係が損なわれたからだ。取引は停滞し、経済は崩壊に瀕した。信用危機は本質的には信頼の問題であり、人々が約束を破り、行動に責任を持とうとしなかったことがこの問題を引き起こしたのである。

もちろん、現実の世界でいかなる場合も約束を守りとおすのは不可能だし、そのために信頼が損なわれるときはある。しかしながら、ジェンセンの注目すべき指摘にあるとおり、約束を守ることができなくても、約束を重んじることはできる。約束を重んじる方法の一つは、ひとたび約束したらそれを守ることである。もう一つは、約束を守れそうにないと判断したら、影響が及ぶ全員にその事実を明言し、影響の責任を負うことだ。こうすれば、「約束を完全、無欠の状態に保てる」[#3]から誠実でいられるとジェンセンは説明する。

サービス業界に対する最近の調査によれば、記憶に残る満足な対応の二三・三パーセントが、中心となるサービスを提供されなかったことへの苦情にともなうものであるという[#4]。消費者が満足した体験のほぼ四分の一が、企業がサービスを提供しそこねたときに起きているのである。消費者はその企業の誠実さや、落ち度を説明、補償しようとする態度に満足したのだろう。「落ち度をお詫びします」と言うだけで、破られた約束を修復できる場合がある。著者たちも身をもってこれを体験した。

数年前、マックスは新しい携帯電話会社に切り換えた。ある日、メールがうまく機能しなくなった。受信はできるのだが、送信できない。マックスは怒ってカスタマーサービスに電話をかけた。状況を伝えられた担当者はこう言った。「ご不満はごもっともです。自分もお客様の立場でしたら、きっと失望いたします。何をしようというときでもメールは大切ですから。落ち度をお詫びするとともに、電話を修理させていただき、ご不便をおかけした分については、返金処理をさせていただきます」。電話をかけたときのマックスは怒鳴りつける気構えでいたのだが、担当者の応答が拍子抜けするほど正直で責任を認めたため、不満は解消された。この携帯電話会社は手落ちを率直に認め、状況改善の責任を負った。会社に対するマックスの信頼はすぐにとり戻された。

ピーター・アンダーセンはみずからの行動の責任をみずから負う重要性を理解していなかった。私立探偵の訪問から数日後、アンダーセンは探偵の告発を無視することにした。かわりに、年度末の損益報告を改善するための日常業務に注力し、内部調査は行わなかったが、それは間違いだった。

ひと月ほどのち、食品医薬品局の調査官が抜き打ちでビーチナットの工場を訪れ、詳しい分析のためにアップルジュースのサンプルを集めた。それから数日後、ニューヨーク州農業市場局が、小売店で購入したビーチナットのアップルジュースのサンプルを分析したところ、混ぜ物をしてあるのが明らかになったと伝えてきた。

問題が噴出するこの状況で、あなたがCEOだったらどうするだろうか。製造を中止する？　商品を回収する？　何も手を打たない？　アンダーセンは分析は確定的ではないと言い立てて保身に務めた。ビーチナットの濃縮果汁は輸入品であると主張し、イスラエル産のリンゴに異なった化学成分が含まれている可能性を指摘した。

ニューヨーク州はビーチナットのジュースの在庫を差し押さえると警告した。ジュースを没収されたら、一ケースにつき五ドルの損失が出る。アンダーセンはそのような結果を受け入れようとせず、州外への在庫の輸送を検討した。ニューヨーク州の外に出してしまえば、州当局の差し押さえの権限は及ばない。会社の顧問弁護士に相談したところ、法的には問題がないとの答が返ってきた。そこでアンダーセンは、三万ケースのアップルジュースを州外に輸送し、ニュージャージー州セコーカスの倉庫に運び入れた。

アンダーセンの行動は結末を遅らせたかもしれないが、避けることはできなかった。アンダーセンはニュージャージー州に一八輪トレーラーを向かわせはしたものの（カーラジオはスプリングスティーンの〈ボーン・トゥ・ラン〉をがなり立てていたのだろうか）、食品医薬品局までもが在庫の差し押さえを検討していると知った〔この曲名は「逃げるために生まれた」の意にもとれる〕。食品医薬品局も、アップルジュースのサンプルに混ぜ物がしてあるとの結論に至っていた。

さあ、あなたがＣＥＯだったらどうする？ 製品を引き渡す？ 不安な親たちに対して公に謝罪する？ アンダーセンはまたしても結果を避ける道に進み、ふたたび在庫を移動させた。今度は三分の一を安値で売り払い、残りの二万ケースを（食品医薬品局の権限が及ばない）プエルトリコとドミニカ共和国の卸売業者に最大五〇パーセント引きで売った。

アンダーセンがみずからの行動に責任を持とうとしなかったために、本人と会社は製品に混ぜ物をして不当表示を行ったとして起訴された。裁判のはじまる三日前、ビーチナットは混ぜ物にかかわる二一五の重罪を認めた。同社には当時の最高額となる二〇〇万ドルの罰金が科された。また、集団訴訟を起こされて七五〇万ドルを支払った。アンダーセン自身は五年間の保護観察に付され、みずからも巨額の罰金を科された。

ビジネスにおけるはったり——責任の減少

企業の幹部が真実から目を背け、個人としても会社としても結末を避けようとしたのは、ビーチナットのケースが最初ではないし、最後でもない。一九三〇年代末に発覚したマッケソン・アンド・ロビンスのスキャンダルでは、架空計上された在庫が融資の担保に使われた。一九六〇年代には、テキサス州出身のビリー・ソル・エステスが、リース中の肥料タンクの数を偽り、水増しした資産を担保にして融資を受けた。アンソニー・ティノ・デ・アンジェリスは、アメリカン・エキスプレスをだまして「サラダ油」のタンクを融資の担保にした。むろん、油は水よりも密度が低いが、ティノが融資を得るために二〇フィートの水のうえに六インチの油の層を浮かべただけだと知っていたのは、本人のみだった。[#5]

こうした欺瞞は珍しくない。不思議なのは、このような詐術や虚偽を隠しとおせると思っている人がいることだ。ピーター・アンダーセンほどの知性もあって成功をおさめた人物が、なぜあのようなたくらみを隠蔽できると思ったのだろうか。ビジネスマンは交渉や取引での「はったり」のゲームに慣れきっているので、はったりがビジネスの習慣や基本になってしまっているのだろうか——たとえ相手が州や国の当局でも。

著者たちの友人に、テレビ番組製作会社で働いていて、ケーブルテレビや衛星テレビの会社に自社の番組を放送するよう交渉するのが仕事の人物がいる。この友人に言わせると、交渉が成立するかどうかは巧みなはったりしだいらしい。「どこまでなら同意できるかを包み隠さず伝えたら、交渉の場で食い物にされる」そうだ。「交渉になっても、部屋にはいったとたん同意できる線を先方に教えるようなことはしないし、先方だって教えない。それがこのゲームのやり方だ」。友人が「ゲーム」という言葉を使ったのは印象的だったし、的を射ていた。ビジネスの交渉のほとんどはたしかにゲームのように行われるし、プレイヤーはみな手のうちをあまりに早く明かすのは賢明ではないと知っている。

一九六八年、アルバート・Z・カーは「ビジネスにおけるはったりは倫理に反しているのか？」と題した有名な論文を書いた。ビジネスマンはビジネスをゲーム、わけてもポーカーのように考えるべきだとカーは主張した。「ポーカーでは、いい手を持っているプレイヤーにはったりをかけてゲームからおりさせるのは正当かつ当然の行為である。たかだかエース一枚しか手のないプレイヤーが、自分より手がいいプレイヤーからチップを巻きあげても、勝ったプレイヤーはせいぜいほんの少し同情するくらいだ。自分の身は自分で守らなければならない。ポーカーの名手だったハリー・トルーマン元大統領の言葉を借りれば、『熱さに耐えられないのならキッチンから出て行け』となる」[#6]。カーに言わせるなら、ポーカーのルールと人間の他の行動を左右するルールが違うからといって、ポーカーを蔑視する人はいない。同じように、ビジネスの善悪の基準が一般社会の基準と違っているからといって、ビジネスのゲームを蔑視するべきではない。ビジネスのゲームでは、はったりは容認されるし、織りこみずみですらあり、だから使っても差しつかえない。イギリスの政治家ヘンリー・テイラーは、真実が話されるはずはないと当事者全員が理解していれば、偽りは偽りでなくなると述べた。ゲームのルールで認められている機会を利用して何が悪い？

ポーカーははったりを認めているが、倫理に基づいたルールがないわけではない。「エースを袖口に隠したり、カードに印を付けたりするような人間は、倫理に反しているどころではない」とカーも述べている。「そういう人間は詐欺師であり、相応の罰を受ける——ゲームからほうり出されるか、開拓時代の西部なら銃弾を撃ちこまれる」[#7]。同じように、ビジネスにおけるはったりにも限度がある。交渉の席で腹案の数字を先方に伝える必要はないが、だまして契約を結ばせようとして製品やサービスの質で嘘をつくようなこともすべきではない。微妙な違いに思えるかもしれないが、違いは違いである。多くの人はこれを理解せず、はったりが許されるのなら真実を偽っても許される方法が他にもあるはずだと思い込む。ピーター・アンダーセンはまさにそういう状態に陥ったと言えるかもしれない。はったりと嘘を分かつ線があいまいになり、どこまでがはったりでどこからが嘘なのかを見失ったのである。

アンダーセンが失敗したもう一つの理由は、失敗そのものに対する恐怖だった。人は失敗を恐れるほどに、失敗を避けるために妥協も辞さなくなる。マイケル・ジェンセンは、この問題の理解に役立つ枠組みを提示している。それは「誠実さと業績のパラドックス」で、業績にばかりずっとこだわっている人々や組織は、しばしば業績向上の名のもとに誠実さを犠牲にする。だがそれによって、結局は業績を悪化させる。ビーチナットははったりをかけたせいでそういう事態に陥った。正直さをさしあたって犠牲にするのは利益になるように思えるが（でなければ誰がそうする？）、たいていそういう決断はめぐりめぐって決断の当事者を苦しめる。その典型例がエンロンだ。

かつてのエンロンはアメリカで七番目に大きな会社であり、二〇〇一年はじめの時価総額は六二五億ドルに達した。一年後、エンロン株は紙くず同然になった。エンロンの破綻によって数千人が失業し、何百万人もの年金生活者や投資家が多額の損失をこうむった。当時のアメリカで、それは史上最大の破綻だった。業績が好調だったとき、エンロンの幹部は会社から与えられたストックオプションを売って利益を得た。だから、会社の収益拡大には大いに個人的関心があった。エンロンが利益を急速に増やしていくほど、株価は上昇した。ストックオプションの価値があがるほど、その保有者は金持ちになった。[#8] 幹部たちは成長に夢中になるあまり、さまざまな会計テクニックを駆使して損失や実際の収入の流れや企業の最終的な価値を隠蔽し、株価に対する誠実さを犠牲にした。にもかかわらず、エンロンの取締役会は「企業統治の構造や指針が行き届いているアメリカの五大取締役会」の一つとして評価されていた。だが、取締役会は、会社の内部管理を完全に怠っていた。独立しているはずのエンロンの監査は、作業チームの「同化」で成り立っており、多くの会計監査人は監査対象の人々と同じ階で働くようながされ、暗黙のうちに連帯感を強めた。エンロンの監査法人には年間二〇〇〇万ドルの監査報酬が支払われていたが、同時に「コンサルティング」料として年間二五〇〇万ドルが支払われていた。[#9] よく考えてもらいたい。帳簿を精査して監視役を務める報酬が年間二〇〇万ドルで、コンサルティングの報酬が年間二五〇〇万ドルであるのなら、どちらが利益源となるだろうか。この状況は危険と矛盾をはらんでいた。「誰が番人の番をするのか?」とローマの風刺詩人ユウェナリスも言っている。

結局は市場が問題を解決したと主張する声も聞かれた。現在、エンロンもその監査法人も廃業している。しかし、どれだけの代償があっただろうか。エンロンの数千人の従業員は失業し、何百万人もの投資家が貯えを失った。世界でも指折りと評価されたのに、エンロンの取締役会を信じるべきでなかったと言えるだろうか。たしかに「悪人」は引きずりおろされたが、恐るべき被害をともなった。エンロンが失敗したのは、幹部らが誠実さと業績のパラドックスを理解していなかったためである。エンロンの幹部は、四半期目標を真実と引き替えにした。

対応

行動に責任を持ち、事業の実績やリスクを正直に伝えるためには、どうすればいいのだろうか。著者たちのような誓いの署名者は長年の英知と経験を備えた専門家ではないが、自明に思えることがいくつかある。われわれははったりと厚かましい嘘との境界線を見定めなければならない。少なくとも、「これは交渉の場で許されるはったりなのか、それとも自分たちの商品やサービスの質を偽っているのか」と自問しなければならない。同時に、いかなる犠牲を払っても失敗を避けようとするおのれの本能を認識すべきである。恐怖と向き合い、自分にとっても他人にとっても現実的かつ正直に対処する道を見つけるべきだ。透明性を育みつつ、避けがたい緊張のうちに生き、働くことを学ぶ必要がある。

マイケル・ビアーは、ビジネス倫理を扱った著書*High Commitment, High Performance*で、企業内の透明性の重要さを論じている。二〇〇八年秋にウォール・ストリートがあれほどの大失敗を犯したおもな理由は三つあると、ビーアは断じる。それによれば、失敗の主因の一つは、大銀行でビジネスを動かしている社員たちが、権力者に対して真実を言えなかったことである。彼らは上司に威圧されていた。良心の内なる声は、短期的な利益への異常なまでの執着と、策謀のもたらす結果を無批判に許容する態度によって封じられた。戦略やリスク管理のあり方に異議を唱えようとした従業員を黙らせたことも、あったはずのモラルの力を失わせた。これはもともと悪事を働こうとしていた者の後押しになった。厳しい真実を同僚や上司に伝えられなければ、「追従主義」の霧のなかで仕事をすることになる。本来なら支えるべき家族がアルコール依存症の人間に暗黙のうちに協力してしまうかのごとく、従業員も暗黙のうちに不正に協力する。そして酩酊したときにも似た自己欺瞞の霧が職場を満たす。

社外に正直に報告する文化を会社に作るためには、社内でも正直でなければならない。ウォーレン・ベニスとジェームズ・オトゥールは、透明性の問題について詳細に論じている。二人は企業へのアドバイスとして、社内で透明性を可能なかぎり追求するよう勧めている。「どんな組織も、成員に対して正直でなければ社会に対して正直になれるわけがないのだから、われわれは透明性を広くとらえ、情報が組織内の経営者や従業員へ、そして外部の株主へと滞りなく伝達される度合いだと定義する」[#10]。ベニスとオトゥールは、現実に会社規模で透明性をはかっている例として、ミズーリ州スプリングフィールドのリサイクル企業、SRCホールディングスを引き合いに出している。「二〇年前から、SRCの全従業員には……財務と経営の全情報へのアクセス権が与えられており、解釈や応用の方法まで教えられている。これがどんな効果をもたらすかというと、同社の最高財務責任者は『七〇〇人の内部監査役が会社のあらゆる部署にいるようなものだ』と言っている」[#11]

透明性を高めるもう一つの方法は、異論に報酬を与えることだ。一部のビジネス・リーダーは、すでに独創的なアプローチをとっている。たとえばモトローラのロバート・ガーヴィンは、反対意見を唱えた者には金銭で報い、再検討の際にそれを取り入れた。ノースロップ・グラマンのフランク・デイは、難しい問題についての議論を練習するよう従業員に指示し、いざ実際に問題が起きたときに対応する準備をさせた。ベニスは、情報源の多様化も重要だと強調している――要は、異議を唱えそうな人物を積極的に求めよということだ。「ある文化を理解しようと思うなら、さまざまな主観を体現する多様な情報源を求めるのが最適だ。これは単純明快なことだが、従業員や記者や株主や規制当局の人間や煩わしい批判者に定期的に会っている――そしてその声に耳を傾けている――リーダーはめったにいない」[#12]

エネルギー企業で働いていようと、アップルジュースの製造元で働いていようと、真実を避けたり危険な習慣に身を任せたりする誘惑にはいずれ遭う。その原因の一つは、これまでに見てきたように、意見が対立したときや真実に正面から対応するときに付き物の緊張を受け入れようとしない態度だ。たとえ不快でも、われわれはあえてこの緊張を甘受しなければならない。一九六〇年代の公民権運動の時代、マーティン・ルーサー・キング・ジュニアは緊張と不和を作り出していると非難された。キングの返答は、その率直さと良識という点で注目に値する。

われわれ非暴力の直接行動にたずさわっている者は、緊張を作り出しているのではありません。前からそこにある隠れた緊張を浮かびあがらせているだけです。われわれは緊張を、目に見える形で対処できる明るみに出しているのです。腫物はふさがれているかぎりはけっしてなおせず、切開して空気と光という自然の薬にその醜さをさらさなければなりません。それと同じように、不公正をなおすためには、それがいかなる緊張を作り出そうとも、人間の良心という光と世論という空気にさらさなければなりません。[#13]

キングは問題を無視すればそれがなくなるわけではないと理解していた。それはビジネスでも同じだ——問題は勝手になくなりはしない。問題は知らぬ間に亀裂を生み、時が来て対向する力が激突すれば爆発する。アップルジュースへの混ぜ物はいずれ発覚する。不正な会計操作は社会と法廷によって暴かれる。

経営者は模範を示して導く。組織を導くときにあてはまる基準は、おのれを導くときにもあてはまる。企業を建てなおすには、まず自分の人生を立てなおさなければならない場合がある。ＭＢＡの誓いはすべてそのためにある。それは亀裂となる行動を吟味し、改善するという誓約であり、意志だ。ピーター・アンダーセンは孤独な経営者だった。トラブルが起きると、おびえた馬さながらに逃走した。同じような誘惑に駆られたときは、問題から走って逃げるのではなく、真実へと走って向かわなければならない。

ＭＢＡの誓いの署名者で、ノースウェスタン大学ケロッグ・スクール・オブ・マネジメントを卒業したデイヴィッド・ホベットはこう述べている。

> 私にとって、「みずからの行動に責任を持ち、事業の実績とリスクを正確かつ正直に伝える」という誓約は、日々の細かなビジネスに最もよくあてはまる。製品の発売日について上司に尋ねられたとき、自分では無理があると思っているのに、「順調です」と答えるのか。新しいプロジェクトに「全員が賛成している」か訊かれたとき、議論があったばかりであることをごまかすのか、それとも賛同が得られていないことを正直に伝えるのか。正直に答えるにしても、それが自分の実績に悪いイメージを与えたら？　結局のところ、この誓いが必要な主たる理由は、正直な答が現実に自分の実績や会社の実績に悪いイメージを与えてし

まうことがあるからだ。

選択肢は、たとえ自分のキャリアをつまずかせようとも、日々正直であることに心から満足する道しかない。つまり、半端な真実のほうが都合よくても、つねに率直であり続け、同志に頼んでその責任を自分に課してもらうことだ。これは必ずしも容易ではない。

自分の行動に責任を持つのが必ずしも容易でないのは事実だ。けれども、リスクや実績に正直でいれば、ある種の安らぎが得られ、夜は熟睡できるし、朝は恐怖で目を覚まさずともすむだろう。発覚をもう恐れずともいい。まわりからの賞賛を失ってしまうとおびえずに生きられる。謙虚さと心からの誠実さを持って行動できる。真のリーダーになる道をようやく歩めるのだ。

7 学び続け、成長し続ける

私は経営者たちが成長を続け、社会の幸福に貢献し続けることができるように、自分自身と監督下にある経営者を啓発する。

——MBAの誓い、第六条

誓いはわれわれの信条を公に宣言している。知識や学習にともなって責任が生じる。ビジネス、経営、リーダーシップで厳しい訓練を受けたわれわれが、自己満足に陥ることは許されない。

——シャムシャード・カーン

（サンダーバード・スクール・オブ・グローバル・マネジメント二〇〇九年卒業生、署名番号一三六三）

そのときは人生がつかの間コメディードラマになったように感じた。著者たちは以前からマックスのアパートメントで作業をしていたのだが、そこの最上階にはサンルームがあり、ニューヨーク市の絶景を楽しめる空間が開放されている。執筆にはまたとない場所だ。マンハッタンの狂騒を上から眺めていると、心の落ち着くものがある。その夜もテーブルの上にノートパソコンを並べ、メモを広げていたのだが、そこへふた組の中年の男女が景色目あてではいってきた。一方の男女はこのアパートメントに越してきたばかりで、友人を案内しているらしかった。男の一人がわれわれの注意を引こうとして手を振った。

「やあ、何をしてるんだい」男は腰まわりにゴムのはいった黒い革の上着を着ていて、ガムを噛んでいた。

「書き物です」マックスは答えた。素っ気なくすれば、考えに没頭しているのだから邪魔されたくないという思いが伝わるだろうと期待していた。見こみははずれた。

「あら」男の妻が言った。「それは本？　私は作家なのよ」

「そうなんですか」ピーターは微笑を見せた。礼儀正しくしたほうがよさそうだった。「ええ、本です」

「何についての本？」男が尋ねた。

「ビジネスの倫理についての本です」マックスは答えた。二組の男女はとたんに笑いだした。

「そいつはおもしろい」もう一人の男が言った。「フィクションかい？」また大笑いが起きた。

生放送のスタジオで観客を前にして撮影されている気分だった。

　最初の男が返した。「いや、『ゆっくり急げ』のたぐいの撞着語法を扱った本だろうよ」みたび笑い声が起きた。最初の男はガムを口に追加し、友人らにもまわした。それから四人は出て行った。

変革が必要だという証拠がまた一つ示された木曜日の夜だった。

ビジネス・スクールへの入学をめざす人の多くは、MBAの教育を思索の期間にあてたいという志望動機を述べる。さまざまな視点を身につけ、今後のキャリアについて内省したいと語る。著者たち二人も、知り合いになる前は数千マイルも離れたところでそれぞれがペンをとったのだが、そういうことを願書に書いた。ピーターは「眺望を得るための頂上での体験」という表現を使った。いまから考えると安っぽい言い方だが。

MBA教育は、いろいろな形で、人生について思いをめぐらす深遠な時間へと導く。銀行員やコンサルタントにとっては、ビジネス・スクールはこれまでより具体的、実務的にキャリアの目標を考える機会になる。軍出身の学生にとっては、民間部門での無数の選択肢を考える機会になる。最初に入試小論文を書きだしたときから、キャンパスにはじめて足を踏み入れ、卒業するその日まで、ビジネス・スクールは内省の機会を提供してくれる。違う空気を吸わせてくれる。しかし、この思索を、自己刷新のための投資を、なぜキャンパスでの二年間に限定する必要があるか?

MBAの誓いの第六条は、組織や活動の場となる社会のために決断をくだす際、あらゆる情報を念頭に置いて判断ができるよう、経営者は自己啓発を続けるというものだ。学び続けるのをやめたら、情報を吸収できるだろうか。他人から話を聞き、学びとる習慣を訓練せずして、成長できるだろうか。実践活動である経営は、研究室での実験や筆記試験にそうそう合致するものではない。手術やエンジニアリングのように学ぶことはできない。経営は実践であり、経験から学ばなければならない。リーダーシップ養成の専門家によれば、リーダーシップは仕事で七〇パーセントが養成され、誰かに指導されて手伝う経験で二〇パーセントが養成されるが、教室では一〇パーセントしか養成されない。これは、最終試験を受けて卒業証書を授けられても、まだ学ぶべきことがたくさんあることを意味している。プロフェッショナルとして、ＭＢＡは自己教育を怠らず、情報に裏づけされた判断をするよう努めなければならない。さらに、個人としても、組織としても、プロフェッショナルとしても、自己刷新の原則にしたがうべきである。

個人の啓発と自己刷新

ジョン・ガードナーは、九〇歳をゆうに超えたときに、コンサルティング会社のマッキンゼー・アンド・カンパニーの元同僚たちに対して、自己刷新がテーマのスピーチを行った。ガードナーはかつてこの会社の上級役員を務めており、国務省での勤務経験もあった。著者たちはこのスピーチをビジネス・スクールの最終授業の予習で読んだ。教授は四〇〇あまりのケースを教えたあとで、ケース・スタディの最後の仕上げとしてガードナーのスピーチ原稿を著者たちに渡したことになる。ガードナーはビジネス界での年月を振り返り、自己刷新の重要性を考察している。スピーチはフジツボの論文への言及からはじまる。このような切り出し方は異例だし、こういう部分を引用するのも異例だが、そこには重要な意味が読みとれると思う。

「フジツボは」執筆者は説明している。「どこで生活するかという存在にかかわる決断を迫られる。ひとたび決断したら……頭部を岩に固着させて残りの一生を過ごす」と。われわれの大多数も、フジツボと同じだ……頂点にたどり着けなかった人々のことを話しているのではない。全員が頂点に立つのは無理だし、どのみちそれは人生の核心ではない。私が話しているのは――どれだけ多忙に見えようと――学び、成長するのをやめてしまった人々のことだ……心地よい習慣と意見のために自己満足に陥り、柔軟さを失い、殻に閉じこもる危険はおろそかにできない。[#1]

倦み、自己満足に陥り、形ばかり合わせる――ガードナーの言うフジツボになったときの危険は他人事とは思えない。誰しも、単調な仕事に飽きた上司や同僚や家族のなかに、きっとそれをありありと見たことがあるはずだ。著者たちも、仕事をやりがいではなく安定性で選んだ同期生の人生がそうなっているのではないかとすぐに想像できる。別の仕事への踏み台としてある仕事に就くのも、安定した仕事に就くのも悪いことではないが、それがフジツボの場合に似た存在にかかわる決断であることには留意すべきだ。

頭部を岩に固着させて残りの一生を送らずにすむためにはどうすればいいのだろうか。自分が人生でそこまでの自己満足の域に至ると考える者はほとんどいまい。だからこそ、フジツボ症候群の原因についてのガードナーの診断を読んだとき、著者たちは驚かされた。多くの人にとって、フジツボ症候群は動かないことだけが原因なのではなく、速く動きすぎることも原因なのである。

生涯にわたる健全な意欲の敵の一つは、あらゆる努力が向かう具体的で形容できる目標があるという子供じみた考え方だ。われわれは到達を実感できる地点があると信じたがる。成功を自覚できるだけの点数を積んだと教えてくれる得点システムをほしがる……だから目標だと考えたものへ到達しようと先を争い、汗を流し、よじのぼる。頂上にたどり着いたら、立ちあがって周囲を見まわし、そしてたぶん一抹のむなしさを感じる。一抹のむなしさではすまないかもしれない……のぼる山を間違えたのではないかと思う……しかし、人生は頂上のある山ではない。誰かが言っているような、答のある謎でもない。最終得点の決まっているゲームでもない。[#2]

ガードナーの言葉は、前章の野心についての考察にもう一つの要素を加えている。頂上にたどり着こうとする試みは、山をのぼっている他の者への義務を見失わせるだけでなく、自分自身の成長も妨げるのである。求め続けていた頂上での体験は、期待していたほど充実したものではないかもしれない。のぼる山を間違えたのか？　これは恐ろしい考えだし、のぼることになんの楽しみもなかったらなおさらつらい。だが、必ずしもそうではない。登山家なら知っているとおり、頂上に着けば心は浮き立つが、そこまでの道中も楽しめるはずだ。頂上に勝るとも劣らぬほど美しい場所が途中にもある。登山そのものが、自己刷新の過程になるべきだ。

スティーヴン・R・コウヴィーは、著書の最終章を、成功する人々の習慣についての短い話ではじめている。


森で取り憑かれたように木を切り倒している男に出会ったとしよう。

「何をしているんですか」あなたは尋ねる。

「見ればわかるだろう」苛立った答が返ってくる。「この木をのこぎりで切り倒してるんだよ」

「疲れ切っているじゃないですか！」あなたは叫ぶ。「いったいどれくらい続けているんですか」

「五時間以上だ」男は答える。「もうくたくただ！　こいつはきつい仕事なんだよ」

「少し休憩をとってのこぎりを研いだらどうですか」あなたは問いかける。「そうすればだいぶはかどるはずです」

「のこぎりを研いでる時間なんてない」男は譲らない。「木を切るので手一杯なんだ！」[#3]

教訓は明らかだ。効率よく物事をこなすためには、自己刷新のために休みをとらなければならない。自己刷新は大局観をとり戻すための休憩のときもあれば、新しい知識を求める有意義な時間のときもある。コウヴィーの言葉を借りるなら、自分の持っている最も強力な道具から――自分自身から――最大限の力を引き出すために、「のこぎりを研ぐ」ということだ。これは人生を貫く原則である。レースカーにはピットインが必要だし、重量あげの選手には休憩が必要だし、健康な作物を収穫するためには休耕が必要だ。

したがって、個人のキャリアを成長させる鍵となるのは、最終目的地があるという誤った思いこみを持たず、過程を楽しむことにある。ビジネス・スクールの二年次の秋、マイケル・デルがキャンパスを訪れた。話に耳を傾けていた学生の一人が、マイケル・デルにとって遺産となるものを尋ねた――どのような形で人々の記憶に残りたいかと。デルは泰然と答えた。「サム・ウォートンがウォルマートの一号店を出したのは四三歳のときだ。私は四二歳になる。だから、まだこれからだ」。マイケル・デルを崇拝しようとしまいと、この言葉を発したのは一九歳で企業を興し、二〇年あまり経営して億万長者になり、いったんは「引退」するとしたが、CEOとして復帰して日々の業務を行っている人物だ。会社を次の目的地へと導くという決意が、この答からはうかがえる。デルにとって、億万長者になるのは頂点ではなかった。それは旅の通過点にすぎなかった。

重要な教訓として言えるのは、出世の階段の頂点にたどり着くためだけにそれをのぼるべきではないということである。過程そのものに魅力を感じるがゆえに、階段をのぼらなくてはならない。コンサルティング会社二年目のアソシエイトは、なぜ懸命に働いていい仕事をすべきなのか。パートナーになりたいからか。それとも、仕事にやりがいを感じるからか。この二つの理由は相反するものではないが、友人のＭＢＡたちから話を聞くかぎりでは、たいてい最初の理由のほうが重んじられている。だが、自分の成長の場にしたいという意欲を持って仕事をしたほうがいい——ＭＢＡを取得して就職したばかりの駆けだしでも、何十年のキャリアを積んでいても。

詩人のデイヴィッド・ホワイトは、企業のリーダー向けにビジネスと詩についてのセミナーを催し、こうしたテーマを考察している。ホワイトが強調する考えは、当を得ているように思われる——大きな影響を与えたいと思っているプロフェッショナルは、自分の行動には真に価値があると深く信じなければならない。「自分の行動はおのれにとって正しいと同時に世の中のためになると感じるとき、人間存在は偉大な勝利をおさめる。困難だが自分の見識を広げてくれる仕事があり、それが他人にも役立つと思えるとき、われわれは……山をも動かせるように感じ、世界を家と呼べるように感じる。そして実際にはどれほどせまい住まいであろうと、果てしない地平がある広大な家に想像のなかでしばらく暮らすのである」[#4]

人は山にのぼることも山を動かすこともできる。鍵は、将来の報酬のためだけでなく、仕事そのもののために働くことだ。ホワイトの考えは、よき仕事とよき生は弓の的のようなものだというアリストテレスの思想によく重なる。アリストテレスの考えでは、人は自分が心からなりたい人物を思い浮かべて、できるかぎりその理想像に近づこうと努めなければならない。われわれは経験を自分自身について教えてくれる教訓としてとらえて内省すべきである。自己刷新と成長にはそれが欠かせない。

スコット・スヌークは映画をたとえに使っている。映画を観るという経験は、前もって批評を読んだかどうかや、観たあとに友人とコーヒーを飲みながら話し合うかどうかによって左右される。「映画自体は、その映画館にいる全員に客観的には同じ刺激を与えたが、観たあとにどうするかが経験全体に影響を与えたのは間違いなかった。ある意味では、映画はクレジット画面で終わらなかった」[#5]。スヌークによれば、仕事でも大部分の人はどんな「映画」を観るかを（どこで働くかやどんな役職かを）重視しがちだが、仕事での体験を左右する準備や内省の重要性をほとんど見落としている。振り返って考えなければ映画の意味が薄まるのとちょうど同じように、仕事もただカレンダーを埋めるものと見なして自分や世界への教訓を内省しなければ、意味が薄まる。

リーダーシップ開発センターが行った調査は、個人の成長には内省が必要だが、時間に追われるリーダーに最も足りないのはこの内省だと示している。ビジネス・スクールで著者たちが聞いた最も的確な質問の一つは、精密機器などを製造しているダナハー・コーポレーションのＣＥＯ、ローレンス・カルプに向けられたもので、ある学生がこう尋ねた。「一日がもう一時間あったら、何に使いますか」。どんな答が返ってくるかにかかわらず、これは尋ねるだけの価値がある質問だ。リーダーシップを研究しているモーガン・マッコールはこう書いている。「最高の取締役が既知の特徴を備えた経営者だとはかぎらないし、最適者生存の法則を通じて頂点にのぼり詰めた経営者だともかぎらない。むしろ、真に有望なリーダーは、経験から学び、ずっと学び続けようとする力を持った人物である」[#6]。アメリカで最も成功をおさめた経営者たちに対する調査に基づいて、マッコールと共同研究者はこう結論した。経営者が成功するかどうかを見定める唯一最大の判断材料は、どんな経験でもそこから価値あるものを引き出す粘り強さである、と。内省は経験を熟視させてくれるがゆえに自己刷新をもたらす。経験を消化し、成長の糧としてくれるのである。

内省を通じた自己刷新はフジツボの人生を避け、将来の報酬のためだけでなく仕事そのものの喜びのために働く鍵となる。これの助けとなる前向きな方法の一つは、自分を応援してくれる親しい友人のグループを意識して作ることだ。取締役会が会社の業績と経営を監督するように、責任を持って自分の人生の業績と経営について助言してくれる私的な取締役会を設けることはできる。ケネディ大統領には私設顧問団がいた。アーサー王には円卓の騎士がいた。困難な問題に関して支援し、助言してくれる自分だけの取締役会があったらどうなるだろうか。著者たちはＭＢＡの誓いの団体が発展を続け、生涯にわたる学習と自己刷新に対する責任を育む一助となるよう願っている。

結局のところ、自己刷新と啓発の責任は自分にある。ビル・ジョージは今日のトップリーダー一二五人に対して直接インタビューを行い、「有能なリーダーになるためには、自己の啓発に責任を持たなければならない」と結論した。自分ののこぎりを研げるのは自分だけである。小売大手のクローガーのＣＥＯ、デイヴィッド・ディロンは、すぐれたリーダーに成長した人物のほとんどはみずから学んでいるとジョージに語った。「私は従業員へのアドバイスとして、会社が行き届いた成長プランを手渡してくれるとは思わないようにと言っている。自己の啓発には自分が責任を持たなければならない」[#7]。ディロンは、自分の面倒は自分で見ろと従業員にアドバイスをしている。しかしながら、このアドバイスを与えながらも、ディロンは従業員の面倒を見ており、それはこの誓いの第二の部分にわれわれの目を向けさせる――組織の啓発と自己刷新である。

組織の啓発と自己刷新

二〇〇九年春にＭＢＡの誓いをまとめ、啓発にかかわる誓約を議論したとき、著者たちは自分自身の啓発から一歩進んで他の経営者の啓発もうながすべきだと結論した。実際、考えれば考えるほど、組織に学習をうながすのは名案どころか不可欠な戦略に思えた。この重要性は、半導体メーカーのアナログ・デバイセズのＣＥＯ、レイ・ステイタの言葉が的確に要約している。「個人と組織がどれほど学習したかが、競争優位を保つ唯一の手段になるだろう」。著者たちが教わったデイヴィッド・ガーヴィン教授は、製品やサービスは模倣できると指摘している。製法も模倣できる――欠陥率を一〇〇万個あたり三・四個に抑える品質管理手法のシックス・シグマも市場で得られる。しかし、競争相手よりも迅速に学習すれば、つねに一歩先を進める。加えて、世界は急速に変化している。環境はグローバル化し、規制は取り払われ、新しいビジネス・モデルが誕生している。学習の速さが変化の速さに追いつけなければ、取り残されてしまう。[#8]

ガーヴィンは効果的に学習する企業を指す言葉として、「学習する組織」という語を使っている。どんな学習する組織にも三つの基本要素があるとガーヴィンは述べる。第一に、学習する組織は学習を支援する環境を整えている。従業員は気兼ねなく反対意見を述べたり、素朴な質問をしたり、落ち度を認めたりできる。違う意見の価値を認め、果敢に未知の事柄を探求する。好例はミネソタ小児科病院で、「非難されない報告」という方針を設けている。職員は非難されるのを恐れずにリスクを見定めたり報告したりするようになりはじめ、防げたはずの死や病気の件数は減少したという。[#9]

第二に、学習する組織は情報を出し、集め、解釈し、伝えるための具体的な学習の過程を備えている。競争相手や消費者やテクノロジー動向についての情報を収集し、問題を特定して解決し、従業員のスキルを高める。アメリカ陸軍の事後検討会はそれを体現している。作戦や計画が終わるたび、系統立てた報告の機会が設けられ、次のような問いかけがされる。(一) 目標はなんだったのか。(二) 実際にはどうなったのか。(三) それはなぜか。(四) 次はどうするべきか。結果はすみやかに伝えられ、広く共有される。[#10]

最後に、学習する組織にはリーダーシップを強化するリーダーがいる。リーダーは異なる意見を拒もうとせず、積極的に問いかけて耳を傾け、内省に時間を注ぐのは大切だと示す。アメリカン・エキスプレスのＣＥＯを務めたハーヴィー・ゴールーブは、経営者たちに「どんな対案があるのか」「根拠は何か」といった質問を行って、創意に富んだ思考をうながした。[#11]これはロケット科学ほど難解ではないが、経営者たちは指示の先を考え、なぜそうするのかと部下にもっと深く考えさせるリーダーシップを開発するよう求められる。

これは部下に内省させるのと同じくらい重要なのだが、リーダーは部下が勇気を持って倫理的に行動するよう熱心に導き、教えるべきである。ゼネラル・エレクトリックは、利益の大きな取引をするか正しい行動をするかのどちらかを選ばせるシミュレーションを通じて、リーダーを育てている。シナリオに基づいた倫理のトレーニングに会社が力を注いでいることは、従業員が難題に先立って全体像をはっきりさせるのに役立っている。ゼネラル・エレクトリックのＣＥＯを務めたジャック・ウェルチは、勝利にかけてはきわめて競争心旺盛な人物だったが、リーダーは正しいことをすべきだという同じくらい強固な考えを持っていた。ニューヨーク州クロトンヴィルにあるゼネラル・エレクトリックの研修センターで、ウェルチは声を張りあげてこう言った。「不正によって――システムの裏をかいたり、数字を粉飾したり、基準や法令を出し抜いたりして――勝利を得ても、それは勝利ではないし、ゼネラル・エレクトリックで成功することはできない」。[#12]過去一〇〇年で最も成功したＣＥＯの一人が言っているだけに、こういうメッセージは印象深い。教授や学生仲間からだけでなく、トップリーダーからこのようなメッセージを聞くのは大切である。ジャック・ウェルチのメッセージとなれば、注意を払わずにいられないからだ。

学習するための環境を作ったアメリカン・エキスプレス、アメリカ陸軍、ゼネラル・エレクトリックは巨大な組織だが、小さな企業も大きな組織内の一グループも同じように学習する組織になりうる。経営者は手近なグループからはじめることができるし、またはじめるべきだ。まず自分の行動から取り組み、範を示すといい。関心を持ち、質問をする。困惑したときはそう認める。助言や指導の機会を求める。

ビジネス・スクールに合格した人なら、それまでに何人かのよき師に助けてもらっているはずだ。在学中に新しい師を選んでいる場合もあるだろう。こうした師は何が特別なのだろうか。どうしてこちらの人生に影響を及ぼすのだろうか。著者たち二人もスクールに師がいて、電話をくれればどんなに忙しくても必ず出ると言ってくれた。そして約束どおりにしてもらっている。もしすべてのMBAがこのような師になったら？　どれだけ多くの人がそのおかげで成功できるだろうか。このようなリーダーシップは、学習する組織が繁栄し、一人ひとりが自己を啓発して成長できる環境を生み出してくれる。

プロフェッショナルとしての啓発と自己刷新

個人の自己刷新と企業の自己刷新については述べた。そこで対象を広げ、プロフェッショナルとしての自己刷新に目を向けてみよう。MBAの誓いの第六条は、自分や組織を啓発するためのものであると同時に、プロフェッショナルとしての力を強化するためのものでもある。プロフェッショナルとして成長し、社会の幸福のために貢献するという誓いは、当然ながら、自分ばかりを見るのではなく他人、特に同僚にも目を向けることを意味する。

どこからはじめたらいいのだろうか。著者たちには単純明快な提案がある。ＭＢＡは継続教育を学位の保持条件にするよう検討すべきだ。弁護士や医師は、資格を保つために、毎年継続教育を受けて一定数の単位を取得しなければならない。同様の条件をＭＢＡにも求めたらどうだろうか。そうすれば株主にとってもスクールにとってもＭＢＡにとっても利点がある。第一に、経営者は今日の問題に関する教育を受けることになるから、それは株主の利益になる。もし企業の全役員が、デリバティブの理解を求められていたら？　先の金融危機の発生時にも、もっとうまく対応できたのではないだろうか。イノベーションはわれわれの理解の先を進んでいる。アラン・グリーンスパンは《ウォール・ストリート・ジャーナル》紙でこう述べている。「市場実務家たちはリスク管理のための技術や商品を得意の絶頂で売り込んだが、それがもたらした複雑さは最も熟練した市場関係者でさえも適切かつ賢明には扱えないほどだった」[#13]。市場実務家たちはこれ以上無視できなくなるまでリスクを無視した。法律や医療と同じく、ビジネスに求められる知識の分野はたちまち変わる。分野が広いから、法律や医療以上に変化は早いと言えるかもしれない。株主は、企業のリーダーや役員が教育を受けて充分な能力を有したうえでリスクに対処するよう要求すべきである。

継続教育をＭＢＡの輪に加わる必須条件にすれば、ビジネス・スクールも恩恵が得られる。ただし、それはまったく異なる非常に単純な理由からである――収入が増えるからだ。継続教育は顧客価値を――ＭＢＡから見たビジネス・スクールの価値を――生涯にわたって高める。いままでは一、二年しか捕まえておけなかった「顧客」が、一八か月から二四か月が経つたびに現れるリピート客になってくれる。すでに一部のビジネス・スクールは、ＭＢＡの教育課程よりも企業の役員向けのプログラムから多くの収入を得ている。継続教育は多対一のビデオ授業やウェブ会議の形にできるだろうから、なおさら利益は大きい。

最後に、ＭＢＡにも利点がある。ＭＢＡの教育課程と同様に、継続教育の講座も仲間と会って学び合う機会を提供してくれる。もっと重要なのは、学位に対する敬意を改めて抱かせてくれることだろう。継続教育を受ければ、ＭＢＡはこんなふうに宣言できる。「リーダーとしての責任を非常に重視しているので、進んでこの追加教育の義務を負う」。こういう誓約は真のリーダーシップの目印になる。

プロフェッショナルとしてみずからを啓発するというＭＢＡの誓いは、情報を得たうえで判断をくだし、その分野の最新の知識に通じておくという誓約である。投資の最新流行をむやみに信じるだけでは充分でない。批判的な目で評価できるほどに熟知しておかなければならない。自分自身、組織、仲間の経営者たちに投資することによって、いっそう澄んだ視界を得なければならない。そうすれば、世の中に真に貢献する力が持てる。そして将来、「ビジネスの倫理」という言葉を見知らぬ者の前で口に出しても、コメディードラマに出ているような気分にならずともすむだろう。

8 持続可能な繁栄を生み出す

私は世界規模で経済と社会と環境の持続可能な繁栄を生み出すよう努める。持続可能な繁栄は、事業に要するあらゆる投入の機会費用よりも長期的には大きな産出をその事業がもたらすときに生み出される。

――MBAの誓い、第七条

世界の生活水準を最も大きく向上させた力の一つは、資本主義に基づく利益の追求である。誓いは持続可能な事業が生み出す価値を最大化し、この星や資源や人類の持続不可能な利用を最小化しようと努める。

――ケヴィン・マイヤーズ
（ハーバード・ビジネス・スクール二〇〇九年卒業生、署名番号五一）

デンヴァーを本拠とするマンヴィル・コーポレーションは、きわめて人気のある製品を作っておきながら、やがてそれが人々の健康にとって非常に危険な恐れのあることがわかるという悲劇的な伝統のある会社だった。一九七〇年代半ば、会社の利益の半分を占めていたのはアスベストだった。しかし、マンヴィルの医療主任がのちに述べたように、アスベストがもたらしたのは

「自由世界の企業が知るなかで最悪の職業病」だった。住居の断熱材などに使われたアスベストを吸い込んだために、何千もの人が致命的なガンをわずらった。会社自体もこの製品のもたらす健康被害を免れなかった。イリノイ州ウォーキーガンのアスベスト工場では、多数の人々の働く部署がアスベスト由来のガンで全滅した。一九八〇年代にはマンヴィルに対するアスベスト訴訟が相次いだ。最終的に、同社の賠償金は二〇億ドルという巨額に達すると予想された。こうして一九八二年にマンヴィルは、連邦破産法第一一章の適用を申請したアメリカ史上最大の企業になった[#1]。

マンヴィルは再建され、トム・スティーヴンズが新しいCEOに選ばれた。スティーヴンズには会社を破産から救い出すという重責が課された。再建の一環として、今後の訴訟を防ぐために、裁判所は二つの信託財団を作って全原告を組み入れ、マンヴィル株の五分の四を保有させるとともに、代表をマンヴィルの役員会に加えた。そのため、株主のために利益を生み出すというスティーヴンズの責任は特別な意味を持った――会社の製品のために命を落とした被害者の遺族を助けなければならなかった。

マンヴィルの復活はもっぱら一つの製品によってもたらされた――ファイバーグラスである。アスベストと同様に、これも当初は魔法の製品として歓迎された。一九八六年、マンヴィルは八億七〇〇〇万ドル相当のファイバーグラスを売りあげた。ファイバーグラスはマンヴィルの利益の七五パーセントを担い、その年に着工された新築住宅の九九パーセントで断熱材に使われた。

過去の歴史ゆえに、マンヴィルの社員はたいていの会社よりも安全に留意した。ファイバーグラス部門の責任者であるビル・セルズは、ウォーキーガンのアスベスト工場の元支配人であり、多くの部下がガンで死ぬのをまのあたりにした。「何者も私の目が黒いうちは」セルズは言った。「産業は製品への責務を持たなくてはならないという信念を奪うことはできない」[#2]。そのため、マンヴィルはこの新材料に厳格な検査を行った。一九八六年当時、ファイバーグラスは世界でも最も広く研究された工業材料だった。ファイバーグラス関連の作業員四万人以上が調査されたが、通常レベルの曝露では発ガンとの関連性は認められなかった。しかしながら、長期的な影響までもが断定できるわけではなかった。アスベストと同じく、ファイバーグラス吸入の厄介な点は、人体への影響を見届けるためには二〇年を要することだった。

すると一九八六年に、ほぼなんの前触れもなく、アスベスト研究者のサー・リチャード・ドールが、マンヴィルの経営陣の意志決定に試練のときをもたらした。ドールは人造鉱物繊維に関する世界保健機関のシンポジウムの結びで、不完全な科学的データに基づき、ファイバーグラスはアスベスト並みに危険な恐れがあると述べたのである。この新しい研究には不備があり、「粗雑きわまりない器具や測定法」しか使っていなかったが、過去の歴史ゆえに、マンヴィルの人々は無視できなかった。まるでデジャ・ビュだった。

もしあなたがトム・スティーヴンズだったらどうするだろうか。市場から製品を回収する？ファイバーグラスのもっと詳しい研究のために資金を出す？ ガンの危険を警告する新しいラベルを貼る?　あなたは会社の一五のファイバーグラス製造工場で働く五万人の従業員のことを考えなければならない。あなたは従業員に対して責任がある。信託財団を通じて会社を所有している一万人のアスベスト被害者のことも考えなければならない。製品を回収したら、アスベスト被害者はどうなる?　確証は何年も得られないだろうが、さしあたっての決断をくださなければならない。情報を公開すれば、健康へのリスクは明らかでないのに、世論からすさまじい反発を受けかねない。だからといって何もせず、確証を得るために二〇年待ったら、アスベストのときと同じように何千もの人が命を落とすかもしれない。こんな状況で、どうやったら繁栄を生み出せるのだろうか。

　著書『アリストテレスがＧＭを経営したら』(沢崎冬日訳、ダイヤモンド社)で、哲学者のトム・モリスは、アリストテレスの政治思想をビジネスに応用している。アリストテレスは『政治論』で、なぜ都市が存在するのかという基本的な疑問を考察した。どうして人々は一人で人生を送らずに、一緒に暮らしたり一緒に働いたりするのか。これは興味深い問いだ。都市とは「よき生のための協力関係[#3]」であるとアリストテレスは結論した。それが都市の究極の目的になっている。人々は繁栄し、成功するために集う。同じように、ビジネスも建物や備品や組織図にとどまらないとモリスは説明する。それは自分や他人にとってよき生を生み出すための協力関係である。「もしアリストテレスがゼネラルモーターズを経営したら、そこの従業員はみな、会社はよき生という目的のために無数の小さな協力関係を束ね合わせた一つの巨大な協力関係だと考えるだろう」。モリスはさらに言う。「われわれはつねに、これからなそうとしている行動が、自分の影響の及ぶ範囲でビジネスのこのきわめて重要な機能を強めるのか、それとも弱めるのかと自問すべきである。果たして自分はよき生のための協力関係を築いているのかと問わなければならない」[#4]

著者たちがＭＢＡの誓いに署名した理由を要約すれば、ビジネスにたずさわっていようといまいと、誓いに署名していようといまいと、人はみな経済、社会、環境の持続可能な繁栄を生み出すよう努めるべきだと考えているからである。著者たちはＭＢＡの誓いの第七条に対してアリストテレスと同じ見方をしている。これはよき生のために協力関係を結ぶという誓約である。われわれが利益をあげようとするのは、よき生という目標に近づけるからだ。弱者を守ろうとするのは、よき生の一環だからだ。環境を保護しようとするのは、豊かな環境を見るのもよき生を送るということの一部だからだ。

繁栄とは成功、繁盛、達成、幸運などの状態だと定義できる。現代の人々が抱く繁栄の概念は、札入れのサイズにまで縮んでしまっている。われわれはもっぱらそれを富の面から考えている。だが、あらゆる面での成功にまで繁栄の概念を広げて、繁栄とはよき生を送っている状態だと考えることもできる。それは経済面でのよき生でもあり、社会面でのよき生でもあり、環境面でのよき生でもある。つまるところ、これこそがビジネスの最大の存在理由なのである——よき生のために協力関係を結ぶことが。

繁栄の三つの要素の一つを――経済、社会、環境のどれかを――他の二つと戦わせるような議論が広く盛んに行われている。著者たちも子供のころ、北アメリカに生息するニシアメリカフクロウをめぐって論争があったのを覚えている。このフクロウは絶滅危惧種に指定され、保護が必要となったので、政府は生息地における森林伐採の凍結を提案した。すると伐採業者は激昂し、数万人が失業すると主張した。伐採賛成派は「ニシアメリカフクロウを殺せ――木こりを救え」や「自分はニシアメリカフクロウが好きだ――揚げ物にした」のようなバンパーステッカーを作った。[#5]これに対して環境保護派は、このフクロウはより大きな生態系が危険にさらされている象徴なのだと主張した。フクロウを救えば、他の数えきれないほどの貴重な自然が救えるというわけだ。それは経済の繁栄と環境の繁栄の戦いだった。

この戦いはいまも続いている。今日では中国が最も顕著な例だろう。三〇年以上にわたって中国は年九パーセントの成長を遂げ、その経済規模は八年ごとに倍増している。いまの中国は一九七八年の年間輸出量を一日で輸出している。人々の生活をめぐる話も感嘆に値する。中国人の平均収入は七倍になった。三〇年で四億人が赤貧状態から脱した。[#6]中国の経済成長は驚異的であり、未曾有の勢いで進んでいる。しかしながら、中国の急速な工業化は深刻な環境汚染と引き替えに実現された。世界で最も人口の多い二〇都市のうち、一八が中国にある。環境保護当局は、観測対象の河川や水路の四五パーセントが人間の利用に適さないと試算している。中国では、環境に関連した抗議運動が年間五万件発生していると推測されており、その一部は暴動に発展している。[#7]

こうした社会、経済、環境の繁栄の衝突が避けがたいときがあるのは、著者たちも承知している。三つの繁栄を同時に導ける戦略をつねに実行できればすばらしいことだが、企業や国家のリーダーが三つの繁栄のすべてを得られるとはかぎらない。ときには、どれか一つを他よりも優先しなければならない。ドレクセル大学出身のＭＢＡで、誓いに署名したクリス・パロウは、こう述べている。「一介の経営者が世界の持続可能な繁栄にどうやったら影響を与えられるのだろうか。世界は巨大かつ広大な場であり、ＭＢＡの卒業生がみな多国籍企業のＣＥＯになれるわけではない。けれども、どんなＭＢＡも自分のまわりの同僚や従業員や社会に影響を与えている。だから、ＭＢＡの誓いに署名した自分の責任は、持続可能な繁栄を真剣に考慮するだけでなく、力を尽くしてそれを生み出すことだ」。誰もが自分のできることをするべきだ。

著者たちは社会と経済の繁栄を支持するからといって、企業は利益をなげうつべきだとか、株主から授かった富を第三者にわたすべきだとか言うつもりはない。四億人の中国人が貧困を脱したのは単なる慈善活動のおかげではない。しだいに資本主義色を強める経済を築きあげることで、貧困から脱したのである。世界の貧しい人々の希望は、経済の成長と、責任を持って価値と成長を生み出すビジネス・リーダーにかかっている。経済が不調のとき、貧困から脱する人はほとんどいない。成長と機会の創出のみが、貧しい人々の運命を変える。同様に、持続可能で健全な経済という希望は、人々が経済の基本的なニーズをかなえられるかどうかにかかっている。

ＭＢＡの誓いの第七条は、三重の意味で繁栄を追求するよう求める。われわれは資本主義者になるべきだが、良心のある資本主義者になるべきだ。世界の重大な問題に取り組む機会を仕事のなかに見るべきだ。世界はつねに分裂を続けている。陶器の破片のように壊れている。繁栄のために働くということは、破片を拾ってつなぎなおすだけにとどまらない。新たな粘土をろくろにかけ、より強固な陶器に作りなおすことだ。われわれはみずからの繁栄のためだけに働くのではなく、他者の繁栄を生み出す機会を自分の成功のなかに見いださなくてはならない。

さらに進んで、経済や社会や環境の持続可能な繁栄とはどういうものなのか、ここでいくつか考えを述べておきたい。

経済の繁栄

いまあげた三つの持続可能な繁栄のうち、経済の繁栄は異論の余地が最も少ない。経済の繁栄とは、利益が増えて成長し、完全雇用が実現している状態だと想定できる。これを望まない人がいるだろうか。そして、これの持続を望まない人がいるだろうか。経済の繁栄は、事業に要するあらゆる投入の機会費用よりも長期的には大きな産出をその事業がもたらすとき、持続可能となる。また、過度の借り入れと投資の波が抑えられ、ゆるやかになったときに持続可能となる。二〇〇八年と二〇〇九年の出来事が物語っているように、その道のりは遠い。著者たちは、いまよりも持続性のある経済の繁栄を築くのに役立つ基本概念が二つあると考えている。

一か八かの賭けでいつも勝つとはかぎらない。過去二〇年の間、「大金を賭けるほど、勝ったときの実入りは大きくなる」という考えを、あまりに多くの人々があまりに安易に受け入れてきた。二〇〇八年まで、過度の勝利の追求は過度の損失を招くと知っていた者はほとんどいなかった。こういう態度と繁栄は違うだろう。繁栄は「ほどほどの」リターンに近いのではないだろうか。これが、持続可能な経済の繁栄のために著者たちが提案する一つめの基本概念である。投資家のハワード・マークスはこう述べている。「投資家が、さらなるリターンを求めてさらなるリスクを負うのを避ける時点があるはずだ。期待できるリターンに満足できれば、欲を張って期待を裏切られる（金を失う）リスクを冒すよりも、確実にそのリターンを得ようとするだろう……得るものは少なくなるかもしれないが、失うものも少なくなる」[#8]。リターンを最大化しようとするより、リスクとリターンのバランスをとるほうがおそらく得をする。そうすれば会社は動揺しにくく、仕事は先が見とおしやすくなり、経済も安定するだろう。われわれはこのアプローチを検討すべきだ。

経済の持続可能な繁栄を築くための二つめの基本概念は、長期的な価値を生み出すことである。なぜか。著者たちがビジネス・スクールで習った割引現在価値のモデルは、どれも継続価値を前提にしていた。企業価値の大部分が継続価値として扱われている場合もあった。つまり、企業は事業を継続する主体として評価される。経営もそのように行わなければならない。近ごろ、ウォーレン・バフェットやビル・ジョージらビジネス界の権威は、アスペン研究所がまとめた「短期主義を克服するために」という題の文書に署名した。この文書は、価値を生み出すためのもっと賢明で忍耐強いアプローチを支持している。長期的な価値を生み出すためには、短期主義のもたらすゆがんだ動機を克服しなければならない。企業の中間管理職でも、のちに仕事を変えたら結果は見届けないかもしれないが、会社の健全性に何年も悪影響を与える決定をくだしてしまうかもしれない。マンヴィルが二度目の大きな危機に直面したとき、トム・スティーヴンズは自分の決断の長期的な結果を考慮しなければならなかった。企業や経済全体の繁栄は、長期的な視点を決断の核心に据え続けてはじめて可能になる。

社会の繁栄

社会の繁栄とは何を指すのか。それは社会が企業の存在によって栄え続けている状態のことだ。言い換えれば、社会は有意義な仕事や生活の質を高めてくれる製品から恩恵を得る。またそれは、企業の産出するものが、そのために社会が投入するものよりも価値が高い状態のことである。企業が最悪の場合でも害をなさず、最善の場合は影響下の人々と共同体の尊厳を高める状態でもある。問題は、責任の範囲を決めることだ。消費者だけに対して責任があるのか。工場のある町の住民に対してはどうなのか。こちらの傘下にない納入業者の労働条件に左右される人々に対してはどうなのか。どこに線を引くべきなのだろうか。

二〇〇四年のある日、朝食をとっていたジャック・ツヴァーレンの頭に浮かんだのもこういった疑問だった。ツヴァーレンは、カタログを通じた通信販売を手がけるスイスの大手企業、シャルル・ヴェイヨンのCEOだった。ラジオを聴いていると、児童の人権擁護を訴える国際団体がスウェーデンのイケアを非難していた。劣悪な労働条件で南アジアの子供が作った手織りのカーペットを販売しているというのがその理由だった。ツヴァーレンは身震いした。ちょうどその前の四半期に、シャルル・ヴェイヨンも南アジア産のカーペットをカタログに加えたばかりだったからだ。ツヴァーレンはカーペットの納入業者に連絡し、児童労働者がカーペットを作っているのかと尋ねた。四社のうち三社が、労働力の供給源についての情報を明かそうとしなかった。

　ツヴァーレンはすみやかに決断し、この三社との関係を絶って別の業者を探した。同じ立場だったら、たぶん誰でもそうするだろう。イケアに関する報道を聞いたツヴァーレンは、同じ商法が企業イメージに与えるリスクを理解するとともに、一人の人間として、子供たちのことを思って身を震わせた。しかし、子供たちがそうした条件で働くのには理由があることも直観的に知っていた――金が必要な子供たちにとっては、それがいちばんましな選択肢であることを。もしツヴァーレンの会社がカーペットをボイコットし、そのために工場が閉鎖されたら、児童労働者はおそらくもっと危険な他の仕事に追いやられる。別の道を示さずにただ手を引くのでは、子供たちの将来を奪うことになりかねない。ツヴァーレンは児童福祉団体に相談し、子供の労働条件を改善できる他の方法を学んだ。やがてツヴァーレンの会社は納入業者の労働条件を監督する新しいプログラムに取り組むようになり、南アジアでカーペット生産にたずさわっている子供たちのために、教育と労働を組み合わせた実験的なプログラムを開始した。[#9]

ツヴァーレンの行動は大々的に報道され、じきにフランスの有名なテレビ番組からインタビューを申しこまれた。児童労働についての長い議論のすえに、聞き手はツヴァーレンに尋ねた。「何が動機なのでしょうか。いわゆる世界市民意識や人道主義的な本能に動かされたのですか。それとも、このような商売が発覚したら身の破滅だと考え、ビジネス上の予防措置を講じたのですか」。ツヴァーレンはどちらかに絞ろうとしなかった。「その両方だと思います」。すると聞き手は、「さしあたってシニカルな態度をとっている」のではないかと示唆した。ツヴァーレンはこれに対しても首を縦に振らなかった。「違います。そもそも、人道主義の立場からすれば、生産する側の地域にも国にも消費する側の国にも何も生み出さない有害無益な経済活動にかかわると想像するだけで耐えがたいものです。だから、人道主義的な観点はありますが、それだけではありません……この手の商売にかかわっているのが知られたら、企業の評判が失墜しかねないのも理解しなければなりません[#10]」

ツヴァーレンは天使の役を演じようとしなかった。人道主義的な理由とともに、会社にとって最善だからという理由から、決断をくだした。片方ではなく両方をとった。著者たちも同じ考えを持っている。人間はモラルある存在であり、職業上の責任をしのぐ根本的な義務を互いに負っているが、理想を追うだけでは充分ではない。ビジネス上の行動と無為がもたらす現実の結果を認識する必要がある。われわれは社会の繁栄を生み出そうと努めるべきだが、必然的に経済の繁栄も追求しなければならない。この両方をとるアプローチが、われわれのめざす基準だ。

環境の繁栄

繁栄に焦点をあてる三つめのレンズは環境だ。それぞれコロラドとハワイで育った著者たちは、自然がこの二州の最大の資源であることを理解していた。それは旅行者を呼びこみ、雄大な森や山や川に富む地域で暮らす幸運な者たちにすばらしい生活を与えてくれる。著者たちは成長するにつれ、自然の資源を扱うときは最大の注意を払うべきであり、環境を保護すればビジネスにもコストをうわまわるチャンスがもたらされると考えるようになった。厄介なのは、「環境の繁栄」という言葉の解釈が人によってさまざまであることだ。大企業は悪だとか草の葉一枚も損ねてはいけないとかの過激な思想を持ちこもうとしているのではないかと、著者たちも疑われたことがある。著者たちは単に、将来の世代が清らかで資源の豊かな星の恩恵にあずかる権利を守るべきだと言っているだけだ。

では、環境の繁栄の意味を著者たちはどう考えているのか。友人のティモシー・J・ケラーは園芸にたとえている。庭師は森林警備員でもロードローラーでもない。森林警備員は駆けずりまわって人々に何もさわらないように言う。ロードローラーはすべてに触れ、その上に舗装道路を造る。庭師は違う。世界から自然の材料を集めて庭にふたたび配し、食物を育てて人間に豊かさを与える。庭師の目標は豊かにすることである。庭の植物を豊かにする。養う人々を豊かにする。いくらか景観も変えるが、敬意を持ってきわめて慎重に行う。これが環境の繁栄である。

著者たちは実のところ、いま、資本主義がはじまって以来の機会が訪れていると思っている。それは持続可能で収益性のあるビジネスと、持続可能な環境を作ろうとする意欲を結びつける機会である。今日の多くの企業は、環境の繁栄と経済の繁栄の両方への配慮を組み合わせ、驚くほど独創的で、持続性に富み、収益性のあるビジネス・モデルを作り出している。そうした企業の一つがリサイクルバンクであり、ライト・エイドやホールフーズやチックフィルエーなどの小売店と提携し、家庭のリサイクルをうながすためのポイント制度を実施している。リサイクルバンクはリサイクル容器につけられたICタグを読みとって、消費者のリサイクル度をはかる。消費者は手間をポイントで報いられ、二万以上の小売店でそのポイントを使用できる。すべてのビジネスが環境第一になるとはかぎらないが、すべてのビジネスは環境に配慮しなければならない。すべてのビジネスが、である。世界最大の小売店チェーンにできるのなら、どんなビジネスにも可能なはずだ。

ウォルマートの買い物客は「毎日が低価格《エブリデイ・ロー・プライス》」を期待しながら陳列棚を見る。じきに商品一つひとつの環境に対する影響も見ることになりそうだ。四〇〇〇億ドルを売りあげる小売業界の巨人は、広範な評価システムの作成を計画している。これは環境や社会の持続可能性に基づいて製品に点数をつけるシステムで、たとえばその商品がどれほどの大気汚染を生んでいるかや、製造にどれだけの水が使われたかといった情報を提供する。栄養表示のラベルに似ているが、対象は環境である。

ウォルマートは、世界中の一〇万社の納入業者に対して、持続可能性のためにどんな取り組みをしているか、一五の質問をする予定でいる。「貴社では温室ガス削減目標を公表していますか。もし公表しているのなら、それはどんな目標ですか」[#11]といった質問だ。この案は多くのグループから賞賛されている。「ウォルマートの新戦略の長所は」とウォルマートに詳しいローザベス・モス・カンター教授は述べる。「情報の授受を求めるだけで、何か変えろとは誰にも言っていないことだ。公害企業が公害を続けたいのなら、そのデータをウォルマートのラベルに提供するかぎりはそうしてかまわない。消費者がラベルを読んだうえで公害企業の製品を買うのなら、それもかまわない」[#12]。言い換えれば、ウォルマートは市場の不完全性を補っている。完全な市場では、消費者は購入の判断基準になる完全な情報を得られる。しかし、グローバル化が複雑さを増し、環境への懸念が強まったのに、消費者の得る情報はそれについていけていない。ウォルマートは、たとえ政府が何もしてこなくても、あるいは何もしようとしなくても、企業が進み出て社会問題に取り組めるのだと改めて教えている。いまや一〇万の納入業者とその数百万の従業員にとって、環境基準は必須の問題になっている。ウォルマートとの取引は必須なのだから。

ファイバーグラス危機で、トム・スティーヴンズはファイバーグラスの発ガン性についての不確かな根拠を示された。経営陣は何週間も精力的に働き、法律や医療や科学の専門家と会った。何も手を打たないことから、ファイバーグラス事業から完全に撤退することまで、あらゆる長期的な選択肢を検討した。しかし、まず何を決断すべきかは明らかだった——情報公開である。ドールがシンポジウムでファイバーグラスについての推測を述べてから数時間のうちに、マンヴィルは世界中の自社施設すべてにその危険性を告知した。

続いてスティーヴンズは大々的なラベルの貼り替えキャンペーンの実行を決め、すべての消費者、卸売業者、従業員に発ガンの危険性を知らせることにした。ラベルの貼り替えは義務づけられていなかったし、顧問弁護士は要らざる不安や訴訟を招きかねないとして反対した。しかし、スティーヴンズとそのチームは、ファイバーグラスに曝露されている人にはリスクにかかわる決断を自分でくだす権利があると判断した。「企業の繁栄は、活動の場となる社会の価値観に一致するかどうかにかかっている」という信念を持ち、それが行動基準になった。これは経済的にも報われた。貼り替えキャンペーンを公に実施したことで、マンヴィルは以前より多くのビジネスを勝ちとり、消費者からの好感も高まった。[#13]

本章でとりあげた各ケースは、経済、社会、環境の繁栄を生み出そうと努めるときにリーダーが出くわす難題や機会をよく示している。マンヴィルはなんらかの対応を迫られたが、何も手を打たないのもラベルを貼り替えるのもリスクがあった。マンヴィルのリーダーたちは、より根本的な価値観を行動指針としなければならなかった。納入元の子供の労働条件を知ったジャック・ツヴァーレンの状況は違ったが、重大なリスクがあった。ツヴァーレンは会社を守ったが、それでよしとしなかった。市場から完全に手を引いたときの二次的な結果を考慮し、影響を受ける子供たちに配慮したプログラムを開始した。ウォルマートのリスクはこの三つのケースのなかでいちばん小さいが、同社は環境の繁栄への配慮を中心に据えた戦略を押し進めている。われわれは不確かな世界に生きている。マンヴィルはファイバーグラスのラベルを貼り替えたことで、市場から罰されてもおかしくなかった。決断の瞬間、結果を明言できる者はいない。最善の知識と最大の勇気を持って行動するしかない。

世界はあるべき姿になっていない。われわれは持続可能な経済の繁栄をまだ達成していない。現在、世界で九億二三〇〇万人がスラムに住んでいて、これはヨーロッパの全人口より多い。本書の執筆時点で、五〇〇〇万人が失業している。われわれは持続可能な社会の繁栄も達成していない。自分の名前を読み書きできる人は発展途上国ではまだ少ない。国連が設置した現代の人身売買制度に関する作業部会は、過去一〇年間で二〇〇〇万人が借金のために奴隷に身を落としたと試算している。持続可能な環境の繁栄も達成されていない。世界の一一億人が安全できれいな飲み水を入手できずにいる。汚れた水と基本的な衛生設備の不足のために毎週四万二〇〇〇人が命を落とし、うち九〇パーセントは五歳未満の幼児である。[#14]

人間のDNAは九九・九パーセントまで共通なのに、暮らし向きには厳然たる差がある。世界の三分の一は食料が行きわたり、三分の一は充分な食料がなく、三分の一は飢えている。日本の平均寿命は八二歳だが、スワジランドではわずか三二歳である。[#15] まるで別の惑星に住んでいるかのようだ。MBAの誓いの第七条は、この現実を認識する。人間は虚空であてもなくぶつかり合っている原子の寄せ集めではないと理解する。われわれは同じ人間として結びついており、世界をあるべき姿にするために協力しなければならない。世界のあるべき姿とは、誰も飢えず、勤労意欲のある者には仕事があり、防げる疾病は防ぎ、社会が直面する最大の課題に取り組むためにビジネス・リーダーが影響力を駆使する状態である。もちろん、ビジネスの義務は政府や非営利団体とは違う。このような誓いを示すからといって、ビジネスは世界のあらゆる問題を解決すべきだとか解決できるとかと言うつもりはない。著者たちが言いたいのは、問題を無視せず、自分たちのどういう行動がその問題を引き起こしているのか、またどう行動すれば解決に貢献できるのかを自覚すべきだということだ。世界はあるべき姿になっていないが、時間とスキルと資源を用いてよりよい場にすることはできる。経営者はその機会を見逃さず、自分の繁栄と全員の繁栄を結びつけようと力を尽くすべきだ。よき生のための協力関係に加わろうと力を尽くさなければならない。

9 経営者の誓い

この誓いにしたがって生きていくうえで、私は他のMBAに対して説明責任を持ち、他のMBAは私に対して説明責任を持つ。私はプロフェッショナルとしての自分の評判や名誉が、職業全体に与えられる敬意や信頼に基づくことを認識し、この敬意と信頼を高めるために、経営のプロフェッショナルとしての基準をみずから体現し、守り、発展させる責任を負う。

――MBAの誓い、第八条

MBAの誓いは、ビジネスのプロフェッショナルとしての適切な目標を表している。誓いに署名したわれわれ全員のいまの課題は、この目標を実現させることだ。

――イーサン・コーエン

（ボストン大学二〇〇九年卒業生、署名番号一七〇四）

説明責任を果たすことで信頼を回復した見事なケースとして、一九九一年に投資銀行のソロモン・ブラザーズで致命的なスキャンダルが発覚したあとに、ウォーレン・バフェットの発揮したリーダーシップがある。最盛期のソロモン・ブラザーズは、注目度でも動かす金額でもウォール・ストリート屈指の巨大投資銀行だった。『ライアーズ・ポーカー』（マイケル・ルイス著、東江一紀訳、角川書店）の題材にもなったソロモンは、M＆Aと自己勘定取引を得意とした。設立されたのは一九一〇年だが、躍進したのは経済が好調だった八〇年代で、ウォール・ストリートではじめて担保証券を発行したのもソロモンだった。しかしながら、八〇年間の経営の末に、この名高い投資銀行は苦境に陥った。

一九九一年八月、ソロモンの政府関連の取引デスクは、顧客の名義を借りて不正に入札に参加し、関与を明かさずにアメリカ国債を購入して、財務省の規制をくぐり抜けていたことを認めた。これだけでも充分な不祥事なのに、不正の調査が進むにつれ、さらなる不祥事が明らかになった。不正行為を四月から知っていたにもかかわらず、政府に伝えていなかったことを幹部たちが最終的に認めたのである。五か月近くにわたり、この投資銀行のリーダーたちは思案するだけで明確な行動を起こさなかった。ソロモンが不正入札を知っていながら明かさなかったことは、当然ながら人々の詮索を招いた。他にも何か問題を隠しているかもしれない。ソロモンの株価は三六ドルから二〇ドル台半ばまで急落した。

これは重大な事件だった。ソロモンは首謀者を罰して状況を正すかわりに不正を隠蔽した。身のほど知らずにも財務省を侮辱した。事件の発覚は金融界全体を揺るがし、社長のトーマス・ストラウスと著名な会長兼CEOのジョン・グットフレンドの辞任へとつながった。

オマハの賢人ことウォーレン・バフェットは当時ソロモンの株主で、グットフレンドの辞任後に会長に選ばれた。バフェットはただちに行動を起こし、投資家への手紙という形で、今度の難局を乗り越える指針として新しい説明責任の原則を示した。六〇万ドルを費やして第3四半期の投資家への手紙を《ウォール・ストリート・ジャーナル》《フィナンシャル・タイムズ》《ニューヨーク・タイムズ》《ワシントン・ポスト》の各紙に掲載させた。バフェットは、収益力のあるビジネスは強固なプリンシプルの上に築かれるという信念を述べた。「ソロモンには、市場の条件が有利なときなら多額の収益を上げる組織的な力があります」。テニスにたとえて続けている。「ライン際の曲芸まがいの技に頼らずとも、コートの中央で果敢にプレーすれば、それだけのすぐれたリターンが得られると私は信じています。大きな利益は良き行動とけっして相反するものではありません。われわれの目標は何十年も前にJ・P・モルガンが述べたものになるでしょう。モルガンは、自分の銀行の業務が『第一級の方法による……第一級のビジネス』になるのを見たいと望んでいました。われわれもどんなビジネスをするかだけでなく、どんなビジネスを拒むかによって、自分たちを評価していきます」[#1]

手紙のなかで、バフェットはソロモンの従業員一人ひとりに「法規以上に重要な基準を指針とする」よう求めている。「従業員はどんなビジネス行為も熟慮し、情報をもった批判的な記者の手で地元の新聞の第一面にその行為が書かれるのを、この目で見たいのかどうかと自問すべきです。しかもその記事は配偶者や子供や友人も読むのです。われわれソロモンの人間は、法的には問題なくても市民の目から見て不快な活動だったら、それにかかわるのをけっして望みません」。

バフェットの手紙は法律の精神や倫理にかなったビジネスや持続可能な経済の繁栄を支持するものであり、本人に「ミスター誠実《インテグリティ》」というあだ名がつけられた理由をよく物語っている。

ＭＢＡの誓いの最後となる第八条は単純だ。「この誓いにしたがって生きていくうえで、私は他のＭＢＡに対して説明責任を持ち、他のＭＢＡは私に対して説明責任を持つ」。説明責任とは責務の認識である。誓いを立てたら、そのとおりに生きるよう求められる。だがこの最後の誓いは、誓いを立てることそのものの重要性を強調している。第八条はこう訴えている――自分がこれに背かないようにしてもらいたい。自分が責任から逃れないようにしてもらいたい。自分もきみたちを責任から逃れさせはしない。

著者たちの見るところ、説明責任は、仲間《ピア》から与えられる規範は法的な義務よりも責任ある行動を導きやすいという発想に基づいている。規制は抜け道を生む。仲間に説明責任があるという個人的な動機は、もっと強力な行動規範になる。説明責任があるために、誓いの署名者は倫理にもとる行動を避け、決断の手がかりとして仲間たちの力を借りる。このビジネス行動をみずから監督するアプローチは、経営は重要な仕事であると社会にふたたび信頼してもらう最善の方法である。

バフェットはソロモンが完璧な企業で過ちから無縁であり続けるとは請け合わなかった。「大きな組織のつねで、ソロモンも過ちや失敗を犯すでしょうが、われわれはあたうかぎりすみやかにそれを把握し、同じくらい迅速にそれを正します」。しかしバフェットは、法律や道徳に反する行為は大目に見ようとしなかった。トレーダーや交渉担当者が損失を出しても理解を示すが、「わずかな評判」でも失ったら「容赦しない」と述べた。法律などに違反している従業員がいたら「すぐさま直接自分に」報告するよう求めた。自宅の電話番号まで教え、何か疑わしい行為を見たら電話をかけるよう従業員に指示した。

ウォーレン・バフェットはほんとうに自宅の電話番号まで教える必要があったのだろうか。たぶんなかっただろう。だが、この行動が象徴する重要な意味は明らかだ——自分は会社に対する株主の信頼をとり戻すためならどんなことでもする。説明責任を持つとはこういうことである。約束を守るためなら、どんなことでもするし、それに対して責任を問われてもいい。このような行動が、バフェットをビジネスにおける説明責任の鑑たらしめている。

それは土曜日のことだった。著者たちは書店チェーンのバーンズ・アンド・ノーブルのマンハッタン店で喫茶コーナーにすわり、執筆作業に取り組んでいたのだが、一二フィート先の光景のために気が散ってそれどころではなかった。その席には高校生くらいの少年と父親がすわっていた。ニューヨーク市の観光案内が七冊もテーブルに積みあげられていたことからするに、二人はこの街の出身ではないらしかった。親子がどう見ても観光客だから注意を引かれたのではない。父親があわただしく観光案内に目を通しながら、時々手を止めては息子にそれを渡し、息子がテーブルの上にそのページを広げてデジタルカメラでこっそり撮影していたからだ。カウンターの向こうにいるバリスタは気づいていなかったが、しまいにはそのテーブルに注意を向けた。父親は息子に手振りで合図した。二人は観光案内を閉じると、テーブルに置いたまま、立ちあがって悠然とドアから出て行った。その向こうにはニューヨーク市の名所と喧噪があり、二人はカメラにおさめた画像を案内役にするはずだった。

著者たちの世代は、いまだかつてない時代に成長した。料金を払わずに音楽や映画をコンピューターにダウンロードできる世界に育った。本だって買わなくてもデジタルカメラで撮影できる。もしかしたらいまあなたも、書店でこのページを撮影しているのかもしれない。もしそうなら光栄だと言っておこう。でもどうかやめていただきたい。

著者たちは何か言うべきだったのだろうか。他の客は？　書店における説明責任はどこにあるのか。ＭＢＡの誓いの説明責任はどこにあるのか。ＭＢＡの誓いにかかわる説明責任には、二つの問いがある。第一に、どうすればわれわれ自身が、指針にしたがって生きることに対して説明責任を持てるのだろうか。第二に、どうすれば互いに説明責任が持てるのだろうか。

どうすれば自分自身が説明責任を持てるのか

著者たちははじめから説明責任をＭＢＡの誓いの中心に据えた。まず何よりも、同期生が一緒に公の場で誓いを立てることにした。われわれは並んで立ち、互いへの誓約として誓いの語句を復唱した。説明責任を負うとする個所に来たとき、会場の人々は視線を交わし、この約束の重みを体に染みこませた。

それに加え、最初の署名者から最近の署名者まで、全員がwww.mbaoath.orgにあるオンライン上の公開名簿に名前を書き加えている。誓約をオンラインで公開し、形として残せば、誓いをより真剣に受け止めてもらえるはずだ。ウェブサイトが存在するかぎり、ＭＢＡの誓いを立てた者は自分の約束を守ると公に誓っていることになる。これは説明責任を果たすための道具としては単純すぎるように思われるかもしれないが、情報をオンラインで公開するだけで説明責任が強化される例はたくさんある。

連邦議会の議員は、これまでの法案への賛否や政治的な貢献がオンラインで公開されるようになったために、以前より説明責任が増した。配管工や電気工などのサービス請負業者も、利用者がオンラインで評価を読めるために、説明責任が増した。最近では、投資ファンドの取締役二人が、ホワイトカラー犯罪との戦いをみずから引き受け、法廷からくだされる処罰を強化することにした。刑務所に入れるだけでは充分ではないと、二人は考えた。最悪の詐欺師は永遠に名前をさらしてやらなければならない。そこで閲覧者がホワイトカラー犯罪を理解して防止するための教材にしようと、ウェブサイト（www.thehallofinfamy.org）を作った。このウェブサイトには、古今の最悪の詐欺師やペテン師の経歴が載っている。

イェール大学の行動経済学者、ディーン・カーランは、インターネットを利用した説明責任の持ち方をさらに進化させた。ウェブサイト（www.stickk.com）を作り、ユーザーが期日までに目標を達成する動機として金銭のからむ誓いを立てられるようにしたのである。ユーザーはクレジットカードで金を預け、（禁煙や一〇ポンド減量などの）目標と、それの達成を証明する（医者の前で体重をはかるといった）方法を決める。目標を達成できれば、金は返ってくる。達成できなければ、金は慈善団体に寄付される。プロフェッショナルとしてしかるべき説明責任を持つことにまで同様のシステムが通用するかどうかはわからないが、近いうちに発想の豊かな人々が、ツイッターやフェイスブックのような新しいウェブテクノロジーを利用して説明責任を強化する方法を見つけてくれるだろう。

どうすれば互いに説明責任を持てるのか

ＭＢＡの誓いを立てておきながら、知恵や倫理の手本とは言えない人生を送っている人がいるのは間違いない。こういう人はそれでも誓いを立てて、指針を守って生きると誓った人々の輪に加わっている。指針を守り続けているグループの存在を公表すれば、行動の悪しきパターンを変えていこうとする動きにつながるはずだ。このようなグループに加わるのは、けっしてさらなる悪しき行動への誘いにならない。アルコホーリクス・アノニマスがアルコール依存症者を治療する最も効果的なプログラムであるのは、それが集団の力を活用して治療し、アルコール依存症者を自分自身や共同体全体と和解させるからだ。多くの人が人生で不幸な選択をするのは、孤独なときである。

これを書いている時点で、すでに著者たちは、誓いを遵守して違反に説明責任を持たせるための手段をさらに作ろうと取り組んでいる。いま温めている案は二つあり、それはタイムカプセル式のEメールとライフラインだ。タイムカプセル式のEメールは、誰しも自分の理想をときどき思い返してみる必要があるという発想から来ている。著者たちはMBAの誓いの署名者全員に、公式サイトにログインして自分宛のEメールを書くよううながすつもりだ。書いてもらうのは、誓いに署名した理由と、誓いが自分にとって持つ意味である。そしてこのEメールをそれぞれの書き手に毎年送る予定でいる。Eメールは、署名者が誓いを守って説明責任を持ち続ける手段になってくれるだろう。

また、全署名者に対して、窮地に陥ったときに連絡できる「ライフライン」を指定させることも検討している。テレビ番組の〈フー・ウォンツ・トゥー・ビー・ミリオネア?〉で、挑戦者はクイズの答がわからなかったときにライフラインに連絡する機会を与えられる。ライフラインを務めるのは、前もって選んだ雑学に詳しい友人である。ライフライン役が優秀なら、挑戦者が正しい答を見つけてゲームの勝利に一歩近づく力となれる。同じ概念はプロフェッショナルとしてのライフラインにも使える。われわれは仕事をするうちに、どうすればいいのかわからない状況に陥るかもしれない。そういうときに連絡できる、共通の理想を持った友人を作っておくべきだ。苦しい時期には、たとえ厳しくても正しい助言を与えてくれる相手が少なくとも一人は必要になる。

では、自分がライフライン役だったら？　ダイエットの話は前に論じた。ダイエットのことを黙っているよりも友人に話したほうが、成功の見こみはずっと大きくなる。けれども、自分がダイエットの当事者ではなく、友人のほうだったら？　どんな責任があるのだろうか。どれくらいかかわるべきなのか。これの答は、別の問いに対する答で決まる――どれくらいそれを気にかけているのか。もし充分に気にかけているのなら、答は簡単だ――必要ならなんでもするべきだ。

一部の結婚式では、神父や牧師が結婚の誓いをとりしきったあとに参列者に語りかける。立ち会った人々に対して、新しく誕生した夫婦を力のかぎり励まし、守るかと問う。結婚式の役目は、新郎新婦を支え、その力になるという意志を目に見える形で示すことだ。同じように、ＭＢＡの誓いの署名者も、他のすべての署名者を支え、互いに説明責任を持ち、切磋琢磨すると誓う。これが実現すれば申し分ない。ＭＢＡは、協力してみずからの理想像を追求し、真の誠実さと人柄によって導くリーダーにならなければならない。

ＭＢＡの誓いはプロフェッショナルとして説明責任を持つ大きな一歩になる。オックスフォードのサイード・ビジネス・スクールにかよう学生はインターネット上でこう書き込んだ。「われわれの多くが、これはみずからの信念と重なり合う大きな一歩だと感じている。ＭＢＡの核心は自分が豊かになるための道具を備えることだけでなく、自分の行動の影響をもっと深く理解することでもあるべきだ」[#2]。しかし、倫理のジレンマに直面したとき、署名者にはどんな具体的行動がとれるのだろうか。それには、意思決定の拠りどころとなる鋭い質問をみずからに発する必要がある。これは人々の視線と、普遍性と、遺産の面から考えるテストから成る。

ソロモンの株主宛の手紙で、ウォーレン・バフェットは人々の視線のテスト、いわゆる《ウォール・ストリート・ジャーナル》紙のテストを持ち出している――この行動が定評ある新聞の第一面に載っても自分は平気でいられるのか。新聞を広げた母親が、ありのままに書かれた記事に自分の名前を見つけたら？　それでも平気でいられるのか。

普遍性のテストは黄金律として通用するかどうかを問うものだ――似たような状況にある人が同じことをしても自分は受け入れられるのか。自分の組織の人間が同じ道を選んでも、組織の評判や将来は傷つかないか。

遺産のテストは自分の行く末を考える――こうした形で自分のリーダーシップが記憶されたいのか。

三つの問いすべてにイエスと答えられるなら、自分の考えている行動に自信を持ってもいい。

ホメロスの『オデュッセイア』には、オデュッセウスが妖女《セイレン》のいる島に船で近づく場面がある。セイレンたちが崖の上からうたう歌声には魔力があると知られていた。あまりに強烈で魅力的な歌声であるために、船乗りたちはあらがいようもなくそれに惹かれ、たびたび島の岩礁で難破していた。オデュッセウスはこの誘惑を知っていたので、島にさしかかると自分をマストに縛りつけ、船乗り全員に蠟で耳をふさぐよう言った。そのうえで、自分は一時的な錯乱状態に陥るだろうから、何を言っても縄をほどくなと命じた。船が島を無事に通過してはじめて、船乗りたちはオデュッセウスの戒めを解いた。一行は事なきを得た。

これは説明責任の好例になっている。説明責任を持つと同時に、説明責任を果たすよう強制されているからだ。オデュッセウスは自分の強さに頼っていない。弱さを認め、助けを求めている。「セイレンの歌声に非常に強く誘惑されるだろうから、マストに縛りつけてくれ」と告白している。自分が約束を守れるよう、同意のうえで仲間に強制させている。オデュッセウスが説明責任を持たなければならなかったのとちょうど同じように、船乗りはオデュッセウスに説明責任を果たさせるという困難な仕事をやらなければならなかった。オデュッセウスを縛りつけて、島を通過するときに泣き叫ばれ、懇願されても無視した。きっとオデュッセウスはそのとき船乗りたちを憎み、冷たい態度を呪ったことだろう。だが船乗りたちはオデュッセウスに説明責任を果たさせた。そして全員が生き残った。

この最後となる第八条を守れなければ、他の誓いも意味がなくなる。言動を一致させなければ意味がなくなる。われわれは聖人になると約束できる。天使になると約束できる。なんでも好きなように約束できるが、それに説明責任を持たなければ意味がなくなる。だから、法律や規制やその他の強制のシステムがわれわれに好ましい行動をとらせるまで待つのはやめるべきだ。基準を打ち立ててプロフェッショナルとして成長するために、ＭＢＡは自己監視の筋肉を鍛えなければならない。

四章で、誓いに背いた者を署名者のリストから除名しないかぎり、説明責任を果たしたことにならないという考えがあることを述べた。たしかにそのとおりだろう。仲間が行動を監視し、違反した者の資格を剝奪するときのみ、行動規範は実効性を持つ。医療やエンジニアリングや法律の分野はそういう仕組みになっている。こうした監視を行う国家機関が作られるよりずっと前は、大学と結びつきの深い地域団体がそれを担っていた。

ＭＢＡの学位でもそれが次のステップになるだろう。各スクールはＭＢＡの誓いの指針とおおむね一致する修了基準を設けることができる。現実に圧力を加えるにはそうするしかないかもしれない。あるいは、強制を目的としたスクール間の幅広い合意が形成される可能性もある。経営が免許制になり、免許の取り消しもできるようになるとは考えにくい。しかし、現在でもＭＢＡの卒業生の地位は非常に高い。ビジネス・スクールにかよった経験は、ビジネス上の人脈と履歴書の採用印の貴重な源になる。プロフェッショナルの指針に背いたら自分たちの地位が危うくなると卒業生が知っていれば、投資家から金を巻きあげたり取締役会に嘘をついたりするのをためらうようになるはずだ。

これだけでも実を結ぶには何年もかかるだろう。われわれはその間も前に進む。仕事をするときの全体的なプリンシプルを提案する。プリンシプルの支えとなる組織的なインフラを検討し、設立する。この転換期に重要なのはアイデアと、説明責任を課されてもいとわない態度である。

古代アテナの人々は、最も望む自由が責任からの自由となったときに自由を失い、二度と自由を得なかったと言われている。われわれの時代では、あまりに多くの人々があまりに長い間、責任からの自由を望んできた。著者たちはこれにノーを突きつける。責任を負おう。自由な社会で力を尽くして事業を運営することは、自由にともなう責任の重みに見合う価値がある。

II

倫理的であることを教えられるか

10 ビジネス・スクールで倫理は教えられるか

ＭＢＡになるとは、ゲームのルールを尊重し、自分が率いる人々を尊重しつつ、新たなものを打ち立て、他人と競い合うと固く誓うことだ。
——パオロ・マッツァ
（ミラノ工科大学ＭＩＰビジネス・スクール二〇〇九年卒業生、署名番号一四〇八）

病院の診察室に入ったとき、額入りの医師免許証や学位記が壁に掛けられているのをよく目にするはずだ。その意味を深く考える人は少ないだろうが、こういう額入りの書面はあるメッセージを伝えている——この人物は信頼に足る、と。あなたは、医師が自分を助けるためにそこにいるのだと見なす。何があってもこちらの利益を第一に考えてくれるはずだと受け止める。プロフェッショナルとして正しいことをすると誓った人物に、あなたは自分の問題をゆだねるわけだ。額入りのＭＢＡの学位記を見ても、同じ思いを抱かないのはなぜなのだろうか。

もしＭＢＡも安心できるメッセージを伝えていて、この学位の取得者は正直で、誠実で、勤勉で、公益のために尽力することを誓ったのだと伝えているとしたら？　もしＭＢＡが、無謀よりも分別で、自惚れよりも謙虚で、狡猾よりも正直で知られていたら？ ＭＢＡを持っていることが、プロフェッショナルとして揺るぎない行動原則を持っていることを意味したら？ 経営者のオフィスに歩み入って、壁に掛けられたＭＢＡの学位記を見たとき、ほんとうに安心できるとしたら？

ここではっきり述べておきたいのだが、著者たちはビジネス教育の支持者だ。ビジネス・スクールで過ごした二年間は人生最良のときだったと思っている。自分にそこまでできるとは思っていなかったほど懸命に勉強し、予想していたよりも多くを学び、期待していたよりも深い友情を築いた。自分たちの授かった教育と学位はプロフェッショナルとして大きな価値があると確信しているし、適切な長期投資になったと思う。とはいえ、ＭＢＡ教育になんの問題もなかったとは考えていないし、そのうちの最も興味深い問題はビジネス紙でもめったに論じられない。

実際のところ、ＭＢＡという学位は定義しなおさなければならない。昨今では、そのほんとうの意味を知る者はいない。ビジネス・スクールで学生が習得する知識の共通母体はないし、必修単位数は決まっていないし、正式な免許制度もない。ＭＢＡは一年間の課程でも二年間の課程でも取得できるし、定時制でも全日制でも、通学でもオンラインでも取得できる。こういうふうに融通が利くのはすばらしいことだが、内容や中身はどうなってしまうのだろう。今日では、世界中で一万を超える団体がＭＢＡの学位を授与している。こうした団体のうち、いったいどれが、将来の収入だけでなく社会に対する責任や義務も考えているひたむきでまじめな卒業生を送り出しているのだろうか。

ＭＢＡの誓いは広くビジネス教育までをも改革しようとするものではないが、自分たちの受けた教育を鑑みて作ったものだ。受講中に出くわした問題を説明すれば、誓いを作るというドラマが繰り広げられた舞台を見せられる。この章と次の二つの章では、現在のＭＢＡ教育がどのようなもので、過去はどうだったか、そして未来はどうあるべきかを考える。

ハーバード・ビジネス・スクールの図書館には、「金融、産業、商業の学問における知識と誠実さを向上させる」という理念を記した銘板がある。もしこの単純明快な理念が実現し、ビジネス・スクールの卒業生が知識と誠実さで定評を得たら、経営の全分野は一変するだろう。同期生の多くも、この理念を目標にしていた。だが途中で、いま自分がここにいる理由を見失ってしまった。理念は石に刻まれているが、ビジネス・スクールの文化にある摩擦がそれをこすり落とし、過去のビジネス事例の山のなかに埋もれさせてしまうのである。

これこそがビジネス・スクールにつきまとう問題であり、ここには自分がどんな人間であり、何を体現しているか忘れさせるという意図せざる力がある。忘れた結果、卒業生は人々や組織をうまく率いる準備もできないうちにスクールを離れてしまう。このテーマについてはたくさん書けるが、ここでは要点を明らかにするために四つの分野に絞りたい。特権、ランキング、細分化、倫理の四つである。

特権――チョコレート工場への通学

ビジネス・スクールへの入学を志望したとき、著者たちはスキルの幅を広げ、リーダーシップ能力を高め、プロフェッショナルへの道を開きたいと思っていた。世の中に貢献したいという理想を抱いていたが、具体的にどうするかはわかっていなかった。何をするにせよ、ひとたびビジネス・スクールに入学できれば、「望みはなんでもかなうだろう」という漠然とした考えを持っていた。

合格の電話をハーバード・ビジネス・スクールからもらったときは、ウィリー・ウォンカのチョコレート工場〔二〇〇五年製作のアメリカ映画『チャーリーとチョコレート工場』のこと。ウォンカは主人公の工場長〕に行ける金色のチケットを勝ちとった子供のような気分になったものだ。見学ツアーも、そこが想像どおりのすばらしい場所であることを改めて教えてくれた。チョコレートの川や食用マシュマロ枕こそなかったものの、キャンパスはそれ以外の驚異で満ちていた。ダークウッドと贅沢な赤革の鏡板をめぐらしたジムの壁には、超一流の芸術品が飾られている。カフェテリアには常勤の寿司職人が何人もいる。キャンパスは整備員がまさに軍隊並みに目を光らせている。秋になって葉が散っても、整備員が空中でつかみとってしまうために芝生にまで落ちないという噂まである。こうした快適な環境は、ここが特権の地であるという無言のメッセージを伝えている――自分を甘やかしていいのだと。

一流のビジネス・スクールに通うのは、カントリークラブの会員権を得るのと、いくつかの点で似ている。高い金がかかるけれども、裕福なエリートたちの集まりに仲間入りを果たすというステータスそのものが、目的になっている。特に金融やコンサルティングの業界からそのまま来た学生は、ビジネス・スクールを週八〇時間の労働から解放される二年間の休暇だと考えがちだ。この手の学生は、ゴルフをしたり、旅行に行ったり、人生をエンジョイしたりする時間がようやく持てたわけで、もう一度大学の一年生をやりなおしている。今度はもっと上等なビールを片手に。

ビジネス・スクールの例に漏れず、ハーバード・ビジネス・スクールも二年間の課程で六桁の授業料を請求する。ほとんどの学生は即金で払えないので、ローンで学費をまかなう。教育、社会学、医学、社会福祉などの分野の大学院生は、将来のローン返済がいまから気がかりなので、つましい学生生活を送る。ビジネス・スクールの文化は違う。ハーバードにかようＭＢＡの学生の大部分は、節約のために家でマカロニチーズを食べたりしない。キャンパスの文化は、バーやレストランで贅沢な夜を過ごし、外国でエキゾチックな休暇を体験するよう陰に陽にうながす。これが隠れた社交術カリキュラムとなり、学生が特権と放恣な生活に慣れるのを後押しする。

よく言われるのは、将来の稼ぎで学生ローンや借りすぎた金はすぐに返せるという理屈だ。後れをとるまいとして、ほとんどの学生は借金に頼る。言い換えれば、持ってもいない金の使い方を学ぶ。ビジネス・スクールでの「価値」をめぐるゲームには、自分のサービスが集団に与える価値よりも、自分の資産（あるいは思いこみの資産）がかかわってくるからだ。そこでは、何を与えられるかよりも、何を得られるかが大きな意味を持つ。

ＭＢＡは金融の講座で借入金を通じて収益率を高める方法を習うが、学生が信用の力を学ぶのはスクールの外だ。限度額までローンを組み（そして多くの場合、一年間金利ゼロのクレジットカードを何枚か作り）、借金がライフスタイルを潤す手段になると知る。借りるだけ借りて、ローンはあとで返せると見込む。しかしこの判断は、もう一つの結果をもたらす。一五万ドルの借金を背負った一流ビジネス・スクールの卒業生には、大型金融機関で巨額のボーナスを得る道以外に選択肢はないと言っていい[#1]。

ＭＢＡの卒業生が、もっと業績をあげようとしてよく借金で会社に「梃子入れ《レバレッジ》」したがるのも、不思議はない。ビジネス・スクールでそれぞれの生活を送るうちに、そういう立ちまわり方が染みついてしまうからだ。同じ借り入れ方針を会社に応用して何が悪い？　ビジネス・スクールは借金の最も巧妙な使い方を学べる場所かもしれないが、最も賢明な使い方を学ぶ場所だとは言えそうにない。

ランキング――新聞売り場への通学

ビジネス教育の質や内容についての世評に最も影響力があるのは、《ＵＳニューズ＆ワールド・レポート》《ウォール・ストリート・ジャーナル》《エコノミスト》《フィナンシャル・タイムズ》などの、毎年ビジネス・スクールをランクづけしている定期刊行物だ。この事実は否定しようがない。著者の二人も、ビジネス・スクールへの入学を出願するときはランキングを念入りに眺めていた。それはみな同じだ——学生であっても、理事であっても。こうした評価では、ジャーナリストが「上位一〇校」や「上位二五校」をランクづけする。あるスクールがトップクラスに位置づけられるとき、それは何を意味しているのだろうか。ランキングではどんな要素が考慮されているのだろうか。

スクールのランキングはたった一つの基準に大きく左右される。そこの卒業生が、ビジネス・スクールを出てからの一年間で、平均してどれだけの報酬を得たかである。卒業生の平均給与が高ければ高いほど、そのスクールは上位にランキングされる。たしかに、英語には「プディングの味を知りたければ食べてみることだ」ということわざもあるし、ビジネス・スクールは金の稼ぎ方を教えるところなのだから、それでいいのかもしれない。しかしながらこの理屈は、ビジネスのプディングとはひとえに受けとる金であって提供するサービスではないという考えを前提にしている。こちらから与える価値ではなく、こちらが得る価値に偏った評価基準になってしまっている。

ランキングのシステムは一見すると理にかなっている。ビジネス・スクールは高くつくので、入学志望者は投資にどれだけのリターンを期待できるか知りたがる。しかし、当初は理にかなっていたこのシステムも、数字のみを偏重したものに早々となりさがっている。この亀裂が見落とされたために、実際の教育の質を評価するにあたって間違ったデータがランクづけに使われている。ジャーナリストたちが行っているのは歪んだランクづけであり、そこでは卒業後の一年間で最も儲けた者を送り出した学校がひいきされる。それによってジャーナリストも、ＭＢＡは個人の成長などめざしていないという不信感を生むのに荷担している。

核となるカリキュラムが、企業の長期的な存続のみならず公益も重んじるすぐれたビジネス・リーダーシップを吹き込むために組み立てられていたらどうだろうか。この目標を矛盾していると言う人は多いが、実際はまったく矛盾していない。最近の経済史が、その正しさを証明している。

「当校に来れば収入が一・五倍に！」というような宣伝戦略を使って売り込むビジネス・スクールは、金持ちになるのを最優先にしているタイプの学生に迎合している。ビジネス・スクールのランキングが卒業後一年間の給与を根拠にするかぎり、「選び抜かれた秀才」も金が第一の考え方に染まるようながされる。ナンバーワンになりたければそうしなさい、誰よりも金を稼ぐのが仕事なのだから、というメッセージをそれは伝えている。これは学生をスクールにおびき寄せる甘言だ。この手の方針は、国民を昂揚させうる才能を持った公共心の豊かなリーダーを生み出すかわりに、金儲けばかりを重視する。だから、価値ではなく報酬が教育の要になってしまう。

ランキングのゲームは学生の社交生活にも持ちこまれる。学生はキャンパスをはじめて訪れた日から、要職に就くかインターンとして働かなければならないというまわりからの圧力にさらされる。ビジネス・スクールは二年間の懇親会であり、職業上の人脈作りの場のように感じられるときがある。多くの学生はしゃれたデザインの名刺を持ち歩いている。スクール担当のリクルーター、教授、さらには同期生に会うたびに、落ち着かない様子で身だしなみを整え、知識の吸収や思慮深い会話はそっちのけで仕事のきっかけを探す。しかしながらわれわれは、自分の出世だけを考えるのは経営に携わる者として危険な態度だということが明らかになった新たな時代に生きている。ビジネス・スクールと新しいＭＢＡ卒業生の課題は、私利ばかりではなくみずからの決断が広く社会に与える影響を考え、価値や報酬を短期的にではなく長期的に見据えることだ。ＭＢＡの学位は背広の折り襟につける名札ではなく、人柄を物語るものにならなければならない。

　ビジネス・スクールも、翌年のランキングにばかりとらわれてはならない。上手に実務スキルを教えるだけでなく、モラルのともなうリーダーシップと勇気を教え、吹き込むことにも尽力しなくてはならない。別の道は間違いなくある。アスペン研究所は「グレーのピンストライプを超えて」と題した独自のビジネス・スクールのランキングを発表しており、これはリーダーシップの育成と教育の倫理的な内容を考慮している。イェール大学マネージメント・スクールの学長を務めたジョエル・ポドルニーは、ビジネス・スクールの認証団体であるＡＡＣＳＢが指導力を発揮するという別の解決策を提示している。ＡＡＣＳＢは「スクールによる情報発信のあり方を規定し、監督することによって、従来のランキングの正しさに疑問を投げかけることができる。たとえばビジネス・スクールが、当校で学位を得れば卒業後の収入がこれだけ増えるというような宣伝を行って勧誘するのを禁じる手がある。またAACSBは、認証の基準として法令遵守《コンプライアンス》を求める。ランキングは引き続きメディアを通じて入学志望者が見られるようにするが、正式なガイドラインを定め、数字のみに集約されない目標をビジネス・スクールが明記するよう義務づける」[#2]。完璧な解決策はないが、それを言うなら、現在の状況も完璧ではない。

細分化――全体像は見失われる

ビジネス教育につきまとう問題のもう一つの分野は、カリキュラムの細分化だ。ビジネス・リーダーはつねに全体像を見るよう教えられるべきだが、著者たちが経験したかぎりでは、カリキュラムは細かく寸断されて用意されている。開設講座はテーブルに並べられたボリューム満点のバイキング料理といったところで、経済学から経営、金融にまで及ぶが、講座を包括するテーマを探すよううながされることはめったになかった。歓迎すべきことに、ハーバードなどの一部のスクールではこれが変わってきているようだ。

経営教育の大部分は、実務別のサイロに細かく分けられていて、この互いに切り離された知識の貯蔵庫から孤立した情報を引き出している。マーケティングのサイロもあれば、金融や会計のサイロもある。ハーバードの教授たちはケース・メソッド教育を用い、実在のビジネス・リーダーが直面した個々のケースでどのような決断がくだされ、どのような結果がもたらされたかを論じる。おのおののケースは、もっぱらマーケティングや金融や会計の戦略について何を示しているかに基づいて選ばれやすい。言い換えれば、とりあげられるケースはどれも、特定の実務面の考え方にしかかかわっていない。これは学生が工具ベルトにしゃれた工具をぶらさげるには役立つが、長期的な目的ではなく実務的な事柄ばかりが学ぶべき教えになっていることがあまりに多い。こうしたアプローチにともなうリスクは、次代の経営者たちに、実務的なせまい面でのみ責任を考えさえすればいいと教えてしまうことだ。全体を考え、その決断が広く利害関係者にどういう影響を与え、公共の福祉にどう貢献するのかといった見方を、次代の経営者は教わらない。

ある批評家はこう述べている。「野心あるビジネス・リーダーの多くは、ビジネス上の決断の分析的な意味と社会的な意味の両方を考えられる包括的な人物としてではなく、専門に特化した臨床医として教育を受けている。厳密さを追求するのにともない、非人格化の過程が意図せずして生じた。為替リスクをヘッジできる学生の能力のほうが、正しいことをしようと誠実に話し合う行為よりも、大きな価値があるのかもしれない」[#3]。こうした細分化された教育環境では、学生はリーダーシップや倫理といった「ソフト」の講座よりも、金融のような「ハード」の講座に集中するよううながされる。むろんスクールがそう勧めているわけではないが、倫理やリーダーシップの講座を他のカリキュラムと分けるだけで、そうした講座が他のカリキュラムの根底にあるわけではなく、独立した分野なのだと暗に示してしまっている。

著者たちの記憶に残っているケース・スタディに、東アジアへの生産委託がある。そういう生産委託のリスクの一つは労働搾取工場に荷担する結果になることだと言った学生がいた。教授は

「そのような意見は控える」ようクラスに指示した。これは倫理ではなく戦略のケース・スタディであるからだった。だがそれこそが、戦略の近視眼的なとらえ方ではないだろうか。どういう倫理に基づいて活動するかという戦略的なリスクに無頓着な企業は、要求の厳しい消費者から不意打ちを食らうだろう。

ジョエル・ポドルニーは、「『ハード』と『ソフト』の両方の分野の教授陣が教材を開発し、それを同じクラスで使わせるような」教育チームを作るべきだ主張しているが、こういうシステムのもとでならうまくいくかもしれない。実現すれば、金融は「ハード」の講座で倫理やリーダーシップは「ソフト」の講座だという思いこみを捨てるよう学生は求められる。カリキュラムも、ある分野が他の分野とつねに関連するように統合される。[#4] 細分化されたカリキュラムでは、われわれは人間特有の亀裂を察知したり意識したりするのを怠りがちだ。それは現実の経済や社会にできた恐るべき規模の亀裂だと言っていい。われわれはかつて知っていた事実を無視している。知識のサイロ同士の間には亀裂があり、それぞれのサイロは孤立し、分断され、他の知恵の貯蔵庫を無視していることを。

倫理

以前著者たちは、世界トップのビジネス・スクール七校の学生会長に、各スクールの倫理の講座について尋ねた。返答はさまざまで、一年次に四週間の短いカリキュラムを設けているところもあれば、選択科目としているところもあった。これはこぼれ話にすぎないが、そこには明らかな傾向がうかがえる――多くのビジネス・スクールが、ビジネス倫理にわずかな注意しか払っていない。ビジネス・スクールがモラルに基づくリーダーシップや自己分析を教えないのなら、旗をおろして船を捨てるも同然だ。セオドア・ローズヴェルトも、知性の面のみ教育してモラルの面を教育しないのは、社会に対する脅威を育てるのに等しいと述べている。さいわい、最近のビジネス・スクールは、金融危機だけでなく倫理も学ぶ講座を新たに設けつつある。MBAの教育課程における独立した倫理の講座は一九八八年の五倍にまで増えた。しかし、ビジネス倫理の講座を開けば、倫理のカリキュラムの充実につながるとはかぎらない。誰も本物の金をやりとりしない机上で倫理を気楽に論じたところで、成績評定以外にたいして個人的な影響はない「ソフト」の講座と見なされるだけだろう。

ビジネス倫理は最も才能と識見に富む教授が教えなければならない。もし馴れ合いの「軽い」講座におとしめてしまったら、学生も同じようにその内容を、自分の教育に添える高価な飾りとして扱うだけだ。しかし、学識があり、尊敬されている聡明な教授であれば、講座にエネルギーと熱を吹きこみ、議論を沸騰させ、熱気と情熱を学生に植えつけることができる。そういう現役の教授は実際にいた。このタイプの教育は、学生を惹きつけるだけでなく、刺激に富み、効果的だ。こうした教授に出会えた著者たちは幸運だった。ビジネス・スクールで習ったさまざまな金融関係の公式はもう忘れてしまったが、倫理の講座で繰り広げられた白熱の議論はこれからもけっして忘れないだろう。

倫理教育は一つの講座に限定されるべきではない。カリキュラム内の選択科目という脇役に追いやられるべきでもない。ビジネス倫理とプロフェッショナルとしての責任は、ビジネス教育のタペストリーを貫くあざやかな糸として織りこまれなければならない。ビジネス上の決断がモラルの面から見てどういう結果をもたらすかは、ビジネス・スクールのカリキュラムで日々とりあげられる不変のテーマであるべきだ。価値や倫理をつねに考慮することなくビジネスの基本活動を行うのは不可能だという考えを広めなければならない。

ケース・メソッド教育は、自分がそのケースの主役となったときにどう決断するかと考えざるをえないので、学生に自覚をうながす有効な手段だ。それは教室で真のリーダーシップを試すのに最も近くなりうる。だが、ケース・メソッドには、教える側が賢明な指揮官ではなく単なるまとめ役になってしまうと、感情的、知的限界を超えて考える意欲を学生に掻き立てられない。

才能豊かなビジネスの教授は、学生に議論の応酬をさせるだけでなく（これは時間を潰す便利な手だ）、不快で不確かな分野にも踏みこんで、議論を引き出すだろう。ときにはまとめ役に徹するのではなく、教授《プロフェッサー》も告白《プロフェス》しなければならない。バリー・ミトニックは「自己治療と同じように自己訓練も、プロフェッショナルの監督のあるときが最も効果的だ」[#5]と述べている。探求させたい分野が、その教授自身の知識を超えているときもあるかもしれない。しかし、それがどうだというのだろう。そういう場合は、教授も学生に戻って、知識不足を恐れずに認め、全員のより深い理解へ向けて議論を導けばいい。「教育する」を意味する英語のeducateは、「前へ導く」を意味するラテン語のeducereが語源になっている。したがって、教育そのものもリーダーシップの実践であるべきで、単なる子供じみた知識の張り合いであってはいけない。ときどき教授は模範を示して指導し、道筋を教えなければならない。聡明な人間は既知の事柄だけでなく未知の事柄も理解する大切さを知っている。未知の事柄には、いずれ悲惨な事件をもたらしうる見えない亀裂も含まれている。

一部の教授は、この目標を達成するこつを心得ている。人間としての経験を強調し、優秀で熱心なだけでなく思いやりのある学生を育てようとする。著者たちにマーケティングを教えたヤンミー・ムーン教授は途方もなく陽気でありながら用意周到な人物で、リーダーシップと人間性のより深い理解へと受講生を導いた。講義で教授は、自分の幼い子供が熱で目を覚ましたので、幼児用の有名ブランドの薬を与えて熱をさげようとしたことを話した。はじめのうち、熱はあがり続けた。教授はパニックに陥って助けを求め、姉とかかりつけの小児科医に連絡した。二人とも、落ち着いて薬が効いてくるのを待つようアドバイスした。電話したり安心したりを繰り返すうちに、子供の熱は引いた。

ムーンはこれを「酸素の瞬間」と呼んだ。不安が晴れ、気分が楽になって、ふたたびふつうに息ができるようになった瞬間だった。親になったばかりの教授は最悪の事態を恐れたが、製薬企業を信頼せざるをえない状況に追いこまれた。信頼するのはためらわれたものの、医者と姉の励ましで落ち着きをとり戻し、アドバイスにしたがって巨大な製薬企業を信頼することに決め、息子の治療をゆだねた。信頼は報われた。

ムーンがこの話を講義に使ったのは、ビジネス活動が実際に大きな意味を持ってくることを強調するためだった。マーケティングは単なる販売促進戦略ではない。ときには生死にかかわる信頼関係を企業と消費者との間に築くことも、そこに含まれている。

二十数年かけて作られた価値観を、ＭＢＡの教育課程が二年で変えられるとは著者たちも考えていない。ビジネス・スクールへの入学者は、それまでの生涯で築かれた価値体系を持っている。多くの入学者は、自分の価値観を変えたいとはまったく思っていないだろう。その反面、モラルや倫理についての考え方には、人によって食い違いや盲点がある。それゆえ、人生のむずかしい局面を経るうちに、隠れていた亀裂が広がり、あらわになる。ビジネス・スクールの教育によってこうした盲点を自覚できれば、将来起こりうる災いを見つけ、防ぐためにずっとたしかな備えができる。ビジネス教育における倫理の講座は次の四つに努めるべきだ。倫理的なジレンマを学生に認識させること、学生が広い視野に立って考えられるようにすること、行動手段を教えること、そして学生におのれの信念を吟味させて自覚をうながし、その信念のたしかさを試すことの四つである。

すでにこうしたプロジェクトを進めている学校もある。ヴァージニア大学ダーデン・スクール・オブ・ビジネスのロバート・ブルーナー学長は、全学で採用されているオナー・システムの美点を激賞している。「ダーデンでは、倫理は講座として教えるものにとどまらない。それは、経済的な結果のみを追うのではなく、社会に有益な価値を作り出そうとする中核的な信念である……当校ではビジネス倫理の講座が必修となっているが、多くの講座や課外活動における通常の議論でも倫理はその一部になっている。さらに言えば、集団が道徳的な説得力をもつためには、宣誓が加入条件にならなければならない。人は、宣誓をするかどうかではなく、その集団に加入するかどうかをまず考える。ヴァージニア大学では、オナー・システムにしたがうことが入学条件になっている」[#6]。ダートマス大のタック・スクール・オブ・ビジネスも信義を重んじた広範な規定を設けており、試験監督が目を光らせる教室でなく自宅で試験を受けることをＭＢＡの学生に認めている。信頼に基づく環境を作れば大きな自由が得られるし、ルールにしたがおうとする意欲も強まる。

ビジネス・スクールの入学条件として倫理や人柄を強調することについては、もっと熟慮を要するかもしれない。ＭＢＡの学位取得希望者を選ぶにあたって、ビジネス・スクールは営利、非営利を問わず組織の運営にすぐれた人物が望ましいというシグナルを送っている。学生候補者を選ぶ際、ビジネス・スクールの入学案内はどこまで人柄や誠実さの重要性を強調しているのだろうか。ビジネス・スクールへの入学志望者には、自分なりの倫理宣言を行う小論文を書かせるべきだ。価値体系を誰から学んだのか。みずからの倫理的な行動規範で最も重要な点は何か。ビジネス・スクールの入学試験委員会は、専門スキルに秀でているだけでなく、モラルに支えられた勇気のある志望者を選ぶという責任を負わなければならない。

ＭＢＡの新入生が書いた入試小論文を読むと、どのような人生を送り、どのように仕事を通じて世の中に貢献したいかを訴える感動的な文章が目につく。冷笑的な人間なら、こういう小論文は単なるマーケティング用グッズで、入学試験委員会の耳をくすぐりそうなことをひたすら書いただけであり、真実よりもなんとしても志望校に入学したいという望みを物語っているにすぎないと言うかもしれない。もちろん、そういう志望者もいるにはいるが、大多数にとっては違うと思う。紙を前にしてペンを手にとり、自分の長所と短所、最も大きな実績、過ちから学んだ教訓、キャリアの将来像を書き連ねるという過程を踏むのはたいへんな作業であり、深い内省が求められるからだ。

ロー・スクールやメディカル・スクールは学生を選ぶにあたって、小論文よりも通常の試験にずっと重きを置いている。ビジネス・スクールでは、小論文が入学試験の最も重要な部分かもしれない。小論文を読めば、その志望者の人となり、関心事、教育への期待がわかる。入学志望者は、自分自身や人生の目標などについてのあいまいな考えを明確にしなければならない。世界を救いたいと誰もが書くわけではないが、最もすぐれた小論文は、地に足の着いた現実主義と、どうすれば世の中をよくできるかという自由な発想を組み合わせたものだ。小論文を書く過程は自己を啓発し、目的意識を持ってビジネス教育に臨ませてくれる。だがビジネス・スクールにかよううちに、学生はその目的から目をそらし、向上心を忘れがちだ。

ＭＢＡの誓いは、ビジネス・スクールの学生が忘れがちなことを思い出すよう呼びかける。特権的な生活を送るのが目的ではないことに気づかせてくれる。ＭＢＡの存在理由は社会的地位をあげることではない。ＭＢＡの使命は専門に特化した臨床医になることではない。誓いのテーマは、著者たちが入試小論文に書いたテーマと同じだ――誠実、奉仕、影響である。

誓いはまた、経営教育の本来の目的も思い出させてくれる。ビジネス・スクールを創設した起業家たちは、ビジネス活動を根本から変えるという理想に鼓舞されていた。今日の状況は、創設者たちの抱いたビジネス経営の理想からかけ離れている。ビジネス・スクールは、経営者のオフィスに歩み入って壁に掛けられたＭＢＡの学位記録を見たときに、医師免許を見たときと同じくらい安心できる未来をめざして作られた。経営をプロフェッショナルの職務にするのが理想だった。われわれはこの設立理念に目を向けなければならない。

11 経営者はプロフェッションたりうるか

すでにヒポクラテスの誓いを立てた医師である自分が、ＭＢＡの学生としてなぜＭＢＡの誓いを立てるのだろうか。医者の患者に対する献身ゆえに、医業は最も高貴な職業に位置づけられている。企業の経営者も、社会のために価値を創出することに献身すべきでないと考える理由はない。

――ダン・ムーン（コロンビア・メディカル・スクール／ハーバード・ビジネス・スクール二〇〇九年卒業生、署名番号二六六）

一九〇八年、世界に先駆けてハーバードが経営を学ぶ二年間の修士課程を設けたとき、のちに同大学の学長となるローレンス・ローウェルは、それを「偉大だが繊細な実験」と呼んだ。この実験は、法律や医学のように、経営をプロフェッショナルの職務に変えることを目的にしていた。法律や医学にたずさわる者は、公益を念頭に置いて行動する。ビジネス・スクール運動の主唱者たちは、出現したばかりの大企業が、社会のために経営されるようにしたいと考えていた。要は、「自分たちは一心同体だ」と言えるようにするのが目標だった。

問題は、この偉大だが繊細な実験が成功したかどうかだ。MBAのおかげで社会はよくなっているのだろうか。MBAの卒業生は社会のより大きな善のために身を捧げるなどと言われても、滑稽にすら感じる。しかし、ビジネス・スクールの本来の目的は、まさに社会の改善にあった。

考えてみると、ビジネス・スクール時代はずいぶん唐突に到来した。数千年の間、世界はビジネス・スクールなしでもうまくやっていた。ところが、二〇世紀はじめにビジネス・スクールがにわかに現れだした。一〇〇年間のうちに、MBAを授与する団体の数はゼロからおよそ一万にまで増えた。いったい何が起きたのだろうか。目的はなんだったのだろうか。だいたい、誰がMBAを必要としたのだろうか。

実のところ、正式に組織された企業というのはかなり最近の発明だ。一五〇年足らず前までなら、先進国でさえ、ほとんどの人は大企業と接点がなかった。そもそも大企業が存在しなかったからだ。それどころか、政府や宗教の関係を除くと、大きな組織自体が存在しないに等しかった。中規模の企業でさえめったになかった。大部分の人は農場で働き、商業にかかわりのある人は小さな店で働いた。アメリカでは一九世紀末に状況が変わりはじめた。USスチールやスタンダード・オイルといった大企業が市場を支配し、数千人単位の人を雇用するようになった。難題は、さまざまな時間と場所で働くこれだけの人数を効率よく管理することだった。社会も徐々に変わりはじめた。大きな組織の一員として、家の外で働く人が増えていった。鋭敏な人間は、新たに生まれたこれらの大きなビジネス組織が、思いもよらない形で根本から社会秩序を変えていくだろうと見抜いていた。こうした新しい組織が害よりも益をもたらすようにするためには、どうすべきなのか。

二〇世紀はじめ、進取の気性に富むビジネス・リーダーや学者たちのグループが、この懸念に応えるべく、大学を基盤とするビジネスの大学院の設立を提案した。ビジネス・スクール設立の目的は、経営を純粋なプロフェッショナルの職務に変え、大企業が社会の利益のために尽くすようにすることにあった。大規模な商業組織は、プロフェッショナルとしての倫理を受け入れた経営者によって率いられるべきだと、ビジネス・スクールの設立者たちは考えた。この倫理が強調するのは、経営者とは人々から信託された財産の管理人であるということだった。「卒業生が企業を経営したら」ビジネス・スクールの歴史に詳しいラケシュ・クラーナは説明する。「私有財産の創出以上の結果がもたらされると考えられていた。それどころか、産業社会で人々に貢献する新しいタイプのリーダーを送り出したいと学校側は望んでいた」

ハーバード・ビジネス・スクールが一九〇八年に開校したとき、のちにゼネラル・エレクトリックの会長となるオーウェン・ヤングは次のような挨拶をした。この言葉は、学生を新たなプロフェッショナルに育てるというスクールの使命をよく表している。

今日、ハーバードのビジネスという職業《プロフェッション》がみずからの兄たちの前に正式に登場し、若き信念を抱いて胸を張る。今日、われわれが火をともす神殿を保つのはハーバードの任であり、プロフェッションを作る高い理想、正しい指針、輝かしい伝統がそこから代々新たに生まれていくだろう。今日ここで、ビジネスはプロフェッションとしての義務を正式に引き受けるのであり、集団として信頼される行動をとり、理想に献身し、規範を作り出し、名誉を培い、規律とサービスの質に責任を負う。[#1]（強調引用者）

オーウェン・ヤングの言葉には、世界ではじめてビジネスの大学院を設立するにあたって、人々が抱いた共通の見解がこめられている。ビジネス・リーダーはプロフェッショナル精神によって訓練され、株主のためにも社会の利益のためにも賢明に組織を経営しなければならない。経営を学ぶ大学院生は、資産を買い叩く強欲なばかりのご都合主義者ではなく、責任感に富むプロフェッショナルになるべきである。共通善のために資本主義を発展させるのがその使命となる。

今日でも、世界一流のビジネス・スクールの建学理念を読むと、金儲けの方法を教えるよりもはるかに大きな使命があるととらえていることがうかがえる。ハーバードは「世の中に貢献するリーダーの養成」を目的にしている。マサチューセッツ工科大学［ＭＩＴ］スローン・スクールは「世界を改善する高潔で創造力に富むリーダーの育成」に努めている。ヴァージニア大学ダーデン・スクールは「実務の分野でリーダーを育て、社会を改善する」ことに力を注ぐ。スタンフォードの理念は「創造力に富み、高潔で、洞察力のある、世界を変えるリーダーの育成」だ。現実主義で、伝統的に金融事業を重視するウォートン・スクールは「産業と経済の成長を勢いづかせるビジネス・リーダー」の育成を使命としているが、ウェブサイトでこれを補足し、「インスピレーションと深い知識を持って先頭を進めば、自分の目標に近づくだけでなく、社会も改善できる」と強調している。[#2]

しかしながら、公言された建学の目的と結果には隔たりがある。近ごろアスペン研究所は、ビジネス・スクールが学生の態度や行動に与える影響を調査した。明らかになったのは、ビジネス・スクールが学生にプロフェッショナルとしての責任感を植えつけるどころか、反対の事態を招いていることだった。アスペン研究所は、さまざまなビジネス・スクールの学生や卒業生に対し、何が企業の目的だと考えるかを尋ねた。ＭＢＡの学位を取得する前の学生は、社会のために商品やサービスを開発することが企業の目的だと考えていた。ところが、卒業生は、株主の利益の最大化が企業の目的だと答えた。

株主の利益の最大化はモラルに反しているわけではないし、不適当でも、理に合わないわけでもない。むしろそれは正しい目的であり、尊い目的ですらある。しかし、本書で論じるように、株主の利益の最大化はビジネスや企業の唯一の目的ではない。アスペン研究所の調査は、ビジネス・スクール学位の取得者が教育を通じて得た目的と、学位を授与する団体が公言する目的との間に、深刻な食い違いがあることを浮き彫りにした。さらに言えば、学位取得者が表明する目的は、設立者たちが抱いていたビジネス・スクールのカリキュラムの理想からかけ離れている。

いまのＭＢＡと、ジョンソン・エンド・ジョンソンの会長を務めたあのジェームズ・バークを比べてもらいたい。バークは一九四〇年代末にハーバード・ビジネス・スクールにかよっており、こう回想している。「何をするときでも、モラルの価値に――決断をくだすときのモラルの大切さに――配慮した。われわれはみな、よくそれについて話し合ったものだ」。バークがいたころのスクールは、学生が調和のとれた社会経済思想を育めるように教育方針を定めていた。企業経営の不可欠な部分として、倫理への配慮を学ぶことも、そこに含まれていた。[#3]

著者たちはジェームズ・バークと同じ学校から同じ学位を授与されているが、教育まで同じだったかどうかは別だ。最新の専門教育という点では、著者たちは刺激に富む充実した体験ができたが、バーク氏は人間としての経験とモラルにかかわる選択が織りなす豊かなタペストリーのなかで教育を受けた。バークがビジネス教育で学んだ教えが、タイレノール危機へのきわめて的確な対応につながった可能性をよく考えてみなければならない。われわれの世代も同じくらい準備ができているのだろうか。偉大だが繊細な実験に何が起きたのだろうか。

その答の多くは、第二次世界大戦後のビジネス・スクール改革に求めることができる。一九五〇年代、ビジネス・スクールが誕生してから五〇年ほどが経ったのを記念して、フォード財団とカーネギー財団がそれぞれ独自に経営教育の質と効果を調査、発表した。どちらも歯に衣着せぬ報告だった。第二次世界大戦後、アメリカが急速に工業化され、経営者の需要が増えるにしたがい、数々の大学がビジネス・スクールを設立し、需要に応えようとした。多くのスクールは計画も運営もずさんだった。その結果、教授陣、研究、教育課程、学生の質の低さは「擁護しがた

い」とまで判定された。[#4]

二つの報告は教育と学識のレベルがきわめて低いとまで言い切った。ビジネス・スクールを指導しているのは似非学者で、経済学や工学や統計学といった伝統的な分野で教授の評価に用いられる厳格な基準によって審査されていないと結論づけた。そしてもっと計量学に重点を置いて教授陣を立てなおせば、教育課程を強化し、厳正にできると提案した。そのうえで提案を実行に移した。フォード財団はみずからＭＢＡの学位の近代化と改善のために一億七五〇〇万ドルを出資し、それが今日の基本的な教育モデルにつながった。五年でビジネス・スクールの教授陣は伝統的な大学の基準に沿って専門化され、とりわけ経済学と計量分析に重点が置かれた。

ビジネス教育は変わった。改革はさまざまな面で目標を達成した。教育水準は高くなった。しかし、そこには代償もあった。ビジネス・スクールの目的も変わった。経営をプロフェッショナルの仕事にすることではなく、経営を科学にすることが目的になった。ビジネスの教授たちは他の学問の学者たちに近くなり、成果を発表して同僚から高い評価を得るべく、特定の難解な分野に研究対象を絞り込んだ。責任を持って複雑な組織を適切に経営できるリーダーの育成という目的は、最新の経済数式による分析を教える時代へと移り変わるうちに、ほぼ忘れられた。経営をプロフェッショナルの仕事にする「偉大だが繊細な実験」は終焉を告げた。

いまこそもう一度この実験をはじめるべきだ。ＭＢＡの誓いは、ビジネス・スクールが設立された根本理由に立ち返るよう求める。ビジネス・スクールを創設した人々の理想は気高いだけでなく、すばらしい。アメリカや世界中の人々に富と希望を与え続ける最良の方法は、時代を超越した過去の理念によって現代の洗練されたビジネス・スキルを強化することだ。弁解と自己正当化を捨て、社会や共同体に対して責任を果たすのが当たり前になるようにしなければならない。臆病な黙認の文化から、責任感と相互扶助の文化へと移らなければならない。

変化のときが来たのであり、プロフェッショナルとしての誓いは適切な出発点になる。社会学者のロバート・K・マートンによれば、規範は指針を与えるがゆえに行動にきわめて大きな影響を与える。規範を破れば恥という否定感情が生まれ、規範を守れば誇りという肯定感情が生まれる。社会学者なら前から知っているが、こうした感情は強い動機となり、多くの場合、物質的な報酬よりも人々を動かす。「そんなことはできない。私は医者だ！」とか「そんなことはしない。私は判事だ」といった具合に。「そんなことはしない。私はＭＢＡだ」と誰かが言う時代が来たらどうだろうか。

実際のところ、経営者はいまもなお、プロフェッショナルとしてときには無欲に努め、インサイダー取引にはかかわらず、利害の衝突を避け、契約を尊重し、従業員を公正に扱うよう期待されている。もしそうでなければ、人々は肩をすくめて「いつものことだ」と言う。だが現実には、投資銀行家が目先の利益を追って金を失ったり、企業の幹部が政府の緊急援助を流用してオフィスを豪華にしたりといった話を聞くたびに、人々はたしかにショックを受け、たしかに失望する。

失望するのは、ビジネス・リーダーに大きな希望を持っているからだ。不祥事に失望しておきながら、ビジネス・リーダーや経営者には社会全体に対する責任がないと言い張るのは筋が通らない。

人々がビジネス・リーダーに期待を抱いていて、それが理にかなった期待であるのなら、問題はビジネス・リーダーが人々の期待にどう応えるかだ。これに答えるには、経営をプロフェッショナルの仕事にするというビジネス・スクールの設立理念に立ち戻るのがいい。そもそも、何をもってプロフェッショナルと言うのだろうか。

サンダーバード・スクールはアメリカではじめてプロフェッショナルとしての誓いを義務づけたビジネス・スクールだが、その学長を務めるエンジェル・カブレラは、プロフェッショナルを「社会に大きな結果をもたらす複雑な問題を解決するために、専門化された知識を巧みに活用できる者と言える」[#5]と論じている。医師は健康という複雑な問題に専門知識を活用する。技師は橋のような構造物を安全に造るという複雑な問題に専門知識を活用する。弁護士は法律という複雑な問題に専門知識を活用する。こうした特別な使命があるために、プロフェッショナルは社会と暗黙の契約を結ぶ。いずれの場合も、プロフェッショナルが取り組む問題は社会に大きな結果をもたらす。人々はプロフェッショナルが適切にそれを解決するよう求める。格言にあるように、プロフェッショナルは金をもらうために働くのではなく、働くために金をもらう。

ビジネスや経営の分野がこの水準を満たしているとは言いがたいが、われわれは前提を見なおすべきだ。経営者たちはほぼ全人類の生活と収入を生み出し、形作り、左右している。二〇〇年前なら違ったが、今日ではこれは否定できない。これだけ広範な影響があるのを考えれば、ビジネス・スクールやその教授たちは、地域や世界の商活動にかかわるときは重大な責任をともなうということを学生に必ず理解させなければならない。教える側には、そう理解させる機会があるだけでなく、義務がある。

法にしたがうだけにとどまらない理想があり、それがその分野の人々の行動に不可欠となるとき、職業ははじめてプロフェッショナルになりうる。この基準からすると、プロフェッショナルらしくふるまう経営者もいるにはいるが、経営は総じてプロフェッショナルの仕事と見なせない。しかしながら、これまで見てきたように、ビジネス・スクールはそもそもプロフェッショナルを育てるために生み出された。今日ではその義務を怠っているとはいえ、実態と責務を混同すべきではない。ジョエル・ポドルニーは、昨今のビジネス・スクールはつまるところ職業学校だと述べた。「職業学校に何も悪いところはない」とポドルニーは言う。「しかし、MBAは非常に大きな責任のある地位を占め、社会に巨大な影響を与えうるために、それが害をもたらす力はきわめて大きい——職業学校で訓練を受けた人々がなしうるよりも大きい」[#6]

プロフェッショナルには四つの特徴がある。第一に、プロフェッショナルはおのれの行動を律する行動規範を打ち立てている。規範はプロフェッショナルの行動をおのずと制約し、市場の声ばかりに耳を傾けさせない。救急救命室の医師は対価を払えない相手にも（利益を棒に振ってまで）尽くすよう求められる。弁護士は秘匿特権があるために、（人々が情報をやかましく求めても）自分の知る真実を話すことに制約が課される。著者たちの恩師であるラケシュ・クラーナとニティン・ノーリアによれば、社会がその職種を信頼するかわりに、プロフェッショナルは自分たちが信頼に足ると請け合う。「プロフェッショナルは市場の純粋に利己的な論理に対抗する価値と基準を定め、実行するという社会的役割を果たしている……このようにして、社会に役立つ知識やスキルを教え合うとともに、知識とスキルのあるべき使い方についての心構えも教え合う」[#7]

第二に、プロフェッショナルは、法令遵守を徹底する人望の厚い同業者が監督団体を作ることにより、規範に効力を持たせる。たとえば、医師は免許を剥奪される場合があるし、弁護士は弁護士会から除名される場合がある。第三に、プロフェッショナルはその分野の体系化された知識に精通していると示す必要がある――医師は医師国家試験に、弁護士は司法試験に合格しなければならない。第四に、プロフェッショナルはキャリアを通じて教育を受け、その分野の日々進化する情報に通じていることが求められる。アメリカの法曹界では、法教育を受け続けることが要求され、法令遵守の講座を受講して倫理の単位を取得することが義務づけられている。

こうした基準を考えれば、偉大だが繊細な実験は成功していない。経営はプロフェッショナルの仕事ではないし、ＭＢＡはプロフェッショナルの学位ではない。少なくともまだそうなっていない。現実はどうあれ、経営がプロフェッショナルの仕事であるように経営者が行動すれば、資本主義は強化されると著者たちは考えている。

経営のプロフェッショナル化とは「専門家」によるビジネスの運営を求めるものであって、資本主義のシステムを特徴づけるクリエイティブなエネルギーが抑圧されてしまうのではないかという懸念がある。起業や経営にＭＢＡを必要条件にすれば、価値を作り出そうとする型破りな力を持った優秀な起業家の足を引っ張ってしまうだろう。あらゆる企業の経営を免許制にしようと言う者などどこにもいない。経営はいまもこれからも「開かれた」場であり続け、大学院の学位を持たずともふつうに参加できるだろうが、そうした学位はいろいろな市場の関係者や部門から一定の価値を認められるだろう。プロフェッショナルの学位の値打ちや必要性は市場が決めていくはずだ。

ヒポクラテスの誓いにまつわる歴史は、ビジネスにおけるプロフェッショナルの規範の確立を考えるうえで、有益な教訓を示している。ヒポクラテスの誓いは、ヒポクラテスの時代から脈々と医師に受け継がれてきた医師の聖なる信条のように思われがちだ。実際のところは、二〇世紀半ばまでは、誓いを立てる医師はひと握りしかいなかった。一九二八年のアメリカ医科大学協会の調査によれば、北米のメディカル・スクールのうち、卒業時に学生に誓いを立てさせるスクールは意外にも一九パーセントにすぎなかった。第二次世界大戦が終わり、「医学」の名のもとに恐ろしい実験が行われていたという衝撃的な事実が明らかになってからはじめて、大多数のメディカル・スクールが誓いを真摯に受け止めるようになった。今日の世界も、「金融イノベーション」の名のもとにショッキングな実験が行われていたのを知ったわけだから、ビジネスにたずさわる者がみずからの行動を律するための誓いを取り入れる機は熟している。ビジネスの実験が与える影響は計り知れず、ほぼ全人類になにかしらの形で及ぶ。いま、経営の規範を確立してふたたび実験を試みるめったにない機会が訪れている。ビジネス教育が偉大だが繊細な実験を再開すべきときが来ている。自分の仕事のなかに義務を見るビジネス・リーダーたちを生み出すことによって社会に資するのがこの実験の目的であり、他人のために尽くし、価値を作り出し、責任を持って導くのがそうしたリーダーの義務だ。

12 誓いに効果を期待できるのか

これは医師や弁護士の立てる誓いに劣らず重要だ。今日のビジネスにしばしば欠けている「私利を超えて考える」という姿勢に呼びかけるからだ。この誓いはまた、ビジネスがわれわれの社会で果たしうる建設的な役割も強調している。

――ティム・ケラー
（ニューメキシコ州議会上院議員、ハーバード・ビジネス・スクール二〇〇五年卒業生、署名番号一六七五）

ハーバード大学の学位授与式の偉大な伝統の一つに、式典当日に学位取得者たちがハーバード・ヤードへと歩く行進がある。学位取得者は夜明け前にそれぞれの所属先に集まり、帽子とガウンで正装すると、広大な庭へゆっくり進む。大学院生は各スクールのシンボルを持って行進するという慣例が定着している。ロー・スクールの学生は小槌を持つ。メディカル・スクールの学生は聴診器を携える。小枝を帽子に貼りつけた森林科学生や、パイプクリーナー製の金色の光輪をつけた神学生が登場すると、大学院生の家族や友人は声をあげて笑う。しかし、集まった人々から最も大きなリアクションを引き出すのは、昔からビジネス・スクールの学生だ。毎年、MBAは一〇〇ドル紙幣を振りかざしながら行進する。そして毎年、見物客はこの派手なショーに対してブーイングを浴びせる。毎年がそうだ。ただし、それも著者たちが卒業する年までだった。その年、学生は母国の国旗か、MBAの誓いが印刷された小さな青いカードを携えた。

MBAの誓いは過去の価値観を再確認し、経営をプロフェッショナル化するというビジネス教育の設立目的に立ち返ろうとするものである。誓いは、正しい行い、正直さ、価値の創出などのビジネス倫理の根本精神をふたたび認めるよう求める。これは、個人の独創力が報われると同時に社会の利益も守られる、資本主義と民主主義の価値体系のなかでなしうる。

現在のところ、MBAの誓いは反乱行為にとどまっている――現状維持でよしとする体制への反抗だ。しかしいずれは、新しいコンセンサスを表すものにしたいと考えている。著者たちはそれを実現させるつもりだ。財務長官は、これから永遠に「資本主義は変わる」という見解を述べた。ゼネラル・エレクトリックのCEOであるジェフ・イメルトは、企業は活動のあり方を「根本からリセットする」必要があると語った。業種を問わず、人々は変化の必要を認めている。旧来のビジネスは、人々の視線という面だけでなく、実社会でのビジネスの活動と実態という面から見ても、大失敗を招きかねない。

MBAの誓いは最近の静かな文化的変化に応えるものであり、この変化はきわめてゆっくり進んだためにいままで見落とされていた。それは、プロフェッショナルが仲間うちで非公式に行動のルールを課すというシステムから、外部の監督者の要求で強制的に制約を課すというシステムへの着実な移行だ。ファリード・ザカリア〔前Newsweek編集長で著名なジャーナリスト〕が見抜いているように、「アメリカ社会で起きている大きな変化の一つは、昔ながらのギルドの自己規制のシステムからの離脱だ」[#1]。法律や医学や会計のプロフェッショナルたちが実感しているが、個人の自由と社会に対する義務がせめぎ合い、徐々に公への責任が顧みられなくなりつつある。行動のルールを定めるにあたって、プロフェッショナルはしだいにみずからではなく政府に依存するようになった。

法曹界を考えてみよう。弁護士の間で価値観が不幸な方向へ変化した結果、多くの弁護士はみずからを顧客の相談相手ではなく熱烈な代弁者と見なしている。一九世紀末、ニューヨークの高名な弁護士だったエリヒュー・ルートは、法的な「相談」に応じるという当時の精神について、こう表現している。「まともな弁護士の仕事の半分は、顧客候補にあなたは救いようのない愚か者だしそんなことはやめるべきだと伝えることにある」[#2]。これに対して熱烈な代弁者のほうは、自分はまさに顧客の代理ガンマンだと売りこみ、顧客の利益を増やして成功報酬を得るためには町中で発砲するのもいとわない。弁護士は信頼に足る相談相手というより、「法廷で顧客に有利な判決が言いわたされるようにしようと必死になっているブルドッグ」になっている。

医師も同様に、職業にまつわる私利私欲に悩まされている。際限のない競争は医療でも協力よりも争いをもたらし、病院は最新のテクノロジーや最先端の診断機器に莫大な金をつぎこんで、患者を他よりも自分のところへ呼びこもうとしている。医師が内心ではこうした治療の社会的コストを嘆いているにしても、仕事を守るために目をつむっている。恐怖と強欲の生み出した亀裂が、法曹界だけでなく医療のコストも押しあげている。

「銀行家も」とファァリード・ザカリアは述べる。「かつてはみずからを資金の管理人と見なし、多数の委託者に対する責任があり、また信頼を体現する責任があると考えていた。だがこの二、三〇年のうちに、銀行家も利益と目先の事柄ばかりに取り憑かれ、自分や銀行の未来に定見を持たなくなった」[#3]。法律、医学、会計、銀行業のどれを学んでも似たような傾向が目につくだろうし、民間のどんな事業でも同じだと言っていい。自制のシステムは瓦解しつつある。個人や社会からの信頼が損なわれた結果、資本主義のシステムが正しく機能する土台として欠かせなかったギルドの自己規制のシステムは、終焉へと向かっている。自己規制の破綻については、ロンドン・ビジネス・スクールの共同設立者であるチャールズ・ハンディが、ハーバードのＭＢＡの必読図書となっている一冊で巧みに表現している。

市場はルールと法律に依存しているが、これらのルールと法律は真実と信頼に依存している。真実を隠したり信頼を損ねたりすれば、ゲームは誰もやりたがらないほどあてにならなくなる。資本主義のすばらしい美点も——社会の蓄えを富の創出に用いる方法を提供することだが——減じる。それゆえ、富を創出するためにはますます政府に頼らざるをえなくなる

が、いつの時代も政府はそれが著しく不得手だ。[#4]

いま、さまざまなプロフェッショナルの分野で、人々の寄せる信頼にひびがはいっている。共同体に根ざしたモラルあるリーダーシップは、私利や自己防衛や偏狭な野心が優先されたために放棄された。メドトロニックのCEOを務めたビル・ジョージはこの状況について、「経済危機の根本原因はサブプライム・ローンではない。二流《サブプライム》のリーダーシップだ」と語っている。

理解すべき最も重要なことは、誓いがあろうとなかろうとビジネス・リーダーがよく直面する問題に、MBAの誓いが取り組んでいることだ。問題は、決定をくだすときにどんな指針にしたがって考えをまとめるかにある。著者たちは、MBAの誓いがこういう決定に役立つ枠組みを提供してくれると信じている。MBAに高い基準を定めて経営をプロフェッショナル化するのが著者たちの望みだ。誓いを立てたMBAに責任を強く感じさせるとともに、誓いにこだわらずビジネス界全体がもっと厳しい倫理基準を定めるよううながしたいと思っている。MBAから手をつけるのは著者たちがMBAだからだが、これらの指針はどのビジネス・リーダーにも応用できるはずだ。

うまく行くのだろうか。

疑問が二つ残っている。第一に、われわれの誓いは理にかなっているのだろうか。言い換えれば、正しい誓いなのだろうか。しかるべき事柄をしかるべき形で扱っているのだろうか。本書の後半はまさにこの点を論じている――誓いの各部分を検討しながらその重要性を説明し、現実のビジネス問題に適用している。

第二の疑問として、この誓いや他の誓いには効果があるのだろうか。意味があるのだろうか。誓いはビジネス界に実際に影響を与えると願い、期待してもいいのか。著者たちは誓いには効果があると考えており、それにはおもに四つの理由がある。メタ規範、誘発、枠づけ、後押しの四つだ。

メタ規範

二〇〇九年一月二〇日、バラク・オバマは歴史を作り、アメリカ合衆国第四四代大統領に就任した。この日、オバマと連邦最高裁判所長官のジョン・ロバーツは、別の形でも歴史を作った。就任宣誓を復唱させようとした長官が文句を言い間違え、オバマが口ごもったのだ。ひと握りの憲法学者を除けば、気づいた人はほとんどいなかっただろうが、オバマとロバーツはのちほど大統領執務室でもう一度会い、宣誓をやりなおした。たしかになかなかのパフォーマンスだが、そこまでする必要はあったのだろうか。そもそも、宣誓の骨子は合っていたのでは？　個々の言葉がほんとうに重要なのだろうか。

実際には、言葉は間違いなく重要だ。いつの時代もそうだった。誓いは人類史と同じくらい古い。古代中東の人々は、ショッキングな象徴を使って誓いを立てた。誓いを立てる者は、動物を二つに切断してその間を歩くのがしきたりだった。この行為の裏には次のような意味がある――もしわれが誓いを破らば、この獣のようになしたまえ。現代の人々はもっと穏当な方法で約束をするようになっているが、口に出された約束の力は社会全体がいまも信じている。例は枚挙にいとまがない。アメリカの市民になるためには宣誓しなければならない。法廷で証言するには真実を――包み隠さず――話すと誓わなければならない。結婚するには、どんなときも無条件に相手を愛すると誓わなければならない。大統領になるには憲法を守ると就任宣誓をし、しかも文句を正確に繰り返さなければならない。われわれには、公の宣言には力があると信じる文化がある。現実問題として、真実を話すと法廷で約束しようとしない者の証言を信じる陪審員がいるだろうか。病めるときも健やかなるときも誠実であり続けるのを拒む者と、誰が結婚するだろうか。MBAの誓いの前提になっているのは、何かを本気でしたいのなら公に誓約しよう、公に誓約したらそれを守るよう求められる、という原則だ。

もちろん、約束はそれがずっと守られるための必要条件ではあるが、十分条件ではない。離婚率を見れば一目瞭然だろう。ビジネス界でも、会社の規範はジェームズ・バークがタイレノール危機に直面したときは役立ったものの、エンロンの六四ページに及ぶ倫理マニュアルは幹部たちが持っていてもなんの役にも立たなかった。そう考えると、ヒポクラテスの誓いのような規範が（会社一つよりもはるかに御しにくい）全医学界で尊重され、遵守されているのはどうしてなのだろうか。

政治学者のロバート・アクセルロッドはいくつかの論文を発表し、プロフェッショナルのレベルにおける共通の倫理的態度と理想が、集団のレベルにおける個人の行動を決定的に左右すると示した。アクセルロッドはこの理想をメタ規範と呼んでおり、それは特定の地域組織の文化よりもはるかに根強い。メタ規範は、「規範に背いた者を罰さずにいる者」を罰することによって強制される。クラーナとノーリアの説明によれば、メタ規範は「職業にかかわる内的感情――有意義な仕事をしているという確信――から生まれる部分もあるが、同業者による制裁と監視を受け入れることにも根ざしている。たとえば、アメリカ軍の士官学校生は『嘘をつかず、不正をせず、盗まない』と約束するが、『そうした行為を黙認しない』とも約束する。このようにしてメタ規範は職業の自己統治能力に貢献するとアクセルロッドは言う。プロフェッショナルとしての共通の規範を守ると誓う経営者は、規範に背けば同業者から制裁を受けかねないと理解しているので、個々の会社の規範を遵守しやすくなる」[#5]。規範は特定の企業内でルールとして機能するが、メタ規範はそれにとどまらず、企業体の全員の意志や理想にかかわってくる。カリフォルニア大学バークレー校で教育を受けて医師になるのはすばらしいことだが、もっと重要なのは医師になること自体であり、それは医師全体が自己規制の義務をみずからに課しているからだ。同じように、ケロッグのＭＢＡやスタンフォードのＭＢＡになるのはすばらしいことだが、ＭＢＡになること自体がもっと重要になるべきだと言えよう。

興味深いことに、「(専門的な)職業」を意味する英語のprofessionは、「公の宣言」を意味するラテン語のprofessioが語源になっている。したがって、公に宣言をするという点で、つまりみずからの理想と意図を公に明言するという点で、プロフェッショナルは他の職業と異なる。ひとたび公に宣言したら、人々の目を自分に向けさせることになり、公に宣言した意図どおりに物事を進める義務が生じる。

誓いの効果を検討するにあたっては、相手がその誓いに価値を見いだすのかどうかという点も考えてみるといい。クラーナが言うとおり、他の条件がすべて同じなら、ヒポクラテスの誓いを立てていない医者よりも立てた医者のところへ病人は行くだろう。誓いを立てていない医者にあたったら、こちらの利益を第一に考えてくれるのだろうかと不安になる。この人は何かおかしいのだろうか。他の何に動かされているのだろうか、と。

誘発《トリガリング》

MITの行動科学者ダン・アリエリーは、カンニングの現象について詳しく論じている。アリエリーがとりあげているものに、学生にテストを受けさせる実験がある。対照群の学生はカンニングの機会を与えられずにテストを受けた。第二のグループはカンニングの機会を与えられた。第三のグループもカンニングの機会を与えられたが、テストの前に十戒を読まされた。その結果、第二のグループは対照群よりも高得点をとり、実際にカンニングをしたと考えられた。しかし、第三のグループの得点は対照群と変わらず、カンニングをしなかったと考えられた。この研究は、人はモラルにかかわる価値観を改めて思い出すと、それにしたがって行動しやすくなることを示している。

おもしろいのは、テストを受けたあと、第三のグループが十戒を覚えていなかった点だ。学生の頭に刻みつけられずとも、戒めは効果を発揮した。ただ読むだけでよかった。アリエリーは、社会心理学者にはよく知られている「誘発」という現象を研究していた。誘発《トリガリング》は、小さな刺激、つまり誘因《トリガー》が反応を引き起こすときに生じる。研究者によれば、人々は何が誘因になったのかを自覚していなくても、つねに誘因に反応して行動している。

アジア系アメリカ人の女子学生を三つのグループに分け、数学のテストを受けさせた有名な実験がある。対照群は数学のテストをそのまま受けただけだった。第二のグループは、テストの前に自分たちの性別について人口統計学的な面から質問を受けた。このグループは、対照群よりも成績がよくなかった。第三のグループは自分たちの民族性について人口統計学的な面から質問をされたが、性別についての質問はされなかった。結局、このグループが対照群よりも好成績をとった。

三つのグループの女子学生は、条件が同じになるようにされた。唯一の違いは、性別あるいは民族性についての質問を受けたかどうかだ。だがこの違いが、テストの成績の差に表れたと考えられた。これはショッキングな発見だった。実験を行った研究者たちは、固定観念が成績に具体的な影響を与えるかどうかを調べていた。そして影響があると明らかになったのである。女性であることを改めて指摘されると、それは女子学生のなかで、女は男ほど数学ができないという文化的な固定観念を誘発した。その結果、固定観念は現実になり、実際に成績が悪くなった。アジア系であることを改めて指摘されたもう一つのグループでは、アジア人は数学に強いという文化的な固定観念が誘発された。ここでも固定観念は現実になり、実際に成績がよくなった。

　アリエリーも数学のテストを受けさせたこの科学者たちも、一見些細に思える小さな誘因が人々の行動に大きな変化をもたらしうるか調べていた。モラルに関する一〇条の文を読むかどうかだけで、不正を働く人間になるかモラルある人間になるかが決まりうる。人口統計学の質問を受けて回答欄のボックスにチェックを入れるだけで、学生に貼られるレッテルは「秀才」にも「平均以下」にもなりうる。大きな作業は必要としない。それどころか、あまりに小さな作業なので、誘発された人間は何に誘発されたのか覚えていない場合が多い。テストのあとまで記憶にとどまっているほどではなく、アリエリーの実験で十戒を読んだ学生は十戒を思い出せなかった。数学のテストを受けた学生も、どんな人口統計学の質問を受けたか覚えておらず、そういう質問があったかどうかも覚えていなかった。しかし、心の奥底では「知って」おり、それが行動を変えたのである。

　これらの実験から推しはかれば、同じ原理がＭＢＡの誓いにもあてはまるはずだ。ダン・アリエリーの実験での十戒や数学のテストでの人口統計学の質問とちょうど同じように、誓いも誘発装置になりうる。たとえ自覚がなくても、誓いを戒めとしてそばに置くだけでそれに影響される。会社の商品の宣伝方法を決めるマーケティング部長が、オフィスの壁に掛けられたみずからの署名入りの誓いを日ごろから見ていたとする。商品を強引に売りこもうかどうか考えあぐねているときに誓いが目にはいると、それは会社の業績やリスクを正確に伝えなければならないという誓いを無意識に思い出させる。本人は気づいていなくても、誓いはマーケティング部長に影響を与えるだろう。

枠《フレーミング》づけ

誘因《トリガー》は行動にすぐさま影響を与えうるが、引き金《トリガー》が引かれてから数時間後、数日後、あるいは数か月後はどうなるのだろうか。テストの直前に十戒を読むと倫理的な影響があるが、翌日、翌週、翌月にも効果は続くのだろうか。誘発の出来事から時間が経つほどに、影響は小さくなると考えられる。同じ理屈は、ＭＢＡの誓いに対する批判にも用いられている。卒業したばかりのＭＢＡなら誓いにしたがってプロフェッショナルらしく行動しようという気になるかもしれないが、現実のビジネス界で何か月か過ごしたあとでも、誓いはＭＢＡの判断に影響を与え続けるのだろうか。

ビジネスにかかわる倫理的な問題を見極める有用な道具としてＭＢＡの誓いを使い続けるためには、あらゆる判断をくだす枠組み《フレームワーク》に誓いを利用する手がある。問題というものは、それとはっきりわかる形で明確に現れることはめったにない。むしろ、問題を明らかにしにくく、いったい何が問題なのかわかりにくい場合が多い。問題を正確にとらえる鍵は、正しく「枠づけ《フレーミング》」することだ。視覚芸術では、正しい枠《フレーム》は見る者の注意をその写真や絵画の重要な部分に惹きつける。間違った枠は作品を台無しにしてしまう。これはビジネス上の決断の枠づけにもあてはまる。正しい答を得る最良の方法は正しい問いをすることだ。問題に正しく枠づけできれば、正しい問いができる。

たとえば、石油会社の重役が、会社の油田で爆発があったのを知ったとしよう。重役は爆発についてどう考えるだろうか。隠蔽すべき広報上の問題か。現地の政府に報告すべき人々の安全にかかわる問題か。月間目標の達成を妨げる流通や生産の問題か。法的な責任をともなう問題か。投資家からの信用にかかわる問題か。職場の安全がからむ問題か。状況にどう枠づけするかで、どう対応するかが決まる。リーダーは状況に広すぎもせずせますぎもしない枠づけをするよう注意しなければならない。[#6]

ここで、油田の爆発問題に対する二つのアプローチを比較してみよう。一つは、爆発を機に基本戦略を考えなおし、以前は困難だった望ましい変化を押し進めるというアプローチだ。この場合、従業員の安全に配慮しつつ会社のあり方を見なおすと取締役会や政府の規制機関に約束することになるだろう。

もう一つは、「被害最小化《ダメージ・コントロール》」のアプローチになる。爆発は一度かぎりの事故だ。社の恥だし、足を引っ張られる。こういう枠づけをしたら、経営者は爆発の根本原因を突き止めようとせず、可能なかぎり迅速に油田を修復して生産体制を整えることに力を注ぐだろう。どちらのアプローチも正しい場合がある。しかし、二つめのアプローチのほうが単純でたやすい。恐ろしいのは、一つめのアプローチが求められているのに二つめのアプローチをとってしまうと、今後も同様の災難に遭いかねないことだ。

誓いを立てた者が意志決定の枠組みに使うなら、ＭＢＡの誓いは五年後、一〇年後、一五年後も最大の効果を発揮するだろう。誓いを知りさえすれば、それを使った問題の枠づけはすぐにでも実践できるが、ＭＢＡの理想に基づく息の長い実践団体を作らないかぎり、続かない恐れがある。

理論的には、誓いは人の考え方をひそやかに根本から枠づけしなおすことができ、このとき本人は何が起きたのかに気づきさえしない。もしＭＢＡの誓いの根本理念をおのがものにできれば、誓いそのものを見るのではなく誓いを通して見ることによって、あらゆるビジネス上の決断ができる。誓いは眼鏡さながら、視界の焦点を合わせ、視点に枠づけするからだ。ＭＢＡはケース・スタディを通じて枠組みを学び、枠組みを用いて見る癖を身につける。ＭＢＡの誓いを枠組み、つまり見る癖に利用するようになれば、倫理的な問題も含めて、ビジネス上の問題につねにパターンを見てとれるだろう。

後押し《ナッジ》

倫理にかなったふるまいをするのは誓いに署名するより大切だが、誓いへの署名は実際に倫理的に行動するのに必要な励ましになりうる。倫理的にふるまうという自分の意志を公に宣言すれば、むずかしい決断を迫られたときでもその意志を守り抜きやすい。これは「認知的不協和」の効果だ。人は二つの相反する考えを同時に持っていると不快感を抱くが、これを認知的不協和という。友人から聞いた話だが、朝鮮戦争の折、中国は心理戦術を用いて捕虜の士気をさげ、仲間の捕虜たちを裏切るよう仕向けた。アメリカの欠点を簡単に書かせるだけで、捕虜はやがてずっと協力的になったという。ここには一致の原則が働いている。人は本能的に、自分のそれまでの言動を一致させたがるのである。

リチャード・セイラーとキャス・サンスティーンは、ベストセラーとなった著書で、「後押し《ナッジ》」と呼ばれる現象を扱っている。政府による行動の規制にかかわる有効な選択肢は、人々を正しい方向へ「後押し」する小さな刺激だと、二人は論じる。その主張の足がかりとして、都市部の公立学校のためにカフェテリアを営む女性の話が出てくる。この女性は、カフェテリア内の料理の陳列場所を変えるだけで、子供たちの消費パターンを二五パーセントも変えられることに気づいた。フライドポテトを目の高さに並べると、それを注文する子供が増え、逆にニンジンを目の高さに並べると、フライドポテトのかわりにニンジンを注文する子供が増えた。消費財の製造企業は何年も前からこの事実を見抜いており、食料品店で特等席を勝ちとって自社のシリアルを目の高さに並べてもらうために何千万ドルも費やしている。少しでも手にとりやすい位置にあれば、自社のブランドを選んでもらいやすくなると知っているからだ。

ここから推しはかって、ビジネス・リーダーに対しても視線の先に違うものを与えれば、リーダーシップのあり方を変えられると考えられる。ビジネス・リーダーの目の高さにあるものが、四半期の儲けと短期の収益報告だけになって久しい。MBAの誓いが根づき、MBAのみならずあらゆるビジネスの経営者の指針になれば、フライドポテトではなくニンジンが選ばれるようになるだろう。最終損益に注目させる役目はウォール・ストリートが充分に果たしてくれている。必要なのは、正邪を分ける線に注目させる役目だ。

誓いはさらに強力な後押しの要素を持っているが、これは減量にたとえて説明するのがいちばんだろう。フランクという男がダイエットをしているが、そのことを誰にも話していないとしよう。目標を見失わないように支えてくれる人がいないので、フランクがダイエットを続けるのはむずかしくなる。フランクの最も苦手な分野で――自分をコントロールするという分野で――友人の助けを求めないのなら、望みはないに等しい。だが逆に、フランクが友人にダイエットのことを話し、減量目標を伝えれば、それを達成できる見こみはずっと大きくなる。たとえば、次に友人と会って映画を観に行ったとき、フランクがキャンディバーやLLサイズのポップコーンを頼む可能性は低い。そんなことをすれば、冷笑されたり眉を吊りあげられたりするかもしれないのだから。

ダイエット・プランの多くは、家族や友人に食習慣を変えると話したり、グループにはいって仲間と一緒に定期的に体重をはかったりするよう勧めている。なぜだろうか。自分がこれからやると言ったプランどおりに生活する責任があると本能的に感じるからだ。必ずしも成功するわけではないが、公に約束した人はそうしなかった人に比べ、減量を達成しやすい。

同じ仕組みはどんな目標を達成する場合にもあてはまる。マラソンをしたい？　ランニングをしているグループに参加するといい。もっと小説を読みたい？　読書会にはいればいい。作家になりたい？　講座を受ければいい。望みを公に宣言するのはリスクのある行為だ。たとえば、目標を達成できなかったら？　恥ずかしく思うかもしれない。しかしながら、もし人に目標を話さなければ、受けられるはずのサポートをふいにしてしまう。駆けだしの女優でも、野心ある起業家でも、有望なマラソン選手でも同じだ。達成に値する目標は、人に話すに値する。

ＭＢＡの誓いの場合、それはプロフェッショナルとして行動するという誓約を人に話すことを意味する。仲間に対する責任を公に認めれば、実際に約束どおりにする可能性は高まる。著者たちが卒業時にキャンパスで宣誓式を催したのも、だからこそだ。仲間とともに誓いを口にすることで、それの印象は変わってくるし、将来それが持つであろう重みも変わってくる。同期生と並んで立ち、同期生が（そして家族が）見守っているのを意識しながら誓いを立てることで、新たな責任が生じる。これは約束を守る強力な動機になり、大きな後押しになる。

ＭＢＡの誓いの署名者は、みずからの誓約を守るための実践の場を持つべきだと著者たちは考えている。いま注目しているのは四つの活動で、これらは誓いを守るのに役立つと考えられる――誓いについての意見を書き、誓いを覚え、ビジネスの倫理や価値観についての本を定期的に読み、どうやってプロフェッショナルの価値観を実現するかという問いを共有できる親しい相談相手を作ることだ。友人のイラーナが言ったように、誓いの真の試練は署名するときではなく、署名者がこれから何千もの決断をくだすときにある。誓いは新たなメタ規範を作り出し、プロフェッショナリズムを誘発し、意志決定の枠となり、正しい行動へと後押しするから、そういう決断に役立つだろう。

つまるところ、著者たちが重きを置いているのは、なんらかの誓いを守ることではなく、ビジネスのよき指針とリーダーシップによって強固にされた共同体と国を見届けることだ。著者たちの運動の目的は署名者数の最大化ではなく、社会のために作り出せる価値の最大化にある。利益はビジネスを成功させる目的ではなくビジネスが成功した結果だと言われるが、それとちょうど同じように、署名者を増やすのは目的ではなく、目的を達成した結果だ。ＭＢＡの卒業生が、日々のビジネス上の決断をくだすときにモラルに基づいて熟慮し、全員に価値あるものを与えようとしているのかそれとも一人占めしようとしているのかよく考えることができるように、サポートし、励ますのがその目的になる。

13 批判に対する六つの補足

私にとってＭＢＡの誓いは、経営者の行動やリーダーシップについての基本的な信念を明確に表現する場であり、その信念を仲間のビジネス・リーダーに伝え、分かち合う手段でもある。誓いは義務づけられるべきだがまだそれに至っていない。強制できるようにすべきだがまだそれに至っていない。

——アサフ・ハーラップ（ハーバード・ビジネス・スクール二〇一〇年卒業生、署名番号一六八九）

前章では、ＭＢＡの誓いが署名者の生き方、さらにはビジネス文化に大きな変化をもたらしうるおもな理由を四つ示した。けれども、誓いが有望なアイデアである理由をすべて言い尽くせたわけではない。また、ＭＢＡの誓いにもそれなりの批判が向けられている。紙幅の都合で批判を一つひとつとりあげるのは無理だが、以下の補足は典型的な批判の多くに答えているはずだ。誓いそのものの検討に移る前に、ＭＢＡの誓いについて六つ補足したうえで、第二部を閉じたい。

一　厳しい基準を課すことで強くなれる

二〇〇四年のグーグルの株式公開はその年、いやもしかするとこの一〇年で、最も期待されたイベントだった。グーグルには「悪に染まるな」という非公式の社訓がある。グーグルが設立されてまもないころ、この文句は名誉の印であり、会社の断固とした勇気を示す象徴だった。これは医師の「まず第一に、害をなすな」という誓いに似ていなくもない。グーグルが規模を拡大し、シリコンバレーに支配力を広げ、強大な権力、財力、影響力を持つようになると、批評家がこの文句をとりあげて会社への攻撃に使うようになった。グーグルがなんらかの問題を起こして責められるたび、ジャーナリストは決まって、悪を避けるというみずから宣言した方針を守っていないのではないかと言いだす。

ビジネスに関する誓いというアイデアはどうしても異論を呼びやすい。しかし、ＭＢＡの誓いの最も大きな利点の一つは、グーグルの「悪に染まるな」と同じように、すべてをさらけ出す点だ。誓いを立てた人は、自分がどんなものに加わり、どんな責任が生じるかを自覚する。なかなかできない行為だが、これはすばらしいことだ。だが、責任をともなう公的な基準を設けるのに及び腰の人もいる。こういう人は、プロフェッショナルの規範に同意したら足枷になりかねないし、自分たちの行動に要らざる詮索を招くと暗に言う。誓いを立てれば、めぐりめぐって法廷や《フィナンシャル・タイムズ》の表紙で悩まされかねないというわけだ。要はこう言っている。

「自分たちの行動を人々に調べられるような事態は招くな。自分たちの選択の正しさを人々に弁明しなければならない立場に身を置きたくない」。この手の人は、みずからの選択を他者に吟味してもらわずに密室で決断するリスクよりも、そうした詮索のリスクのほうが大きいと思っている。

グーグルの名誉のために言っておくと、社訓は役立っているようだ。人々やグーグルの批判者の目から見れば、社訓は鎖をつなぐ格好の留め具になっている。グーグルが何かの「悪」をもくろんでも、社内の思慮深い声が同僚に社訓を改めて指摘したり、そういう決断が社会に及ぼす影響を考えさせたりして、意図を未然に阻むのは間違いない。グーグルにそのつもりがあろうとなかろうと、人々はグーグルの宣言を額面どおりに受け止めている。有名な社訓を指摘されるとき、グーグルはみずからの行動を見つめ、ある状況下での選択が社の公言する目標に一致しているかどうかを考える必要に迫られる。社訓は効果的な監視装置として働き、人々がグーグルの行動を論評したり批判したりするのを拒否させない。その意味で、グーグルは単純な文句を示すことによって、人々に対する責任を勇敢にもあえて負ったのである。

MBAも、誓いを立てたら批判にさらされるかもしれない。それが正当な批判なら、誓いは目的を果たしたことになる——人々がその行動と誓いの戒めとを照らし合わせることができたのだから。こういう詮索があるおかげで、決まりを破ろうとする者はためらうだろう。たしかに、MBAが手錠をかけられ、連邦保安官補に拘束されて職場から連行されるときに、誓いが目の前に突きつけられる日が来るかもしれない。それならそれでいい。おのれの選択に対して公に責任を持ち、約束を破ったり信頼を裏切ったりしたときに責任をとるのは、秩序ある社会が機能していくために必要な負担だ。

これと関連して、ＭＢＡの誓いは善良な者にまで不公平なペナルティーを課すことになるのではないかという懸念がある。全員が同じルールでゲームをしていないのなら、厳しいルールを課される者が競争上不利になるのは当然だ。こうして、厳しいモラルの基準を適用すれば、少なくとも短期的には、出世の階段をのぼるのが遅くなると主張する人が出てくる。トップの目から見たときも同じで、もし企業の会長が厳しいモラルの基準や企業行動規範を主張すれば、その企業のビジネス方法に影響が出る――そして業績にまで響きかねないということになる。

同じ主張はかつて国家の商取引でもなされてきた。イギリスが奴隷制の廃止を決定したとき、イギリスの企業は競争上不利な立場に置かれた。他の国が奴隷制を認めているかぎり、イギリスの人件費は太刀打ちできないほど高くなる。これはイギリスが奴隷貿易を続ける正当な理由になるだろうか。廃止に反対する者はこんなふうに言い立てたはずだ。「イギリスは競争上の優位を失ってしまう。オランダに追いつかれる。植民地はどうする?」。しかし結局は、歴史上最も勇気ある政治家の一人だったウィリアム・ウィルバーフォースの不屈のリーダーシップにより、イギリス議会は奴隷制を廃止した。理由は単に、それが正しいことだからだった。短期的には、それが高くついたのは間違いない。長期的には、コストは取るに足らないもので、恩恵ははかりしれなかった。

誓いを立てる者は、正しいことをすれば必ず報われると愚直に信じるような無邪気な楽天家ではない。ウィルバーフォースらイギリスの改革主義者は、特に奴隷制の廃止で失業する有権者から、敵意に満ちた反論を受けた。モラルある決断はたしかに高くつく。だがそれでも、価値を重んじた選択ははるかに大きな長期的利益をもたらしうる。たとえば、モラルの基準を守る企業は長期的にはどうなるだろうか。こうした企業は、厳しい基準を守ることによって信頼され、それが良好な影響を及ぼすはずだ。従業員は会社に誇りを持ち、会社の成功のために身を粉にする。世間からは好ましい就職先と見られ、優秀な人材を雇用しやすくなる。また、他の企業からも信頼され、取引のコストを抑えられる。公正で、正直で、信頼でき、寛容だという評判を培うのは、企業の利益になる。フランシス・フクヤマは著書『「大崩壊」の時代』（鈴木主税訳、早川書房）で、こうした美徳は実際に経済的資産になるし、最終損益にしか興味のない個人や企業でさえもそれを求めると記している。

二　問題がすべて片づいたわけではない

冷笑的な人物は、ＭＢＡの誓いもまた、馬が逃げたあとに厩の扉を閉める試みにすぎないと主張する。われわれはこの八〇年で最悪の経済危機に見舞われて苦闘しているが、損害はすでに出ている。われわれは一歩遅くて、五〇兆ドルを失ってしまったのだろうか。残念ながら、つけはまだ払われていない。厩にはもっとたくさんの馬がいる。

経済史を学んだ者ならショッキングな事実を知っている。二〇〇八年の危機は、資本主義の夜明けから何十回となく起きている危機の一つにすぎない。一六三六年にオランダでチューリップの球根がそうなったように、資産価格バブルが膨らみ、弾ける可能性はいまもある。不動産では一九八〇年代末の日本の例がある。外国投資では一九九〇年代はじめのメキシコ、株では一九九〇年代末のアメリカのインターネットバブルがある。われわれには悪い癖があり、最近の危機が最後の危機で、手ひどい打撃をこうむったから危機は二度と起こさないと思いこみがちだ。けれども、数年もすると資産価格はふたたび沸騰し、同じサイクルが繰り返される。ロバート・ブルーナーは一九〇七年の恐慌を論じた新著についてこう語っている。「景気循環にともなう社会の学習と忘却を私は見てとった。恐慌や破産からわれわれは厳しい教訓を学ぶが、経済が回復すると、この前の暴落の原因は修正できたから今度は違うと思い込む傾向がある」[#1]。あいにく、人間の記憶は長く続かず、学んだ教訓を忘れてしまう。

問題は、投資家が絶えず二つのリスクの間で揺れ動いていることにある。金を失うリスクと、金儲けのチャンスを逃すリスクである。それは強欲と恐怖の戦いであり、歴史から学んだいかなる教訓もたいてい圧倒してしまう。われわれは、景気が悪いときは値さがりリスクを恐れすぎ、景気がいいときは軽んじすぎる。しばらく前の金融危機（ハイテク関連株）が起きてから最近の危機（不動産と全銘柄）が起きるまで、投資家はもっぱらリターンの最大化にしか関心を持っていなかった。避けたリスクと言えば、好機を逃すリスクだけだった。ところが、暴落がはじまると、会話は一変した。不安げな妻が夕食のときに夫に話すようになる。「これ以上お金を失うわけにはいかないわ」。好機を逃す恐怖はすみやかに消え、金を失う恐怖が支配する。この危機が終わっても、振り子がまた反対に動くだけだろう。[#2]

ビジネスはこういう振り子の動きにつねに直面している。痛い目を見た投資家はしばらくは警戒するかもしれないが、資産価格が上昇に転じると、いまは投資の絶好の機会だというおなじみの会話が交わされるようになる。たしかに馬は逃げたが、実際には厩は他の馬であふれ返っている。いま、関心のレベルをもっと高尚な次元に引きあげるという意志のもと、新たな決意を持って厩の扉を閉めるときが来ている。この道を選ぶのはけっして手遅れではない。清掃サービスなどを手がけるサービスマスターのCEOを務めたビル・ポラードもこう強調している。「経済の浮き沈みのサイクルは解消しようがない――だが、強欲と私利という自然の力をいまよりずっとうまく抑制、管理することはできる」[#3]

MBAの誓いは単なる誠実さの誓約や倫理の誓約にとどまらない。長期的な価値を生み出す賢明な決定をくだすという誓約でもある。金融危機が起きようと起きまいと、プロフェッショナルの倫理規範を打ち立てるのは重要な試みであり、それだけの意義がある。景気がよくても悪くても、規範は真実、誠実、成功への道に行動や決定を導いてくれるだろう。金融危機は改革の流れを生み出すきっかけにはなったが、誓いを世に送り出した唯一の理由ではない。

システミック・リスクは、個々の企業が直面する局地的なリスク以上に大きいし、これからもそれは変わらない。わかりやすい例として、果樹園の農夫が他の木にはいっさいかまわずに一本の木のみ世話をすることにしたとしよう。しばらくの間は、その木は果樹園の養分や水分をすべて吸収して繁茂し、他の木は枯れていく。しかし春になり、その木が果樹園の他の木の花粉を受粉する季節になると、どこからも花粉が得られないので、実がならない。この木もまた枯れるだろう。ビジネス・リーダーが理解しなければならないのは、企業は他の企業とともに共同体のなかで繁栄するのであり、一般の人々が市場に積極的に参加してくれることによって繁栄するということだ。ビジネスは共同体全体と有機的に結びついている。尽くすべき共同体全体との関係を軽んじたら、企業は繁栄できない。

三 これはPRキャンペーンにとどまらない

著者たちが誓いを作ったのは、単に人々のMBAに対する認識を変えたかったからではないし、いまもそれだけが目的ではない。究極の目標はMBAが実際にもっと責任感を持つことだ。危機のとき、人は価値観をつぎはぎして急場をしのぐか、前もって熟慮のうえで受け入れた価値観に頼るかのどちらかだ。ずっと望ましいのは後者だろう。それに、広く責任あるビジネス文化を育み、特定の行動が堂々と奨励され、当然視されるようになれば、もっと多くのリーダーたちが、むずかしい状況で臆せず正しいことをしやすくなるはずだ。

誰もがこの目標を信じているわけではない。あるブロガーは、誓いはMBAプログラムのマーケティング戦術であるかのように感じている。オンライン上の議論で、ウォートン・スクールの学生はこうした批判に反論した。「MBAの誓いはマーケティングの一種か？　そうかもしれないが、それが悪いことか？　これは責任ある経営をうながすキャンペーンだ。そして重要な問題について思慮に富んだ議論を生み出している。誓いが倫理的な行動を保証するか？　もちろんしない。だが害にはならない」

MBAのプロフェッショナルとしての誓いは人々の認識を変えていくだろうが、もっと重要な目的は、この戒めを守ると誓約した人たちの生き方を変えることだ。途中で挫折し、約束を放棄する者が出てくるだろうか。間違いなく出てくる。誓いを立てはしたものの、いつかそれを後悔する者が出てくるだろうか。おそらく出てくる。約束をしておきながら守れず、嘲笑される者が出てくるだろうか。確実に出てくる。だがこれは、われわれがよく知っているとおり、人間は弱い生き物だと言っているにすぎない。誓いのおかげで悪しき選択をする前に考えなおそうという気になるかぎり、その一瞬のためらいはある道ともっとはるかに暗い道のどちらを歩くかの分岐点になってくれる。

これまでに論じたように、誓いには亀裂を見つける力がある。他人の欠点や弱点だけでなく、自分のなかの目標と現実の亀裂を吟味するよういざなう。車のダッシュボードに誓いのコピーを貼り、毎日の通勤のたびに見ていたら、ビジネスのやり方が変わってくるか、ダッシュボードから誓いを引きはがすかのどちらかだろう。

MBAの誓いはただのPRではないかという懸念の背後にある問題は、署名した者が破廉恥にも誓いを破り続けたときに意味を持ってくる。たとえば、エンロン・スキャンダルの首謀者たるジェフ・スキリングがもし誓いを立てていたら？　誰でも「見せかけ」を使って他人を欺き、惑わせることができる。そして、誰かが誓いへの署名を自分が信頼できる人間だという証に使い、巧みに欺く恐れはたしかにある。このように悪人はどこまでも悪人であり、仮面をかぶることによって信頼を悪用できる。

しかしながら、ジェフ・スキリング候補のうち、公に誓いを立てたおかげで、一線を越えるのを踏みとどまる者も出てくるのではないだろうかか。言い換えれば、一頭の馬が厩から逃げ出しても、厩に残り続ける馬もいるのではないだろうかか――たとえ扉が開け放たれていても。もしジェフ・スキリング本人が誓いに署名し、キャリアが続く間他の署名者との信頼関係を守ると誓っていたらどうなっていたかは想像するしかない。

実際には、どういう人間が誓いに署名するのだろう。大まかに言って、三つのグループがあると考えられる――署名する理由はそれぞれ違う。各グループを天使、イタチ、日和見主義者としてみよう。天使とは、誓いを立てるかどうかにかかわらず、戒めを守ろうとする者たちだ。天使にとって、誓いへの署名は行動指針を公に明言することでしかない。ビジネス・スクールの言いまわしを使えば、こういう人たちはMBAの誓いの運動にとって「もぎとりやすい果実」になる。

ただし天使も、自分が誓いに署名するからには他の人にも署名してもらいたいと思っている。経営者の間に信頼感を醸成し、将来のビジネスで組む相手を見つけやすくする機会にしたいと思っているからだ。

イタチは誓いを遂行するつもりはないが、倫理にかなった人物と見られたいので署名する。イタチにとって誓いはよくて単なる儀式、悪くすると将来のカモから自然と信頼してもらうための人心掌握術だ。最も重要なのは三つ目の日和見主義者で、それは誓いから最大の恩恵を得られるのがこのグループだからである。

日和見主義者はおそらく最大のグループだろう。イタチや天使はそうざらにはいない。大部分の人は漫然と流されていくだけで決断したがらないし、少なくとも必要に迫られるまで決断に興味を持たない。何がこうした人々に決断をうながすのだろうか。決断のときは何が影響を与えるのだろうか。公に宣言するのは何も宣言しないより正しい決断をもたらしやすいはずだ。

現実には、完全な善人も完全な悪人も完全に優柔不断な人間もいない。天使も堕落するし、イタチも罪をあがなう。天使の死傷者を減らし、イタチを倫理的な意味で全快させるという意味で、誓いが提供する処方箋と薬は死傷者の急増を防ぐことを目的としている。ＭＢＡの誓いは誰かが特定の時点で立てた倫理の誓約を映したスナップショットにとどまらない。正しい選択をするよう絶えずうながし、励まし続ける。要するに、できるならジェフ・スキリングにも誓いに署名させたかったということだ。歴史を書きなおせるのなら、誓いに署名しなかったジェフ・スキリングがいる未来よりも、誓いに署名したジェフ・スキリングがいる未来に賭けるべきだろう。

最後に、誓いが「回答欄のボックスにチェックを入れる」だけの誠実さになりかねないことは著者たちもわかっているし、その恐れはたしかにある。ビジネス・スクールの入学相談を受けつけているあるサイトなどは、入学志望者に対して、入学したければこの手の誓いに必ず賛同するようアドバイスしている。こういった入学相談の団体などには、入学志望者に誓いの重みを伝え、ビジネス・スクールもしだいに誓いの基準に照らして合否を考えるようになってきていると教えるようながしていきたい。その意味で、入学試験委員会はボックスにチェックを入れさせるだけで満足せず、入学志望者がこれまでの人生でも同様の基準を活用してきたかどうか具体的に説明させるべきだ。ビジネス・スクールの入学試験委員会には、誓いの精神という視点から、志望者を真剣に吟味してもらいたい。

四　人柄だけでは充分ではない

倫理にかなったふるまいはもちろん大切だが、つまるところビジネスの正しい行動を導くのは口約束ではなく内なる人柄なのだから、誓いなど不要だと主張する人たちがいる。こういう主張は、ビジネスではひとえに言葉が人柄を示すのだという事実を見落としている。言い換えれば、自分の言葉が証文がわりだと言うとき、その言葉は効力と説得力を持つ。このように、人柄は言葉のなかで明らかにされる。人柄を物語る行動が言葉なのである。

だが人柄そのものは、必ずしもあてにできるわけではないし、激しい戦いのさなかならなおさらそうだ。本書が前提にしているように、人は終始一貫しているわけではなく、亀裂があるものだし、人柄に非の打ちどころのない人などいない。人柄における亀裂は本人も気づいていない場合が多い。社会心理学者が重要なデータをまとめているが、「状況」は人柄よりも行動を大きく左右しうる。この点については、六章でイェール大学の心理学者スタンリー・ミルグラムらが行った実験を検討するときに論じる。どんな人柄が評価、歓迎されるかの基準となることがＭＢＡの誓いの目的だ。特定の行動をするという誓約は、その人物が価値を重んじるビジネス・リーダーとなるのに欠かせない人柄の持ち主であるかどうか、倫理的な規範や価値観を理解しているかどうかを明らかにする。ＭＢＡの誓いにはそういう意味合いがある。

ＭＢＡが倫理にかなったふるまいをするのに誓いなど必要ないのではないかと言われれば、それはそのとおりだ。たしかに、わざわざ誓わずとも、法廷で証人は真実を話すことができる。わざわざ誓わずとも、夫は結婚生活で病めるときも健やかなるときも妻に尽くすことができる。約束すればそれまで封印されていた力が解き放たれるわけではない。約束は責任を持つための手段である。激しい戦いのさなか、人柄は揺らぎがちだ。まさにそういうとき、ＭＢＡの誓いはビジネスや社会の利益のために最大の働きをする。自分や他人が許容範囲を見定めるのに役立つからだ。切羽詰まったときはプレッシャーがかかり、時間の余裕がない。とりあえず自分の利益だけは確保するという面から見ていちばんよさそうな手を選びたくなる。こういう状況で、自分だけ短期的利益を得ようとするのではなく、持続可能な長期的価値に目を向ける原動力となるものを、ＭＢＡの誓いは指針として示している。ＭＢＡの誓いはそういう価値をテーブルに並べ、鼻先に突きつける。こういう価値を捨てるのか、それとも守るのか、と。

ＭＢＡの誓いに署名した人の多くは、誓いを立てたかどうかにかかわりなくその指針にしたがえる人たちだろう。そういう人たちにとっては誓いそのものが賛同した理由ではないだろうし、誓いを立てさえすればビジネスで倫理に反する決断や思慮に欠ける決断を防げるわけでもない。だからといって、このうえなく実直でモラルある人物ならモラルや倫理があいまいになる瞬間から無縁でいられるとはかぎらない。ＭＢＡの誓いは励ましや動機になるだけでなく、戒めやよすがになる。

ＭＢＡの誓いを主導したのは集団の知恵だ。一人の人間がＭＢＡの誓いを書いたのではない。はじめからこれは協力に基づく集団志向のアイデアに他ならなかった。この運動の強みは、個人の孤立した単独行動ではなく、合意の形成を前提にしているという事実から来ている。著者たちは臨界点にまで進みたいと考えている。このときそれは、文化的な規範が一変し、行動基準が高められて腐敗がきわめて困難になる「転換点」となる。

これまでに述べた理由から、著者たちはＭＢＡの学生に対して、一人で誓いに署名するのではなく、同じスクールから少なくとも何人か誘って署名するよううながしている。こうすれば、互いに責任を負うネットワークができる。そしてまた、著者たちは世界トップのビジネス・スクールのキャンパスにまたがる「支部」のネットワークも作っている。正式な支部となる条件の一つとして、毎年の卒業生の三〇パーセント以上が誓いに署名しなければならないとしている。各スクールの相当数を署名者にして、卒業後も誓いにしたがって生きていくのに必要なサポートをしてもらえると感じさせたいからだ。

五　法律のみに頼ることはできない

「なぜビジネスがみずからを規制しなければならない?」。そう問いかけたMBAがいた。ビジネスはビジネス以外の何物でもない。ビジネスのやり方に不満があるのなら、政治家に法律を定めさせればいい。法律が何も言っていないのなら、その状況を利用して何が悪い? 法律に反しないかぎり、文句を言われる筋合いはない。ほんとうの悪人は法律がどうにかするはずだ。まだ充分でないと言うのなら、もっと法律を定めさせればいい。

この主張は法律と責任を混同している。法律を守りさえすれば、モラルにしたがった商取引や経営判断を重んじる社会の要求や期待にかなうという考えが前提になっている。法律とモラルがいかなるときでも一致するかどうかは議論の余地がある。弁護士の多くは、「高尚な次元」のモラルや法律を持ち出すのは控えるよう指示する。法律とは便宜と必要に基づくものであって、モラルに基づくものではないからだ。

そのうえ、大部分の人は法律が要求するより多くをビジネスに期待している。一九九九年五月に六大陸の二三か国で二万五〇〇〇人を対象に行われたミレニアム世論調査によれば、利益をあげて税金を払い、人々を雇用し、あらゆる法律を守るという歴史的な役割以上のものを企業に求める人は全体の三分の二に達する。「企業が厳しい倫理基準を設け、広く社会的な目標に貢献することを人々は求めている」[#4]。人々が資本主義に疑問を持つとすれば、それは企業はみずからのことしか頭にないと感じるときだ。

　のちに述べるが、医師の「害をなすな」という誓いのビジネス版は、必要に応じて法律に基づく対応以上のことをするという誓いになる。法律は行動の目安になるが、それが定めているのは最低限の目安なのだから、ビジネスの真のプロフェッショナルは倫理をそういうふうに考えるべきではない。もちろん、有益な法律や飽くなき強欲に歯止めをかける規制は作るべきだが、法律は最善の行動にたいてい劣るものだということを理解しなければならない。現実はもっと改善できる。

　次の事実を考えてもらいたい。金融危機を受けて、議会は新しい法律や規制を定めている。レバレッジの制限、役員報酬の制限、証券取引の規制などにより、政府はここ数十年で最も積極的に金融システムにかかわるようになっている。いまや政府は多くの民間事業で最大の利害関係者になりつつある。政府による規制が増え、政府が民間企業の「パートナー」や「オーナー」になる例も増えた。企業の経営者ならわかるが、政府による監視の強化は不安を誘うものであり、必ずしも歓迎できない。しかし、規制の増加はみずからを規制できなかった企業のせいでもある。

規制強化は取引のコストを押しあげ、監視の費用をまかなうために税金が高くなり、企業の競争を妨げる。

ノーベル文学賞を受賞したアレクサンドル・ソルジェニーツィンは、一九七八年にハーバードの学位授与式で講演を行い、モラルの指針なき社会の帰結を学生たちに語った。第二次世界大戦後、ソルジェニーツィンはソ連政府を批判したために逮捕され、収容所での強制労働を科された。講演は示唆に富んでおり、欧米ではしだいに法律のみを行動指針としなくなっているように思えるとソルジェニーツィンは語った。「法律以外に秤を持たない社会は人間にふさわしい社会とは言えない……それは人間の高度な可能性をほとんど活かせない。法律の文字はあまりに冷たく、杓子定規で、社会に有益な影響を与えない。人生という織物が法的な関係によって織られるときに周囲に漂うのはいつだって凡庸なモラルであり、人間の気高い感情を麻痺させる」[#5]。法律に頼ると、ネガティブな限界を設ける文化が生まれ、人はそれに抵抗し、打破を望む。必要なのはポジティブな向上心を持った文化であり、このとき人はそれを押し進め、実現を望む。ただひたすら義務だけをこなして不正を働かないほうがいいのか？　それとも正義のために力を尽くすほうがいいのか？　答は明らかだ。

六　これはよき第一歩になる

高い理想を表明していても、われわれはビジネス文化にあっけなく呑みこまれてしまうのだろうか。《ニューズウィーク》誌の記者が論じたとおり、MBAの卒業生は受けた教育を虚空に持って行くわけではない――独自の決まりと動機がある生態系《エコシステム》に加わるのであり、それらは教室での講義や卒業時の誓いよりも重要になりうる。

歯に衣着せず言えば、このシステムに問題があるのなら、システムを変えなければならない。システム全体をどうやって変えるのか。ルールを書きなおせばいい。システムを根幹から方向づけている価値観を変えないかぎり、些末なところを改革しようと努めてもシステムに押しつぶされるだけだろう。その意味で、文化人類学者のマーガレット・ミードが言うように、歴史の流れを変えようとする小さくとも献身的で情熱的なグループの力は、ビジネスでもその他の分野でもけっして軽視できない。

いくつかの組織や何人ものリーダーがもう誓いにかかわる難題に取り組んでいる。アスペン研究所、世界経済フォーラム、G20などが、MBAの誓いのようなビジネスの新基準を作る試みを支援しようとしている。世界経済フォーラムは毎年、世界中から二、三百名を選んで次世代グローバル・リーダー［YGL］のフォーラムに招いている。こうしたリーダーは――ビジネス界の人物も、学界や政府の人物も含まれる――さまざまな立場からの組織運営のあり方を体現しており、すでに世界を変えつつある。YGLの団体はグローバル・ビジネスの誓いというアイデアを採用し、それはMBAの誓いにとって大きな刺激になっている。こうした組織やリーダーが――そこには世界で最も影響力のある経営者もいる――協力しているのなら、ゲームの根幹にあるルールが見なおされつつあると考えても、それほど甘い見とおしではないはずだ。

もちろん、ＭＢＡの誓いは今日のビジネスが直面する問題を魔法のように解決してくれるわけではない。特効薬は存在しない。しかし、誓いが重要な第一歩というだけでなく不可欠な第一歩であることは強く言っておきたい。医師が病院で患者にアフターケアの指示を出すとき、患者は指示を守れば魔法のようになおるとは思わない。むしろそれからが苦労であり、助けに頼らず日々体を動かし、適切な薬を飲み、体調に気を配らなければならない。ＭＢＡの誓いも治療計画にすぎない。誓いを立てた者がむずかしい決断に直面し、使われずにいたために弱ってはいるものの胸を張ってまっすぐ歩くのに必要な筋肉を力のかぎり使わなければならなくなったときにはじめて、治療の苦労ははじまる。

ＭＢＡの誓いをすぐに忘れ去られてしまう一度きりの約束以上のものにするためには、どうすればいいのだろうか。プロフェッショナルとしてのよりどころはどこにあるのだろうか。弁護士は弁護士会から除名される恐れがあり、医師は医師免許を剝奪される恐れがあるのに対し、ＭＢＡの誓いにはそういう強制の仕組みがない。これは厄介な問題だ。強制の仕組みのない、信義に基づくだけの規範はあまり重みがない。

現在のところ、ＭＢＡの誓いには二つの強制の仕組みがある。一つめは、われわれのウェブサイトwww.mbaoath.orgで誓いを立てた者の名前を公開することから生じる暗黙の非公式な強制だ。同僚、顧客、依頼人、納入業者、隣人らはみな、自分の仕事と関係のある経営者が誓いを立てているかどうかを調べることができる。名前がなければ、抜け目のない顧客や依頼人から、なぜ誓いを立ててないのかと訊かれるかもしれない。誓いを立てていてもやはり顧客や依頼人から、どういう状況でも誓いの示す基準どおりに行動するよう要求され、そこから逸脱したら理由を説明するよう要求されるかもしれない。誓いを立てた者は一人残らず公開リストの存在を知っているから、これは実際の行動を誓いに一致させる強力な動機になるだろう。

二つめの強制の仕組みは、誓いの指針に対する重大な違反を犯した者を、署名者のリストから除名できる制度に基づくものだ。誓いに対する違反行為を知った者は、審査委員会に告発する権利を与えられるべきだと著者たちは考えている。このとき告発された者には弁明の正当な機会を与えられるが、もし委員会が問題の人物は誓いに背いたと判断したら、リストから除名される。もっとも、除名するという圧力が倫理にかなった決断や賢明な決断の動機になるかどうかは、時が経ってみないとわからない。

他にも、ＭＢＡの同業者団体を作って誓いの遵守を義務づけるという手がある。それが信望のある団体になれば、誓いを立てた者が指針を守るもう一つの動機になるだろう。さらに、進取の気性に富んだＭＢＡたちからの提案として、誓いを「証券化」するという興味深い選択肢もある。これはビジネス・スクールで学んだのだが、なんと言っても人は自分が金を払うものを大切にする。だから、個々の署名者に、資格登録料として年間二五ドルを払ってもらう。そしてその金を、地域支部がイベントを催して経営者のプロフェッショナルとしての責任やビジネスの倫理的なジレンマを論じ合う資金に活用すればいい。

最後に、これがおそらく最も重要なのだが、ビジネス・スクールに対して、方針を改めるよう働きかけることも検討する必要がある。つまり、ＭＢＡの誓いや同様の誓いを立てることを学位取得の必要条件にしてもらう。二〇一〇年に《エコノミスト》誌や《フィナンシャル・タイムズ》紙などの権威あるメディアは、ビジネス・スクールにカリキュラム修正を呼びかけ、ＭＢＡの誓いが適切な出発点になると指摘した。ＭＢＡの誓いを正式に採用することが、スクール改革の第一歩になると言えるかもしれない。

結局のところ、どんな強制の仕組みも、大学やビジネスや社会のさまざまな場所におけるＭＢＡの誓いの運動の自然な発展とは、まったく関係がない。前述したとおり、ＭＢＡの誓いは生きている文書であって、石に刻みこまれているのではない。いずれ誓いは未来のＭＢＡたちによって編集、修正されるだろう。誓いの文言の修正や改善は自由だ。

重要なのは、誓いを根本から理解し、守ることにある。特定の状況への誓いの応用についてはさまざまな見解がある。誓いはもっと具体的であるべきで、ただ抽象的な指針を示すのではなく細かな問題に対する立場を明らかにすべきだと批判する人がいる。こういう主張は、ビジネスや人生の無数の局面で一つの問題を解決するために明確な線を引いたところで、別の問題を生むだけだということを見落としている。医師は誓いを立てるとき、解熱には必ずアスピリンを使うなど約束しない。弁護士も、節税したい顧客には必ず控除額をできるかぎり増やすようアドバイスするなどとは誓わない。誓いの条文で個々の問題に明確な線を引くのは現実的ではないし、やがては誓いを時代遅れにしてしまうだろう。

必要なのは息の長い指針であり、時と状況に応じて建物の他の部分を造り替えられる主要構造だ。いま、われわれはこうした指針に注目するようになり、行動に責任がともなう理由と、指針がふだんのビジネスを定義しなおす可能性を理解しつつある。われわれは終始、ＭＢＡの教育課程で学んだ事例を活用し、講義で教わった状況に誓いの指針を適用している。

おわりに

われわれはこの時代の意義を決めなければならない。人生の基本的な指針を――責任、説明責任、公正、正直を――経営のプロフェッショナルたるわれわれがなすべてのことに持ちこもう。ビジネスを有効に活用し、世界に善をもたらすために用いよう。

――ウマイマ・メンドーロ（ハーバード・ビジネス・スクール二〇〇九年卒業生、署名番号一二）

世界は変わった。二〇〇八年の経済崩壊の結果、アメリカ政府は国内最大の自動車メーカーと保険会社と銀行の最大株主になった。新しい時代が幕をあけ、われわれはそれへの処し方をようやく学びはじめている。著者たちの世代は、世界大恐慌以来最悪の経済状況でキャリアをスタートさせている。株価は上下を繰り返している――V字回復をするとか、いやW字だとかの議論が行われている。失業率は二桁の範囲を浸食している。これを書いている時点で、アメリカの失業人口は一〇〇〇万人に及ぶ。ビジネス・スクールは「時代遅れ」だとして異議を突きつけられている。《エコノミスト》誌は、ＭＢＡに対する人々の気持ちは冷めたとする記事まで載せている。苦境にあるのはＭＢＡだけではない。資本主義そのものも危険にさらされている。ＵＣＬＡで経営を教えるジェームズ・Ｑ・ウィルソン教授によれば、「自由市場は能率の悪い企業を容赦なく排除するのに、人間のモラルにかなった思考がモラルに反する思考を罰するのはあまりに遅く、あてにならない」ことを資本主義社会の人々は認識しなければならない。「しかし、能率の悪い企業のすみやかな消滅は個々の企業を脅かすだけだが、モラルに反する思考へのゆるやかな怒りは資本主義を脅かし、ひいては自由そのものも脅かす[#1]」。われわれはすでにそれをまのあたりにしている。

いまこそ情熱と決意と不屈の意志を持って行動しなければならない。ＭＢＡの誓いはこれからも続く——運動としても、組織としても。一校の一学年の学生たちのはじめた運動が、いまでは世界中の何百というスクールとクラスの何千というＭＢＡの学生と卒業生を代表するものへと成長している。真の仕事ははじまったばかりだ。

現在のＭＢＡの誓いは正式な組織であり、誓いが示す指針をめぐって運動を起こすことが使命になっている。二〇一〇年に卒業予定の学生は、われわれがはじめた仕事を発展させている。バブソン、ボルティモア、ハーバード、イェール、ケロッグ、コロンビアのＭＢＡの学生たちが手を取り合い、キャンパスでＭＢＡの誓いに命を吹き込むための方法を論じている。スコットランドのグラスゴーにあるストラスクライド大学は、学生が主導するこの運動のイギリス初の舞台になった。われわれはＭＢＡの在校生のためにニューヨーク市でリーダーシップについてのサミットも開いた。バスケットボールの開幕シーズンに、ライバル同士のデューク大学とノースカロライナ大学の学生が一緒にすわって積極的に協力しながらＭＢＡの誓いについて論じているのを見たとき、著者たちはこの誓いには人々を結びつける力があると知った。

他にも、世界経済フォーラムの次世代グローバル・リーダー［ＹＧＬ］のグループは、経営者のための世界共通の誓いを作るというすばらしい目標に向かって進んでいる。われわれも同じ熱意を持っており、地理的な境界を越えてビジネスマンが――ＭＢＡであろうとなかろうと――共通の信念を確立し、力を合わせるのが理想だ。ビジネスのパラダイムシフトはＭＢＡだけに起きているのではないし、ＭＢＡだけでできるのでもない。

まだまだやるべきことはたくさんある。誓いの署名者のリストだけでは世界は変えられない。ＭＢＡの現学生や卒業生、学者、それからＭＢＡでなくても他のあらゆるビジネス専門家に対して、経営をプロフェッショナルの仕事にし、ビジネスに高い基準を設けるために協力するよう求めていきたい。

われわれの目的が「豊かな生」を送ることなのか、それとも偉大な生を送ることなのかは、考えてみる価値がある。われわれはどちらの生にも惹かれる。一方で偉大な生を送り、世の中をよくし、影響を与えたいと思う。何かを打ち立てたいと思う。砂地に足跡を残したいと思う。世界に価値ある重要な貢献をしたとして記憶されたいと思う。他方で豊かな生、成功した生、安全な生も夢見る。恵まれた快適で安楽な生を送り、苦しみを避けて望みをかなえたいと思う。豊かな生という夢も偉大な生という夢も間違っているわけではない。しかし、この夢はときに対立する。目の前の苦しみを避けたら、世の中に貢献する長期的な能力が損なわれかねない。誓いにしたがって生きるために何かを犠牲にしなければならないときもあるのは、まぎれもない事実である。

英雄と呼ばれる人々のリストを見ると、偉大さと快適さが相容れないものであることが必ずと言っていいほど見てとれる。リンカーン、ガンディー、マーティン・ルーサー・キング・ジュニアたちは英雄的な生を送ったが、そのために命を落とした。「豊かな生」のイメージに、貧しくともカルカッタでハンセン病患者のために裸足で働くことや、南アフリカで二七年間の獄中生活に耐えることは含まれない。しかし、だからこそ、マザー・テレサやネルソン・マンデラが比類なき偉大な生を送ったのは異論の余地がない。ジェームズ・M・バリーが述べているように、人生では他のすべてを犠牲にすればなんでもかなう。問題は、自分が何を求めているのかだ。自分の理想は小さいのか、それとも大きいのか。

ジョン・F・ケネディはかつてこう語った。「楽な人生を願うな。もっと強い人間になれるよう願え。実力に合った仕事を願うな。仕事に合った実力を願え」。著者たちは誰もが非営利団体に加わるべきだとか、金持ちになれる生き方を捨てるべきだとか勧めているのではない。著者たちが言いたいのは、どこにいようと——ウォール・ストリートやワシントンにいようと、モザンビークやモルガン・スタンレーにいようと——自分の出世のような小さな理想のためだけに働くのではなく、世界をよりよい場にするというもっと大きな理想のために働くべきだということだ。

何事であれ、われわれはきわめて高潔な精神を持ってそれを行うこともできれば、きわめて卑劣な精神を持って行うこともできる。みずからの行動によってささやかな地位を高めることもできれば、欲得ずくの行動によって高い地位を台なしにすることもできる。選ぶのはわれわれ自身であり、どちらを選ぶかは自由である。マーティン・ルーサー・キング・ジュニアはこう言っている。「町の清掃が天命であるのなら、ミケランジェロが絵を描いたように、ベートーヴェンが曲を作ったように、シェイクスピアが詩を書いたように、町を清掃しなさい。天地の軍勢がみな立ち止まって『ここにはすばらしい腕前の偉大な清掃人がいた』と言うくらい、見事に町を清掃しなさい」

世界はビジネスにリーダーシップを求めている。われわれはどのようなリーダーになるべきなのか。尊厳を持ち、みずからの失敗と結託せず、職の安定を名誉よりも優先せず、キャッシュフロー計算書よりも人柄をずっと重んじるリーダーになろう。地震のあとに体を張って損害を修復する人間になろう。ＭＢＡの誓いの意味を実現する男女になろう。価値を搾りとるのではなく生み出すことで記憶される人々になろう。誠実さ、倫理、理想を追うリーダーシップで知られる人々になろう。

ＭＢＡの誓いに署名を

あなたが署名して携帯できるように、つぎのページに誓いを載せておく。ＭＢＡの誓いの正式な署名者となるには、www.mbaoath.orgにアクセスしていただきたい。

自分のスクールにＭＢＡの誓いの運動の学生支部を設立したいかたは、info@mbaoath.orgまで連絡されたい。

MBAの誓い

経営者たる私の使命は、人材や技術、資金などの経営資源を集結させ、一人の個人ではなしえない価値を創出することで、より大きな善のために尽くすことにある。したがって、私は自分が携わる事業が長期にわたって社会のために価値を高められるような道を選ぶ。社の内外の、また現在と未来の人々の幸福に、自分の決断が広く影響を及ぼしうると理解する。さまざまな関係者の利益を調和させるとき、私は困難な選択に直面するだろう。

それゆえ、私は以下を誓約する。

- 私はなしうるかぎり誠実に行動し、倫理にかなった形で仕事を行う。
- 私は株主、従業員、消費者、そして活動の場となる社会の利益を守る。
- 私は誠意を持って事業を経営し、自分の偏狭な野心を満足させるために事業とそれが尽くす人々を害するような決定や行動をとらないよう注意する。
- 私は自分の行動と事業の運営を左右する法律と契約を、その字義においても精神においいても、理解して守る。

●私はみずからの行動に責任を持ち、事業の実績とリスクを正確かつ正直に伝える。

●私は経営者たちが成長をつづけ、社会の幸福に貢献し続けることができるように、自分自身と監督下にある経営者を啓発する。

●私は世界規模で経済と社会と環境の持続可能な繁栄を生み出すよう努める。

●この誓いにしたがって生きていくうえで、私は他のＭＢＡに対して説明責任を持ち、他のＭＢＡは私に対して説明責任を持つ。

●私はこれらをみずから進んで、名誉にかけて誓う。

署名（　　　　　　　　　　　　）

日付（　　年　　月　　日）

訳者あとがき

ＭＢＡというものに複雑な感情を持っている人は多いはずだ。著者たちが述べるとおり、最近の金融危機の遠因を作ったのはＭＢＡだとする報道はたしかに見られたし、それも無理からぬところがあると言えるだろう。

本書はそうした批判を踏まえつつ、ＭＢＡの自己改革の必要性を訴えた一冊である。といっても、何か特別なことが書かれているわけではないし、ＭＢＡのためだけに書かれているわけでもない。著者たちは誠実、正直、勤勉といった昔ながらの美徳の大切さを改めて強調しており、それはＭＢＡならずとも組織で働く人ならだれにでもあてはまる。本書の魅力のひとつは、危機に直面したときの企業の対応例や心理学の研究成果などを引き合いに出しつつ、こうした当たり前のことが当たり前である理由を説得力豊かに述べていることだろう。大地震のために金融危機以上の危機に見舞われているわれわれ日本人には、いっそう参考になる点が多いので、多くのかたに読んでいただきたい本である。

なお、本書の訳出にあたっては、アメリカン・ブック＆シネマの芝崎章氏とみなさまにたいへんお世話になりました。心よりお礼を申しあげます。

二〇一一年六月

青木創

監訳者あとがき――「公の精神《パブリックマインド》」復活のために

二〇〇四年夏、二十八歳になった私はハーバード経営大学院に留学した。欧米で教育を受け各国のビジネス界で活躍してきた同級生たちと議論していて最初に言葉に詰まったのは、次の問いを投げかけられたときだ。

「ダイスケ、君にとってのプリンシプルはなんだい？」

プリンシプル――。日本語でぴったりあてはまる訳語がない。「理念」と「信念」のあいだをとったようなものだろうか。「依って立つ行動指針」という言い回しが一番しっくりくるかもしれない。それは前例がない問題に直面したときに、みずから答えを導くための公式のようなもの。

怒濤のような最初の秋学期を終えて、冬から春にかけた新学期に入って再び戸惑いを覚えた。「リーダーシップと倫理」なる授業が必修課目として開講したのである。本書で紹介されている事例をケーススタディとして、自分が当事者だったらどのような行動を選ぶか、議論を交わす時間が三十回も続いた。われわれ日本人はこのような問題を正面から議論する経験が少ない。なんらかの「正解」が存在する他の課目とは異なり、正解のない問題にどのように取り組めばいいのか分からないまま、授業は進んでいった。

本書はハーバード・ビジネス・スクールを二〇一〇年に卒業した学生たちが中心となって進め

た「ＭＢＡの誓い」なるプロジェクトについて説明したものである。医師や医療従事者が医学校卒業時に宣誓する「ヒポクラテスの誓い」に倣い、ビジネス・スクールを卒業する「経営者の卵」が公に対してみずからの職業倫理を宣誓するという。背景には二〇〇一年のエンロンや〇二年のワールドコムの大型会計不正事件、そして直近では〇八年のリーマンブラザーズ破綻を契機とした金融危機によって企業経営者への信頼、そして彼らを輩出した経営者養成機関たるビジネス・スクールへの信頼が地に落ちたことがある。

著者たちが実務経験が少ない二十代後半のＭＢＡ卒業生ということもあり、本書に物足りなさを感じないわけではない。たとえば各章の末尾では結論めいたことを性急に述べているが、そもそも正解がない問題だからこそジレンマが生じ悩みも深いわけであり、正解がない問題に対して各自がいかに答を導くかということが本質的な問いかけのはずである。また、「嘘をつかない」「法律を守る」といったことも「当たり前ではないか」と感じるかも知れない。

しかし本書は何か結論を求めて手に取るべきものではない。みずからがどのようなビジネスパーソンになりたいか、あらためて考え直すための素材と考えるべきである。元になっているのは先に述べたハーバードＭＢＡの「リーダーシップと倫理」なる授業の教材であるから、読者のみなさんにとっても考えるひとつのきっかけとしては申し分ないはずである。

わが国では政治の劣化が叫ばれて久しいが、同じくらいに企業経営者の「公」の精神も劣化しているように感じることがある。本書は自分が職業人としてどのように社会とかかわっていくか、どのような人生を送りたいか、一人ひとりが考えるための大切な素材となろう。

前述講義の最終回に際して、まとめとして各自に「Management Credo」（経営者としての信条）なる文章をしたためることになった。私が書いた文章を、この文章の最後に添付しておく。皆さんも本書を読了されたのちには、ぜひ各々の「誓い」を書いてみてほしい。

崇高な取り組みとしてのリーダーシップ

今日ほど、企業経営者が世界中の人々の生活に影響を及ぼし得る力を持った時代はない。私たちが下す一つひとつの意思決定は、企業活動を通じてかかわりを持つことになる従業員と地域コミュニティ、顧客と供給業者、債権者と株主、すべての人たちに影響を与える。私たちは、長い人類の歴史のなかで、ひと握りの人しか享受できなかったような力と特権にあずかっている。このような力と特権には、私たちの意思決定の影響を受けるすべての人たちの幸福につながるように行使する責任が当然に付随することを、私たちは理解している。私たちは、企業経営と組織のリーダーシップが崇高たる取り組みであることをここに確認し、その一翼を担うことができることを大いに誇りに思う。

ビジネスの使命は、継続的なイノベーションを通じて人々の生活のニーズを満たし、社会の進歩を加速化することである。私たちが機能する資本主義システムの下では、利益のあくなき追求は資源の効率的な配分を促すという点において、この使命を達成するうえで重要な役割を果たす。

しかしながら、利益の追求は、あくまでこの目的を達成するための手段に過ぎないことを忘れてはならない。利潤動機は、私たちの使命と矛盾するような行動を正当化するために用いられるべきでないし、それがこのシステムが拠って立つ構成員のあいだの深い信頼を脅かすようなことがあってはならない。

従業員と地域コミュニティ

私たちは、どんなビジネスでも長期的な成功を決める唯一の大切な要素が人材であることを理解している。従業員は、私たちのもっとも貴重な資産であり、私たちは新しい技術やイノベーションに投資をしていくのと同じように、彼らの発展と成長のために絶えず投資を続けていく。また、職場は従業員が生活の糧を稼ぐための手段にとどまらず、彼らが自己実現を果たすためのかけがえのない機会であることを認識している。

私たちは従業員に対して、私たちの友人や家族に向けるのと同じ敬意と尊厳をもって接する。事業運営のパートナーとして、彼らに対してオープンに考えを共有し、彼らの心配事に耳を傾ける。仮に私たちと彼らの利益が短期的に対立するような場合には、それらが長期的な観点から調和するよう努力する。

私たちは、属する地域コミュニティの強い支援が、私たちの長期的な成功にとって不可欠であることを認識している。彼らは重要なパートナーであり、私たちのこれまでの成長を支えてくれた。それに応えて、私たちも企業経営の意思決定を行っていくうえで彼らの利益を丁寧に考慮し、調整する責任がある。

顧客と供給業者

私たちが事業を営む厳しい競争環境のなかでは、顧客と供給業者は私たちの商品・サービスを評価し、彼らのニーズをいかにしてよりよく満たすことができるかについてフィードバックをくれる、メンターであり教師である。私たちは彼らの声に真摯に耳を傾け、最高の品質と満足を与えるよう努力し、それこそが私たちの使命を達成していくために正しい方向に導いてくれることを理解している。

私たちは、顧客とサプライヤーとの取引関係がお互いへの深い信頼に基づくものであり、企業活動を通じてその信頼をさらに強化する責務を負っていることを認識する。私たちは一つひとつの意思決定が、この関係が必要とする高い誠実さに見合ったものであるよう慎重に考慮したうえでなされることを、保証する。

債権者と株主

私たちが拠って立つ資本主義システムは、イノベーションと長期の価値創造を実現するために、資本の供給を必要とする。債権者と株主を含む私たちの投資家は、彼らの資本が自ら行うよりも多様な投資先に、生産的に投下されるであろうと信じて、私たちに資本を託してくれている。この信頼は必ずしも投資の経済的な魅力だけでなく、私たちが選んだビジネスモデルや、私たちの経営判断を形づくる経営哲学への信任を基にしている。私たちは彼らの信頼に応えるため、投資された資本が長期的に持続可能な高い利回りを得られるよう全力を尽くす。複数の利害当事者やその利益が対立する場合には、この持続可能性という観点から解決される。

難しい決断

ビジネスリーダーとしての行路のなかで、私たちはたびたび自身が率いる企業と、これまで述べてきた利害関係者、そして私たちの個人的な価値観とのあいだに緊張感を生むような、難しい決断を迫られることだろう。私たちは、決断をする際にすべての利害関係者の利益を慎重に考慮するばかりでなく、ビジネスリーダーとしてなす意思決定が「経営者の立場」という概念を隠れ蓑にすることなく、私たち一個人として有している価値観を反映するものであり、それは鏡に映った自身の姿を見て誇れるものであること、そして私たちの親とその親がそうしてくれてきたように、子どもとその子どもたちに、私たち個人の物語として胸を張って伝えられるものであることを、約束する。

岩瀬大輔

June 13, 2009, http://www.newsweek.com/id/201935.
2. *Ibid.*
3. *Ibid.*
4. Charles Handy, "What Is a Business For?" *Harvard Business Review*, December 1, 2002.
5. Rakesh Khurana and Nitin Nohria, "It's Time to Make Management a True Profession," *Harvard Business Review,* October 1, 2008: 1.
6. リーダーシップと企業の責任に関する講義のノートより引用。

13　批判に対する六つの補足
1. Dana Mattioli, "Professor Says Business Schools and Students Can Take Away Lessons From Financial Crisis," *Wall Street Journal*, August 20, 2009.
2. 投資家が直面する二つのリスクについての考察は、次の論考から部分的な影響を受けている。Howard Marks in an investor newsletter from last year, "So Much That's False and Nutty." Oaktree Capital Investor Newsletter, July 2009.
3. Al Sikes, "On Forswearing Greed," Provocations blog post, July 24, 2009, http://www.ttf.org/index/journal/detail/forswearing-greed/.
4. Executive Briefi ng, T*he Millennium Poll on Corporate Social Responsibility*, conducted by Environics International, Ltd., in cooperation with The Prince of Wales Business Leaders Forum and The Conference Board, 1999. http:// www.environics.net/eil/milennium/.
5. Aleksandr Solzhenitsyn, Harvard University Class Day Address, June 8, 1978, http://www.columbia.edu/cu/augustine/arch/solzhenitsyn/harvard1978 .html.

おわりに
1. J. Q. Wilson, "Capitalism and Morality," *Public Interest* 121, Fall 1995: 42–60.

4. Joel Podolny, "The Buck Stops (and Starts) at Business School," *Harvard Business Review*, June 1, 2009: 66-67.
5. Barry Mitnick, "The Case Against the Case Method," *blogs.harvardbusiness.org*, April 29, 2009, http://blogs.harvardbusiness.org/how-to-fix-businessschools/2009/04/the-case-against-the-case-meth-1.html.
6. Robert F. Bruner, "I, a New M.B.A., Solemnly Swear," *Forbes*. June 8, 2009, http://www.forbes.com/2009/06/08/business-school-mba-opinionscontributors-oath-of-honor.html.

11 経営者はプロフェッションたりうるか

1. Owen D. Young. "Dedication Address," in *Dedication Addresses*, a compilation of transcripts of speeches and related documents from the dedication of the Harvard Business School campus on June 4, 1927, reprinted from the July 1927 issue of *Harvard Business Review* and now in the HBS Archives Collection (AC 1927 17.1) 6-7.
2. 各ビジネス・スクールのウェブサイトより引用。
3. Melvin T. Copeland, *And Mark an Era: The Story of the Harvard Business School* (Boston: Little, Brown, 1958), 119–20.
4. Roger Thompson, "Harvard Business School Discusses Future of the MBA," *Harvard Business School Working Knowledge*, November 24, 2008, http:// hbswk.hbs.edu/item/6053.html. See also Rakesh Khurana, *From Higher Aims to Hired Hands: The Social Transformation of American Business Schools and the Unfulfi lled Promise of Mnagement as a Profession* (Princeton, NJ: Princeton University Press, 2007).
5. Angel Cabrera, "Let's Professionalize Management," *Harvard Business School Press Blog*, April 27, 2009, http://blogs.harvardbusiness.org/how-tofi x-business-schools/2009/04/a-hippocratic-oath-for-future.html.
6. Joel Podolny. "The Buck Stops (and Starts) at Business School," *Harvard Business Review*, June 1, 2009: 66–67.
7. Rakesh Khurana and Nitin Nohria, "Management Needs to Become a Profession," *Financial Times*, October 20, 2008, http://www.ft.com.

12 誓いに効果は期待できるのか

1. Fareed Zakaria, "The Capitalist Manifesto: Greed Is Good (To a Point)," *Newsweek*,

9. Lynn Sharp Paine, *Value Shift* (New York: McGraw-Hill, 2003), 235–236.
10. Response by Lynn Sharp Paine, in *The Heart of a Business Ethic*, ed. Donald Holt (Lanham, MD: University Press of America, 2005), 94–95.
11. Stephanie Rosenbloom, "At Wal-Mart, Labeling to Refl ect Green Intent," *New York Times*, July 15, 2009, http://www.nytimes.com/2009/07/16/ business/energy-environment/16walmart.html.
12. Rosabeth Moss Kanter, "Wal-Mart's Environmental Game-Changer," July 16, 2009, http://blogs.harvardbusiness.org/kanter/2009/07/walmartsenvironmental -gamecha.html ?cm_mmc=npv-_-TOPICEMAIL-_-JUL_2009-_-INNOVATION2.
13. Lynn Sharp Paine, *Value Shift* (New York: McGraw-Hill, 2003), 235.
14. チャリティー・ウォーターのデータより。http://www.charitywater.org/whywater/.
15. CIA World Fact Book, https://www.cia.gov/library/publications/the-worldfactbook/rankorder/2102rank.html. Accessed January 20, 2010.

9 経営者の誓い

1. 次の論考より引用。Lynne Sharp Paine and Michael Santoro. "Salomon Brothers (A)," Harvard Business School Case Study 9-305-019 (Boston: Harvard Business School Publishing, 2005).
2. Nic Paton, "The MBA Oath: A New Era of Responsibility?" *Management-Issues*, July 9, 2009, http://www.management-issues.com/2009/7/9/ research/the-mba-oath-a-new-era-of-responsibility.asp.

10 ビジネス・スクールで倫理は教えられるか

1. この手が「通用する」のは、MBA卒業生の40パーセントから50パーセントが好待遇の金融サービス業界に就職していた数年前のような状況である。金融危機の結果として求人が減り、ワシントンが役員報酬の規定を変えたいま、これがどうなっていくかは不明である。

2. ジョエル・ポドルニーによる改革案。"The Buck Stops (and Starts) at Business School," *Harvard Business Review,* June 1, 2009: 66–67.
3. John Terrill, Director of the Center for Integrity in Business at Seattle Pacifi c University, "Reframing Business Education," *http://apprenticeplace.wordpress.com*, June 24, 2009, http://apprenticeplace.wordpress.com/2009/06/24/reframing-business-education/.

287.

4. David Whyte, *Crossing the Unknown Sea: Work as a Pilgrimage of Identity* (New York: Riverhead Trade, 2002), 3.
5. Scott Snook, "Leader(ship) Development," Harvard Business School Publishing Case Study, 9-408-064, 2007, 12–13.
6. M. W. McCall Jr., *High Flyers* (Boston: Harvard Business School Press, 1998), inside flap.
7. Bill George and Peter Sims, *True North: Discover Your Authentic Leadership* (San Francisco: Wiley, 2007), xxxiii-xxxiv.
8. David A. Garvin, personal communication, March 2009.
9. David A. Garvin, *Learning in Action* (Boston: Harvard Business School Press, 2000), chapter 1.
10. *Ibid.*
11. *Ibid.*
12. Steve Kerr, "Don't Blame the Business Schools," *Harvard Business Review,* April 2, 2009, http://blogs.hbr.org/how-to-fi x-business-schools/2009/04/ dont-blame-the-business-school.html.
13. Alan Greenspan, "The Fed Didn't Cause the Housing Bubble," *The Wall Street Journal*, March 11, 2009, A15.

8　持続可能な繁栄を生み出す

1. Stephen W. Quickel, "Triumph of Wile," *Business Month*, November 1988, 30.
2. Lynn Sharp Paine and Research Associate Sarah B. Grant, "Manville Corporation Fiber Glass Group (A)," Harvard Business School Case Study 9-394-117 (Boston: Harvard Business School Publishing, 1993), 11.
3. Tom Morris, *If Aristotle Ran General Motors* (New York: Holt, 1996): 102, 104.
4. *Ibid.*
5. M. Satchell, *U.S. News & World Report*, June 25, 1990, 27.
6. Fareed Zakaria, *The Post-American World* (New York: Norton, 2008), 89–90.
7. Bruce Einhorn, "Chinese Get Angrier About Pollution," *BusinessWeek*, September 2, 2009, http://www.businessweek.com/globalbiz/content/ sep2009/gb2009092_230895.htm.
8. Howard Marks, "So Much That's False and Nutty." Oaktree Capital Investor Letter, 2009.

blogspot.com/2009/07/mba-oath-continued_22.html.

6 透明性を高め、正直に伝える

1. ハーバード・ビジネス・スクールのケース・スタディに基づく。"Beech-Nut Nutrition Corporation (A)," Harvard Business School Publishing Case Study by Lynn S. Paine, November 29, 2003, prod. #: 392084-PDF-ENG.
2. Michael C. Jensen, "A New Model of Integrity: An Actionable Pathway to Trust, Productivity and Value" (presentation, INSEAD Social Innovation Research Seminar Series, Fontainebleu, France, March 16, 2009).
3. *Ibid.*
4. *Ibid.*
5. Charles Kindleberger, *Manias, Panics, and Crashes*, 5th ed. (Hoboken, NJ: Wiley, 2005), 167.
6. Albert Z. Carr, "Is Business Bluffi ng Ethical," *Harvard Business Review* (January 1,1968): 143–53.
7. *Ibid.*
8. Kindleberger, 177–8.
9. Alexei Barrionuevo, "Questioning the Books," *The Wall Street Journal*, February 26, 2002
10. James O'Toole and Warren Bennis, "What's Needed Next: A Culture of Candor," *Harvard Business Review*, June 1, 2009: 56.
11. James O'Toole and Warren Bennis, "What's Needed Next: A Culture of Candor," *Harvard Business Review*, June 1, 2009: 56.
12. *Ibid.*
13. Martin Luther King Jr., Letter from a Birmingham Jail, April 16, 1963, http://mlk-kpp01.stanford.edu/index.php/resources/article/annotated_ letter_from_birmingham/.

7 学び続け、成長し続ける

1. John Gardner, "Personal Renewal" (speech, McKinsey & Company, Phoenix, Arizona, November 10 1990, http://www.pbs.org/johngardner/ sections/writings_speech_1.html).
2. *Ibid.*
3. Stephen R. Covey, *The 7 Habits of Highly Effective People* (New York: Fireside, 1989),

6. Kathleen D. Vohs, Nicole L. Mead, and Miranda R. Goode, "The Psychological Consequences of Money," *Science,* vol, 314, November 17, 2006.
7. "The Giant Pool of Money," *This American Life*, hosted by Ira Glass, National Public Radio, episode 355, May 29, 2008, http://www.thisamericanlife.org/Radio_Episode.aspx?episode=355.
8. *Ibid.*
9. *Ibid.*
10. Dan Heath and Chip Heath, "In Defense of Feelings," *Fast Company,* July–August 2009: 58.
11. David Young, "The Nature of the Exercise of Authority," in *The Heart of a Business Ethic*, ed. William C. Pollard (Lanham, MD: University Press of America, 2005), 181.
12. "A Hippocratic oath to heal the business world, but is there a cure for human greed?" *Business Day South Africa*, June 15, 2009, http://www .businessday.co.za/articles/Content.aspx?id=73403.
13. Bowen McCoy. "Parable of the Sadhu," Harvard Business School Publishing, May 1, 1997, prod. #: 97307-PDF-ENG.
14. Model Business Corporation Act Sections 8.30(a); *Corporate Director's Guidebook.*
15. *Meinhard v. Salmon* 249 N.Y. 458; 164 N.E. 545 (1928).

5 法律さえ守っていればいいのか

1. World Development Indicators Database, http://www.nationmaster.com/graph/gov_tim_req_to_sta_a_bus_day-time-required-start-business-days.
2. John Marty, " 'Costly' Government Regulations Shown to Yield Big Returns," in *To the Point!* December 4, 2003, http://www.apple-pie.org/ttp/default.asp?articleid=42.
3. *Ibid.*
4. *Ibid.*
5. Brian Griffi ths, "The Business of Values," in *The Heart of a Business Ethic*, ed. William C. Pollard (Lanham, MD: University Press of America, 2005), 36.
6. Professor Rohit Deshpande and Research Associate Lara Winig, "Cipla," Harvard Business School Case Study 9-503-085, rev. May 10, 2006 (Cambridge, MA: Harvard Business School Press), 7.
7. "India's Cipla Dismisses Glaxo 'Piracy' Allegation," Reuters, March 13, 2001.
8. Scott Schaefer, "MBA Oath," *Utah Economist*, July 22, 2009, http://utah-economist.

defense-of-feelings.html.

6. Michael Arndt, "How O'Neill Got Alcoa Shining," BusinessWeek, February 5, 2001, http://www.businessweek.com/2001/01_06/b3718006.htm.
7. Jay Goltz, "Business Ethics and Serving the Greater Good," You're the Boss blog, *New York Times*, June 26, 2009, http://boss.blogs.nytimes.com/2009/06/26/business-ethics-and-serving-the-greater-good/.
8. *Ibid.*
9. E. Allan Lind, Jerald Greenberg, Kimberly S. Scott, and Thomas D. Welchans, "The Winding Road from Employee to Complainant: Situational and Psychological Determinants of Wrongful-Termination Claims," *Administrative Science Quarterly* 45 (2000): 557–590.
10. フリーティードスレーソルについての記述は、ハーバード・ビジネス・スクールのケース・スタディにおおむね基づいている。Joshua D. Margolis, Vincent Dessain, Anders Sjoman, "Fritidsresor Under Pressure (A): The First 10 Hours," September 17, 2006, prod. #: 407007-PDF-ENG.
11. 次の論考を改変、引用した。T. L. Beauchamp and J. F. Childress, *Principles of Biomedical Ethics* (New York : Oxford University Press, 2001), 115.
12. ハーバード・ビジネス・スクールにおけるリーダーシップと企業の責任に関する講義のノートより。

4　賢明な利己心は強欲とは異なる

1. この話はハーバード・ビジネス・スクールのケース・スタディに基づいている。Joshua D. Margolis, Vincent Dessain, Anders Sjoman, "Fritidsresor Under Pressure (A): The First 10 Hours," September 17, 2006, prod. #: 407007-PDF-ENG.
2. Adam Smith in *The Wealth of Nations,* 5th ed. (London: Methuen & Co. Ltd, 1904), I.2.2.
3. *Wall Street*, DVD, directed by Oliver Stone (1987; 20th Century Fox, 20th Anniversary DVD, 2007).
4. John M. Darley and C. Daniel Batson, "From Jerusalem to Jericho": A Study of Situational and Dispositional Variables in Helping Behavior, *Journal of Personality and Social Psychology* 27, no. 100 (1973).
5. Bowen McCoy. "Parable of the Sadhu," Harvard Business School Publishing, May 1, 1997, prod. #: 97307-PDF-ENG.

4. Donald McCabe, "MBAs Cheat, But Why?" *Harvard Business Review Blog Debate: How to Fix Business Schools*, April 13, 2009, http://blogs.harvard business.org/how-to-fix-business-schools/2009/04/mbas-cheat-but-why.html.
5. Aine Donovon, "Can Ethics Classes Cure Cheating?" *Harvard Business Review Blog Debate: How to Fix Business Schools*, April 14, 2009, http://blogs .hbr.org/how-to-fix-business-schools/2009/04/can-ethics-classes-curecheating.html.
6. Dan Ariely, "How Honest People Cheat," *Harvard Business Review,* January 29, 2008, http://blogs.harvardbusiness.org/cs/2008/01/how_honest_people_ cheat.html.
7. *Ibid.*
8. Dan Heath and Chip Heath, "In Defense of Feelings," *Fast Company*, July-August 2009: 58.
9. Jane Hamilton, *A Map of the World* (New York: First Anchor Books Edition, 1995).
10. Donald Soderquist, "The Integration of Faith in the Workplace," in *The Heart of a Business Ethic*, ed. William C. Pollard (Lanahm, MD: University Press of America, 2005): 187.
11. Stanley Milgram, "The Perils of Obedience," *Harper's*, December 1963: p. 62.
12. Aleksandr Solzhenitsyn, *The Gulag Archipeligo 1919-1956* (New York: Harper Collins, 2002), 312.
13. "Why Good People Do Bad Things," *Harvard Business Review*, June 9, 2009: 59.

3　株主と従業員、どちらが大切か

1. 著者たちはモルデン・ミルズのケースをビジネス・スクールで学んだ。全容を知りたい読者は、ハーバード・ビジネス・スクール出版会に連絡されたい。Nitin Nohria, Thomas R. Piper, and Bridget Gurtler, "Malden Mills (A)," December 10, 2003, prod. #: 404072-PDF-ENG.
2. Bruce Butterfield, "Test by Fire: The Story of Malden Mills, Pt. 2," *Boston Globe*, September 8, 1996: 7.
3. Rebecca Leung, "The Mensch of Malden Mills," *60 Minutes*, CBS, July 6, 2009, http://www.cbsnews.com/stories/2003/07/03/60minutes/ main561656.shtml.
4. Michael Arndt, "How O'Neill Got Alcoa Shining," *BusinessWeek*, February 12, 2001, http://www.businessweek.com/2001/01_06/b3718006.htm.
5. Dan Heath and Chip Heath, "Why Your Gut Is More Ethical Than Your Brain," *Fast Company*, July 1, 2009, http://www.fastcompany.com/magazine/137/made-to-stick-in-

independent.com.mt/news.asp?newsitemid=89667 (accessed January 8, 2010).
3. ジョンソン・エンド・ジョンソン社のウェブサイトより。http://www.jnj.com/connect/about-jnj/jnj-credo/.
4. マイケル・ノヴァックの引用より。Michael Novak, *Business as a Calling* (New York: Free Press, 1996), 141.
5. *Dodge Brothers v. Ford Motor Company*. 170 N.W. 668 (Mich. 1919).
6. Allan Nevins and Frank E. Hill, *Ford: Expansion and Challenge* 1915-1933 (New York: Scribner, 1957).
7. William T. Allen, "Our Schizophrenic Conception of the Business Corporation," *Cardozo Law Review* 14, no.2 (1992): 2, 5.
8. Michael Novak, *Business as a Calling* (New York: Free Press, 1996), 141.
9. William T. Allen, "Our Schizophrenic Conception of the Business Corporation," *Cardozo Law Review* 14, no.2, (1992): 7–8.
10. Donald Soderquist, "The Integration of Faith in the Workplace," in *The Heart of a Business Ethic*, ed. William C. Pollard (Lanham, MD: University Press of America, 2005), 184.
11. Charles Handy, "What Is a Business For?" *Harvard Business Review*, December 1, 2002: 5.
12. Howard Marks, "So Much That's False and Nutty," Oaktree Capital Investor Letter, July 2009.
13. Angel Cabrera, "Let's Professionalize Management," *Harvard Business Review Blog Debate: How to Fix Business School*, April 27, 2009, http://blogs.hbr.org/how-to-f ix-business-schools/2009/04/a-hippocratic-oathfor-future.html.

2　人は自分が思っているほど倫理的ではない

1. Donald Soderquist, "The Integration of Faith in the Workplace," in *The Heart of a Business Ethic*, ed. William C. Pollard (Lanham, MD: University Press of America, 2005): 181.
2. Immanuel Kant, *Grounding for the Metaphysics of Morals*, 3rd ed., trans. James W. Ellington (Indianapolis, IN: Hackett, 1993), 30.
3. ヴァンクーヴァーとトロントで行われた調査に基づいている。Kahneman, Knesch, Thaler, "Fairness as a Constraint on Profit Seeking: Entitlements in the Market," *American Economic Review*, September 1986.

原註

はじめに

1. Philip Delves Broughton, "Harvard's Masters of the Apocalypse," *Sunday Times*, March 1, 2009, http://www.timesonline.co.uk/tol/news/uk/education/ article5821706.ece.
2. Matt Lynn, "The MBA Scam… " *mattlynn.blogspot.com*, July 23, 2009, http://mattlynn.blogspot.com/2009/07/mba-scam.html.
3. Paul Steinhauser, "Poll: Politicians Trusted More Than Business on the Economy," *CNNPolitics.com*, February 23, 2009, www.cnn.com/2009/ POLITICS/02/…/poll.economy/index.html.
4. Elana Berkowitz, "Business Graduates: Do No Harm," *Guardian,* June 17, 2009, http://www.guardian.co.uk/commentisfree/cifamerica/2009/jun/17/harvard-mba-oath-business-ethics.
5. Shoshana Zuboff, "The Old Solutions Have Become the New Problems," *BusinessWeek*, July 2, 2009, http://www.businessweek.com/managing/content/jul2009/ca2009072_489734.htm.
6. Richard Edelman, "The MBA Oath," *www.edelman.com/speak_up/blog*, June 5, 2009, http://www.edelman.com/speak_up/blog/archives/2009/06/ the_mba_oath.html.
7. David Gergen, "How Business Can Stand Tall Again," Fortune, May 4, 2009, http://money.cnn.com/2009/05/04/news/economy/gergen_business .fortune/index.htm.
8. 記述の一部は、ハーバード・ビジネス・スクールのケース・スタディに基づいている。Wendy K. Smith, Richard S. Tedlow. "James Burke: A Career in American Business (A)." Harvard Business School Case Study, April 20, 1989. (Cambridge, MA: Harvard Business School Press) prod. #: 389177-PDF-ENG.
9. Peter Drucker in *The Heart of a Business Ethic*. (Lanham, MD: University Press of America, 2005), 55.

1 企業はなんのために存在するか

1. Tom Chappell, *The Soul of a Business* (New York: Bantam, 1993): 62.
2. Peter Singer, "Can Business Be Ethical?" *Project Syndicate,* 2009. http://www.

著者

マックス・アンダーソン（Max Anderson）
ピーター・エッシャー（Peter Escher）
近年ハーバード・ビジネス・スクールを卒業し、2009年5月にMBAの学生チームと協力して「MBAの誓い」を創設した。
ビジネス倫理の正式な規範を打ち立てるというその使命は世界の注目を集めた。
マックス・アンダーソンは現在、「MBAの誓い」の組織で会長を務め、ニューヨーク市で妻と娘とともに暮らしている。
ピーター・エッシャーは理事の一人であり、創設者として事務局長の任に就いている。
公式サイト：www.MBAOath.org

訳者

青木創（Aoki Hajime）
1973年生まれ。東京大学教養学部卒業。英米文学翻訳家。
訳書に『繁栄した王国の物語』（シェルダン・ボウルズ他著、光文社）、『子どもはなぜモンスターになるのか』（スー・パーマー著、小学館）、『嘘発見器よ永遠なれ』（ケン・オールダー著、早川書房）、『レッドスカイ』（ジョセフ・リー著、幻冬舎）、『封印入札』（同）などがある。

監訳者

岩瀬大輔（Iwase Daisuke）
1976年生まれ。東京大学法学部卒業。ボストン・コンサルティング・グループ、リップルウッド・ジャパンを経て、ハーバード・ビジネス・スクールに留学。同校を上位5%の成績で卒業（ベイカー・スカラー）。2006年、ライフネット生命保険の設立に参画。2009年2月より同社代表取締役副社長。世界経済フォーラム（ダボス会議）「ヤング・グローバル・リーダーズ2010」選出。日経ビジネス「チェンジメーカー・オブザイヤー2010」受賞。主な著書に『ハーバードMBA留学記 ～資本主義の士官学校にて～』（日経BP社、2006年）、『生命保険のカラクリ』（文春新書、2009年）、『ネットで生保を売ろう！』（文藝春秋、2011年）、『入社1年目の教科書』（ダイヤモンド社、2011年）など。論文に「規制緩和後の生命保険業界における競争促進と情報開示」2011年（保険学雑誌 第612号）。

MBAの誓い
——ハーバード・ビジネス・スクールから始まる若きビジネス・リーダーたちの誓い

発行日	2011年11月15日　第1版　第1刷
著　者	マックス・アンダーソン、ピーター・エッシャー
訳　者	青木　創
監訳者	岩瀬　大輔
発行人	出張　勝也
発　行	株式会社アメリカン・ブック&シネマ 東京都千代田区丸の内3-3-1　新東京ビルB1 電話 03-5293-1888（代表）FAX 03-5293-1887
発　売	英治出版株式会社 東京都渋谷区恵比寿南1-9-12　ピトレスクビル4F 電話 03-5773-0193　FAX 03-5773-0194
装　幀	柿木原　政広　10inc
編　集	芝崎　章
編集協力	株式会社インスクリプト
印刷製本	中央精版印刷株式会社

［検印廃止］ISBN 978-4-903825-08-3

株式会社アメリカン・ブック&シネマの出版事業を始めるにあたって

二十世紀、世界のリーダーとなったアメリカは、さまざまな課題をかかえつつも、二十一世紀においても、政治、経済、文化、エンターテインメント、スポーツなどの各分野で世界のリーダーとして存在しつづけるのではないかと、私は考えています。アメリカが建国以来の「フロンティア精神」「未知の世界への挑戦」「自由な世界を創造していこうとする躍動的精神」を維持することができる限り。

日本とアメリカは、国の成り立ち、理念に対する取り組み姿勢において、非常に好対照な組み合わせです。それがゆえに、とかく閉塞的な状態に陥りがちな日本にとって、アメリカは唯一ではありませんが、非常に重要な「鏡」の一つでありつづけるでしょう。

アメリカン・ブック&シネマでは、アメリカ発、あるいはアメリカ経由のユニークな書籍や映像作品を日本にご紹介して行きます。決して多数の作品を取り扱うことはありませんが、一つひとつの作品との出会いを大切にして行きます。

二十一世紀、われわれはインターネットの時代に生きています。出版事業を一つの柱としつつ、インターネットの双方向性、同時性、直接性を生かしながら、グローバル化する世界の動きに積極的に参加していこうとする人たちのコミュニティ作りを目指します。日本だけでなく、世界各地の人々が参加するコミュニティができあがることが、私たちの夢です。

アメリカン・ブック&シネマ　発行人　出張勝也